MYLÈNE FARMER

DU MÊME AUTEUR

L'Affaire Nut. Mort d'un agent secret, Chalmin-Carrère, 1986.

Services secrets. Le pouvoir et les services de renseignements sous François Mitterrand (en collaboration avec Jean Guisnel), La Découverte, 1988.

Attachez vos ceintures. La Vérité sur la sécurité aérienne, Plon, 1990.

L'Affaire Ben Barka, Fayard, 1991, et Seuil, coll. « Points », 1995.

Cousteau, une biographie, Fayard, 1993.

L'Ombre d'une île, Malcolm de Chazal, L'Éther-Vague, 1994.

Mort d'un pasteur, l'Affaire Doucé, Fayard, 1994.

Enquête sur un ministre et ses amis (en collaboration avec Laïd Sammari), Seuil, 1995.

Carlos, les réseaux secrets du terrorisme international, Seuil, 1996.

Le Dossier Papon, Flammarion, 1997.

L'Ami banquier de François Mitterrand, Albert Michel, 1998.

Vergès, le maître de l'ombre (en collaboration avec Robert Jégaden), Seuil, 2000.

Les Mystères Delon, Flammarion, 2000, et J'ai lu, 2001.

La Saga Monaco, Flammarion, 2002, et J'ai lu, 2004.

Johnny, le rebelle amoureux, Fayard, 2003.

L'Abbé Pierre, Fayard, 2004.

Bernard Violet

MYLÈNE FARMER

une biographie

Fayard

À Cathy et Jean-Yves.

« L'enfance est le tout d'une vie,
puisqu'elle nous en donne la clé. »

FRANÇOIS MAURIAC.

AVANT-MOT

Une biographie de Mylène Farmer : le défi semblait a priori impossible à relever, tant il est vrai que l'insolite fait partie intégrante de sa personnalité. Depuis vingt ans, la chanteuse cultive son personnage. Par goût et par jeu : « On peut parler de mon métier, mais, pour le reste, je suis à la lettre une vieille recette de star : je n'explique rien, vous devinez tout, et j'entretiens le mystère[1]... »

De sa carrière on sait qu'elle a commencé en 1984 et qu'en deux décennies — et plus de dix millions d'albums vendus — Farmer s'est imposée comme l'une des rares artistes emblématiques de la variété française. De ses textes, évoquant tour à tour la vieillesse, la fuite du temps, les sentiments éphémères, les pulsions morbides et la sexualité sans tabou, on sait qu'ils n'ont cessé d'enflammer les esprits, suscitant avec la même violence sarcasmes et engouements. Le paradoxe, c'est que cette figure médiatique veut faire de sa vie personnelle une zone totalement à l'abri des regards extérieurs, terre d'ombre et jardin secret, forteresse inexpugnable en dépit du battage qu'elle-même génère. Par vraie pudeur ou par souci de susciter la curiosité et l'intérêt du public ? Par peur de voir révéler des secrets « inavouables » ? Et, dans ce cas, lesquels ? Mylène Farmer n'ignore cependant pas qu'un personnage aussi public ne peut échapper ni au regard ni aux questions.

Écrire une biographie, ce n'est pas livrer en pâture une succession uniforme de détails intimes, mais chercher, par le témoignage et l'enquête, à faire comprendre sans complaisance, sans démagogie ni tabou — avec Mylène Farmer, c'est bien le moins — à qui l'on a affaire. La vérité profonde plutôt que le scandale à tout prix, fût-ce quand le sujet de l'ouvrage s'affiche lui-même comme « scandaleux ».

Dans ce but, j'ai tout naturellement sollicité la collaboration de l'interprète de *Libertine*. Je lui ai soumis les grands thèmes de mon enquête ainsi que son cadre ; je lui ai fait part de certaines interrogations qui méritent, selon moi, éclaircissements. En vain. La championne des hit-parades n'a pas souhaité m'apporter son éclairage, tout en reconnaissant la dimension professionnelle de mon travail, dont elle tint par la même occasion à définir les limites [2]. Rien de choquant dans cette attitude dont il me fallait, bon gré mal gré, m'accommoder. Ainsi ai-je au demeurant déchiffré le message : si Farmer est une artiste indépendante, ses biographes doivent l'être eux aussi. Qu'aurait-elle pensé d'un livre hagiographique, dénué de recul et d'esprit critique ?

Pour réaliser cet ouvrage, j'ai archivé quelques milliers de pages de documents, interviewé plusieurs dizaines de témoins privilégiés qui, à un titre ou à un autre, ont joué un rôle dans l'existence et/ou dans la carrière de la chanteuse-comédienne. De nombreux interlocuteurs, tous plus passionnés les uns que les autres, m'ont ainsi apporté un témoignage spontané. D'autres m'ont indiqué la piste à suivre pour mieux appréhender le « phénomène Farmer ». La plupart d'entre eux ont accepté de grand cœur d'être cités. Certains ont préféré rester anonymes, justifiant cette attitude par les réactions imprévisibles prêtées à l'artiste au caractère parfois peu conciliant. Tous, pourtant, m'ont affirmé que la jeune femme avait su trouver, à force de travail et d'opiniâtreté, un équilibre parfait entre une œuvre digne de ce nom, originale, sans concessions, et un sens commercial aiguisé. Dont acte.

Pour évoquer les principales étapes de l'existence de cette artiste hors normes, et mieux comprendre ainsi l'arrière-plan de ses créations, la chance fut également de mon côté. D'abord grâce à un séjour au Canada, lieu de naissance de

Mylène, née Gautier, d'où je ramenai de précieux documents, mais aussi grâce à de nombreux récits chaleureux et inédits de ses amis d'enfance, de ses premiers professeurs, ainsi que ceux de relations, professionnelles et/ou amicales, d'un père et d'une mère qu'aucune biographie n'avait encore jamais pris en compte à ce jour. Ensuite grâce à la rencontre, d'une qualité exceptionnelle, avec Marguerite Gautier, la propre mère de l'interprète de *Sans contrefaçon*, qui, consciente de l'enjeu et convaincue que sa fille mérite mieux que bien des idées toutes faites, s'est livrée pour la première fois à des confidences éclairantes sur l'univers familial dans lequel a évolué sa talentueuse cadette. Bien entendu, j'ai aussi retenu les déclarations publiques des uns et des autres, à commencer par celles de l'intéressée. C'est en effet un aspect surprenant du vrai/faux mystère Farmer : quoi qu'elle en dise ou qu'on écrive à sa place, la Franco-québécoise a non seulement multiplié les révélations publiques sur ses obsessions personnelles, ses références culturelles ou religieuses, mais elle a aussi distillé elle-même bon nombre de confidences sur son intimité familiale, ses blessures d'enfance. Furtives confessions, bribes éparses et sensibles jetées comme les petits cailloux blancs chers au Petit Poucet, et qu'il a suffi de ramasser avec précaution.

La première de ces clés ? Une petite fille d'une timidité farouche que les circonstances de la vie font naître à l'autre bout du monde…

1

Les diablotins du Belvédère

À cinq ans, en 1966, Mylène pourrait s'imaginer en héroïne de Bob Morane, cet explorateur irréprochable, toujours au service du Bien, dont son père vient justement de s'offrir les dernières aventures : *Terreur à la Manicouagan*. Max Gautier n'est pas peu fier de l'intérêt que suscite, depuis quelques mois, la construction du barrage sur la belle rivière québécoise, transformée en haut lieu du contre-espionnage par l'imagination de l'écrivain à succès Henri Vernes.

Le créateur de Bob Morane n'est pas le seul à s'être senti fasciné par la réalisation de ce prodigieux complexe destiné à assurer la richesse de la Belle Province. Après avoir effectué une visite sur le chantier pharaonique, Hergé a failli, lui aussi, se laisser tenter par le sujet. Au même moment, Gilles Vigneault interprète l'une de ses plus célèbres chansons, *Mon pays*, œuvre spécialement créée pour un documentaire à la gloire du barrage : *La Neige a fondu sur la Manicouagan*. Arthur Lamothe, le réalisateur d'origine française, y interroge de nombreux ingénieurs. Ceux-ci lui parlent de l'isolement des travailleurs et de l'influence de la nature sur les travaux. Belle occasion de mentionner qu'on est ici en plein pays des chasseurs de fourrures, le territoire des Indiens Bersimis qui ont baptisé la rivière « Gobelet pour boire »…

La véritable épopée de ce qui allait devenir le plus grand barrage à voûtes multiples au monde commence en 1959. Cette année-là, le Premier ministre du Québec, Maurice

Duplessis, souhaite mandater une firme américaine pour l'aménagement de la région située au nord de la rive gauche du Saint-Laurent. Le ministre des Ressources hydrauliques, Daniel Johnson, n'est pas convaincu, estimant que l'édification de Manicouagan 5 — dont on va bientôt tirer l'abréviation Manic 5 — reste tout à fait dans les cordes de leurs compatriotes québécois. Paul Sauvé, le successeur de Duplessis, décédé brutalement, donne d'ailleurs en partie raison à Johnson en confiant la mise en œuvre du vaste projet hydroélectrique à une équipe mixte d'ingénieurs canadiens et français. Parmi ceux-ci : Max Gautier, le futur père de Mylène Farmer.

Le personnage est de ceux auxquels on s'attache presque d'emblée. S'il voit le jour à Marseille en mars 1925, c'est à Vanves, en région parisienne, que le jeune Max passe l'essentiel de son enfance et de son adolescence. Ses parents ont choisi de s'y installer peu de temps avant le début de la Seconde Guerre mondiale. Rue de Châtillon, la famille Gautier habite un appartement au sein duquel le père, Paul-Albert, aménage un atelier d'artiste. Né à Kourou, en Guyane, l'homme pratique la sculpture sur bois et le plâtre depuis sa jeunesse. Mais, malgré son talent, la situation familiale demeure précaire. « Un changement de vie pour ma belle-mère, qui avait toujours vécu dans l'opulence, entourée de demoiselles de compagnie[1] », m'expliquera Marguerite, future belle-fille de Paul-Albert. De six ans sa cadette, Jeanne Lidy Chaila, née elle aussi en Guyane française, a en effet épousé Gautier contre la volonté de ses propres parents, membres influents de la grande bourgeoisie coloniale. Douée d'une force de caractère singulière, ce personnage picaresque est doué d'un imaginaire un tantinet débridé. « J'ai longtemps cru qu'elle était la fille d'un gouverneur de Guyane, comme elle me l'avait laissé entendre[2] », s'amuse aujourd'hui encore Marguerite Gautier.

Dans l'appartement de Vanves, Max, fils unique, reçoit une éducation traditionnelle sans chaleur excessive. Son milieu reste celui de la bourgeoisie catholique austère, peu portée sur la fantaisie, encore moins sur la frivolité. Cheveux châtains, taille moyenne, air sérieux conforté par une paire de lunettes, le garçon montre tôt un goût prononcé pour les études qu'il va poursuivre durant plusieurs années à Paris sur les bancs du lycée Buffon, dans le XVe arrondissement. Les matières de prédilection de ce fort en thème sont les sciences et les mathématiques. Après le bachot, il entreprend tout naturellement Math'élem', puis Math'spé'. Ce sera ensuite le concours d'entrée aux grandes écoles. En 1947, devenu jeune homme, Max passe avec succès celui des Ponts-et-Chaussées. Beaucoup d'appelés (700), pour peu d'élus (25), dont lui !

La vocation de ce prestigieux établissement, situé rue des Saints-Pères, à Saint-Germain-des-Prés, est de former des ingénieurs de haut niveau dans de nombreux domaines : équipement, aménagement du territoire, construction et transports. L'étudiant Gautier apprécie l'originalité de l'enseignement. Aux Ponts et Chaussées, on fait alterner une formation académique et une formation pratique au contact de professionnels réputés. En retour, les enseignants exigent une discipline rigoureuse. Retards et absences sont sévèrement sanctionnés. « Tous les matins, nous attendions, sagement assis dans l'amphithéâtre, l'arrivée du “Colon” — un ancien militaire — qui vérifiait les présences », se souvient Spiro Agius, ancien de la promotion de Max. De ce camarade d'études, l'ingénieur, aujourd'hui à la retraite, a gardé le souvenir d'un « bûcheur » d'une grande timidité : « Il vivait chez ses parents et ne cherchait pas à partager nos moments de détente : tournois sportifs et autres parties de bridge que nous organisions au sein de la Maison des Mines où nous, les provinciaux, étions hébergés[3]. »

1950 : après trois ans d'études, Max sort diplômé de l'École dont l'un des intervenants réguliers s'appelle André Coyne. Ce polytechnicien parisien fait l'unanimité parmi les étudiants qui n'ignorent pas qu'il a consacré l'essentiel de sa carrière à la réalisation de grands barrages en France et à l'étranger. Maître incontesté dans son domaine, c'est peu de temps après la Libération que Coyne a décidé, en association avec Jean Bellier, de fonder son propre bureau d'études d'ingénieurs-conseils. Plusieurs dizaines de techniciens diplômés œuvrent bientôt dans les locaux de la société installée rue Alphonse-de-Neuville, dans le XVIIe arrondissement. La plupart d'entre eux ont été directement recrutés par André Coyne en personne au sein de l'École des Ponts et Chaussées. Tel va être aussi le cas de Max.

À peine engagé chez Coyne & Bellier où il fera toute sa carrière, le nouvel arrivant est mis à l'épreuve. « C'était la philosophie du patron, me confie Jean Fabreguettes, l'un des pionniers de la société. Dès qu'on entrait dans cette maison, on vous faisait confiance et on vous apportait toute l'aide dont vous aviez besoin[4]. » Max travaille d'abord au barrage de Grangent, sur la Loire, entre Roanne et Saint-Étienne. La construction s'achève en 1957. Le jeune homme réside toujours chez ses parents, à Vanves, d'où il s'échappe parfois pour rejoindre une jeunesse blonde et mince aux yeux bleus, de trois ans sa cadette : Marguerite Martin, originaire du Finistère.

Son enfance, Marguerite l'aura passée en grande partie dans la ferme familiale de Coat-Guénec où ses parents, Germain et Marie-Anne, née Bronnec, travaillent comme cultivateurs. Élevée dans la plus pure tradition catholique, la fillette aura fréquenté ainsi tous les dimanches la chapelle de Saint-Maudez, datant du XVIe siècle et qui sera inscrite bien plus tard à l'inventaire des Monuments historiques. Après ses études secondaires achevées à Quimper, c'est à Paris, comme nombre de ses compatriotes, que la jeune fille espère décrocher du travail. C'est bientôt chose faite grâce à un poste de secrétaire chez Coyne & Bellier… « Une collaboratrice particulièrement aimable, discrète et modeste », me confie Fabreguettes qui se souvient aussi de la passion de la jeune Bretonne pour les traditions musicales de sa région : « Elle m'évoquait souvent les groupes folkloriques auxquels elle avait appartenu[5]. »

Après plusieurs mois d'idylle, Max et Marguerite décident de convoler en justes noces. En juin 1958, l'union est célébrée en l'église Saint-Pierre de Montrouge, alors située dans le département de la Seine. Là vit la sœur aînée de la mariée. Au cours des mois suivants, Marguerite donne naissance à Brigitte, puis, un an plus tard, à un garçon prénommé Jean-Loup. Le bambin commence à peine à marcher que Max est sollicité pour une longue mission au Québec, opportunité que l'ingénieur accepte sans rechigner. L'aventure, il est vrai, n'est pas banale : l'édification du plus grand barrage à voûtes du monde, Manicouagan[5].

À l'origine de ce défi technologique, Gabriel Schmidt dont l'air de ressemblance avec le général de Gaulle ne manque pas de m'intriguer. Oui ? Non ?... En fait, mon intuition ne m'a pas trompé : l'ingénieur est bien apparenté à la famille du chef de la France libre par sa grand-mère paternelle, Anna Maillot, cousine germaine de la mère du Général. « Et par la cousine issue de germain de son mari, Henri de Gaulle[6] », complète-t-il fièrement. Gabriel Schmidt est lui aussi un ancien de l'École des Ponts. Lorsqu'il fait la connaissance de Max Gautier, il travaille depuis deux ans comme ingénieur chez Coyne & Bellier : « Un technicien rigoureux et consciencieux, mais guère démonstratif ni vraiment chaleureux. Il était fils unique et cela se ressentait sur son caractère[7] », dit-il de Max.

Manic 5, le cousin du Général s'en souvient comme d'une étape importante de sa vie, à la fois exaltante et douloureuse. Avec ses quatre cents morts, la rupture du barrage de Malpasset, près de Fréjus, en décembre 1959 — un « produit » Coyne & Bellier —, a bien failli faire tourner court l'ambitieux projet. Au bout de plusieurs mois de réflexion et au terme de nouvelles études, le gouvernement canadien finit quand même par donner son feu vert à la firme française : d'abord chef du projet, Gabriel Schmidt passe en 1962 le flambeau à Jean Fabreguettes qui va en assurer le suivi durant les six années suivantes. À ce titre, les deux hommes effectuent des déplacements nombreux et réguliers à Montréal où Max Gautier est leur représentant permanent.

Printemps 1961 : la fonte des neiges s'amorce quand la famille Gautier débarque à Montréal. Max est accompagné de sa mère, veuve depuis quelques années, de Marguerite et de leurs deux bambins. Un — ou plutôt une — troisième est en route. Le 12 septembre 1961, arrivée à bon port, Mylène Jeanne pousse son premier cri dans une chambre de l'hôpital du Sacré-Cœur, établissement réputé de la ville. Ce matin-là, il est 5 heures 17. Une aubaine pour les astrologues de tout poil : ils pourront toujours affirmer plus tard que Neptune veille depuis ce jour béni sur cette Vierge ascendant Vierge. La future chanteuse elle-même se prendra au jeu en affirmant que son signe zodiacal expliquerait une dualité certaine : « C'est loin d'être un avantage. Il faut éviter les dédoublements de la personnalité... Tous mes frères et sœurs, eux, ont le double signe[8]. »

Mylène — elle ne m'en voudra pas de le révéler — est un beau bébé. « Une costaude », précise son amie photographe Elsa Trillat qui a eu l'honneur, dans les années 1980, d'assister à une projection de diapositives familiales assurée grâce aux bons soins de Marguerite. Présente ce jour-là, Mylène commentera sa propre naissance de cette façon : « Tu vois, quand je suis née, j'ai déchiré les entrailles de ma mère[9] ! » Grandiloquent ? À peine : « La constitution fragile et le souffle au cœur dont souffrait Marguerite rendirent effectivement l'épreuve assez pénible[10] », m'a confirmé Bertha Dufresne.

C'est à Montréal, en mai 2004, que je découvre l'existence de cette chaleureuse septuagénaire, voisine et confidente des Gautier à l'époque. Quelques dizaines de mètres séparaient alors la résidence des Dufresne et la maison des « Français » — ainsi les résidents du quartier surnommèrent-ils rapidement les nouveaux arrivants. Bertha, qui n'a jamais témoigné, va me conter par le menu les événements qui ont constitué durant six longues années la vie quotidienne des deux familles et de leur ribambelle d'enfants. Trois chez Max et Marguerite ; quatre garçons et une fille, dont elle est fière d'évoquer les réussites, chez elle et son mari, Guy, cadre commercial. Aujourd'hui, la plupart sont devenus parents à leur tour. Son unique regret : la vie les a dispersés entre le Québec et l'Ontario. Mais la chance est de mon côté : Bertha ne tarde pas, en effet, à m'honorer d'une invitation à la petite fête familiale prévue les jours suivants au *Homard gourmand*, un restaurant montréalais, à l'occasion du soixante-dix-septième anniversaire de son mari, Guy, atteint malheureusement depuis peu, me confie-t-elle, de la maladie d'Alzheimer. Dans son jardin, au soleil, Bertha se montre intarissable à l'heure d'évoquer le destin de sa couvée. Avec l'accent chantant de la Belle Province et des allures de mamma italienne, la sexagénaire me révèle que deux de ses enfants ont particulièrement bien connu les « petits » Gautier : son aîné, Éric, du même âge que Brigitte ; et sa fille Nicole, née six mois avant Mylène. Au jour dit, le frère et la sœur accepteront à leur tour, non sans enthousiasme, de me narrer leurs souvenirs, tendres ou spectaculaires, d'une enfance vécue dans un gros bourg situé à une vingtaine de kilomètres au nord-ouest de Montréal : Pierrefonds.

L'histoire de ce lieu-dit — le nom de la commune n'aura été officialisé qu'en 1958 — remonte au début du XXe siècle. Elle est intimement liée à un personnage haut en couleurs, le notaire Joseph-Adolphe Chauret. C'est là, en face de l'île Bizard, que l'auxiliaire de justice, qui laissera le souvenir d'une vie aussi orageuse que fastueuse, fit construire au début du siècle une demeure seigneuriale pompeusement baptisée « Château Pierrefonds » en souvenir de la forteresse féodale française construite sur la commune du même nom, dans l'Oise, et restaurée, elle, par Viollet-le-Duc.

Au début des années 1960, la maison des Dufresne et celle des Gautier sont situées au milieu d'espaces boisés que délimitent la large rivière des Prairies et l'interminable boulevard Gouin. L'antre des « Français » porte le n° 10405 de la rue du Belvédère, une ancienne résidence témoin dont Max a fait l'acquisition à un prix raisonnable. « Il s'agissait d'une maison-type, construite de briques et de bois, comme il en existe beaucoup au Canada, confortable sans être cossue », se souvient Jean Fabreguettes qui en aura été l'hôte à plusieurs reprises. Comme j'ai pu le constater, la demeure existe toujours. À mes questions, le propriétaire actuel, d'origine indienne, que je découvre alors qu'il tond paisiblement sa pelouse, répond que plusieurs locataires s'y étant succédé avant lui, l'aménagement intérieur a forcément été modifié depuis lors.

Jean Fabreguettes, lui, garde en mémoire les appréhensions excessives de Marguerite en découvrant les équipements de son nouveau foyer. « Les plans de travail à la cuisine et tous les éviers étaient aux normes américaines, c'est-à-dire plus élevés — d'environ une dizaine de centimètres — que selon les normes françaises. Malgré sa petite taille, Marguerite s'y était finalement bien adaptée[11]. »

En cas de besoin, gageons d'ailleurs que Max aurait eu tôt fait de remédier au problème. L'homme est en effet bricoleur dans l'âme, au grand dam de son épouse qui lui reproche d'entamer parfois des travaux sans prendre le temps de les achever. N'empêche : l'éternel bricolo aura su aménager avec adresse la nouvelle demeure. « Dans la salle de bains, il avait installé une planche amovible qui permettait à Marguerite de réaliser la toilette de Mylène en évitant de se pencher trop en avant au-dessus de la baignoire, car son dos la faisait parfois souffrir[12] », se rappelle Bertha. La disposition des pièces ? C'est au tour de son fils Éric, enseignant de quarante-cinq ans dans une école hôtelière, de me la décrire : « La maison comportait un rez-de-chaussée et un sous-sol. Le salon était la pièce principale ; on y accédait par un couloir ouvrant lui-même à gauche sur les trois chambres : la première réservée aux parents, la deuxième destinée aux deux filles, et la troisième partagée par Jean-Loup et sa grand-mère. La cuisine jouxtait le salon à partir duquel un escalier permettait de rejoindre le sous-sol où Max avait installé son atelier[13]. » Un paradis pour bricoleur. L'ingénieur s'y réfugiait dès que ses activités professionnelles le lui permettaient, c'est à dire pas souvent…

Costume strict, sa chevelure noire coiffée en brosse, Max Gautier rejoint chaque matin par le train le centre de

Montréal. Il occupe un bureau au premier étage d'un austère immeuble au 1440, rue Sainte-Catherine Ouest, quartier général où sont installés les locaux de SNC (Surveyer, Nenninger & Chênevert), la société canadienne d'ingénieurs-conseils associée à Coyne & Bellier dans le cadre du projet Manic 5. Le Français opère en étroite collaboration avec différents responsables du bureau d'études. « Je m'en souviens comme d'un homme courtois, compétent mais très réservé. Il attendait que les gens viennent à lui pour leur parler[14] », me confie Camille Dagenais, alors chef de mission de SNC dont il deviendra d'ailleurs le PDG. En dépit de sa timidité, Max noue au fil des mois quelques amitiés solides. Entre autres avec Rock Poulin, géologue de formation dont j'ai retrouvé la trace dans le quartier de Mount-Royal, à Québec. « On ne se voyait pas souvent, mais il y avait une bonne "chimie" entre nous. J'apprenais beaucoup de lui, et vice-versa. Par ailleurs, il était respectueux des Québécois, contrairement à d'autres Français qui tenaient parfois des propos peu aimables sur notre façon de parler. Comme il avait horreur de prendre ses repas tout seul, nous nous retrouvions souvent à l'heure du déjeuner. Malgré sa préférence pour les plats à base de poisson, il m'entraînait parfois dans des restaurants plus exotiques, comme *la Moustache*, spécialisée dans la confection des couscous[15]. »

Ces souvenirs, l'affable géologue prend plaisir à les évoquer pour moi dans sa vaste demeure décorée de nombreux meubles en bois dessinés et façonnés de ses mains. Une passion pour l'ébénisterie qu'il partageait avec Max : « Lors des moments de détente, il me parlait des nouveaux outils qu'il venait d'acheter et de ses réalisations. Ainsi, il avait été très fier de me montrer les tables qu'il avait lui-même fabriquées[16]. »

Une à deux fois par mois, les deux compères doivent quitter la ville et gagnent le chantier de Manic 5. Autant de séjours qui ressemblent à de véritables expéditions. Depuis Montréal, il faut d'abord rejoindre en avion la ville de Baie-Comeau, au nord-ouest du pays, sur la rive gauche du Saint-Laurent. Puis, à bord d'un véhicule tout-terrain, parcourir les deux cents kilomètres qui séparent le port du site du futur barrage hydroélectrique. Là, ce sont quelque douze mille ouvriers qui participent à la construction. Pour ces travailleurs du bout du monde, une vraie ville a vu le jour, avec ses écoles, ses mobile homes, ses lieux de distraction. Max Gautier y est logé dans un hôtel réservé aux visiteurs. À cette existence de pionnier l'ingénieur trouve quelque compensation, comme me le conte Rock Poulin : « Le soir, nous nous rendions sur les lacs environnants à bord d'un canot pour pêcher la truite. Je prêtais une canne à Max et nous passions plusieurs heures ainsi à taquiner les poissons et à blaguer[17]. »

De retour à Montréal, Max gagne le parking de l'aéroport où il a pris l'habitude de garer son véhicule personnel, un Station Wagon de couleur sombre. « La voiture familiale et suburbaine par excellence », précise Éric Dufresne qui se souvient aussi que Marguerite ne possédait pas son permis de conduire, handicap qui la contraignait à rejoindre à pied le centre commercial de Pierrefonds où elle effectuait quasi quotidiennement les approvisionnements nécessaires à sa maisonnée.

De sa petite enfance Mylène Farmer aime à répéter qu'elle n'en a conservé que des images floues : « J'étais trop petite pour avoir des souvenirs exacts, encore moins pour être nostalgique[18]. » Des bribes éparses, sensibles, comme celles, gourmandes, liées au sirop d'érable — « un souvenir bête mais sucré[19] » — et à la neige — « on m'a dit que j'en mangeais beaucoup[20]... » —, lui reviendront pourtant au fil des entretiens nombreux qu'elle accordera au début de sa carrière. Sans oublier cet amour du froid polaire qu'on retrouvera dans quelques futures vidéos comme *Tristana* ou *Désenchantée*. Comme nous le verrons bientôt, plusieurs de ses textes témoignent eux aussi d'un curieux mais réel exercice de mémoire.

Est-ce ce même effort de retour aux sources qui poussera la chanteuse, devenue célèbre, à retourner en 1989 sur les lieux de ses premiers jeux ? Elle éprouvera en tout cas un plaisir certain et non dissimulé « à renouer avec ce pays de mon enfance[21] ». Sur place, le séjour de la Franco-canadienne — de par sa naissance, elle possède la double nationalité — va se révéler des plus discret... au grand dam des élus locaux qui ne lui en tiendront toutefois pas rigueur. La preuve : deux ans après cette visite-éclair, le maire de Pierrefonds, Marcel Morin, lui fera parvenir, à l'occasion de son quarantième anniversaire, un certificat de citoyenne d'honneur de sa ville. « Le document officiel a été déposé par porteur spécial chez Polydor, sa maison de disques, afin qu'on le lui remette en mains propres[22] », m'a même précisé Johanne Palladini, responsable de la communication de l'arrondissement. C'est dire si là-bas, à Pierrefonds, on se sent fier de cet « enfant du pays », pourtant si atypique.

De l'aveu même de l'artiste, son éducation est des plus banale. Des parents sévères, certes, mais intelligents. Toujours selon ses propres dires, elle bénéficie d'une enfance sereine, entourée d'une sœur et d'un frère qu'elle adore. « Max et Marguerite formaient un couple tout à fait normal, plutôt attentif à l'éducation de leur progéniture », confirme sans hésiter Jean Fabreguettes. S'il n'a pas gardé un souvenir précis des deux aînés, l'Aveyronnais se rappelle en revanche parfaitement la petite Mylène : « Je me souviens de l'avoir fait sauter sur mes genoux. Une petite fille là encore tout à fait normale, aimable, joueuse et rieuse. Difficile de se rendre compte alors de ses talents à venir[23]. »

À Marguerite, qui a abandonné toute activité professionnelle, la rude tâche de s'occuper du trio, secondée par la mère de son époux. De la grand-mère paternelle de Mylène, Jean Fabreguettes a conservé l'image d'une femme d'une soixantaine d'années « un peu autoritaire, assez possessive peut-être ». « Une femme instruite et cultivée, mais compliquée et exigeante », complète Bertha Dufresne au souvenir de certaines frictions entre l'épouse de l'ingénieur et sa belle-mère : « "Il faut que je l'endure parce que c'est la mère de Max !" me confiait parfois Marguerite. Et c'est vrai que la vieille dame énervait un peu tout le monde, à commencer par les enfants dont les jeux bruyants l'insupportaient. C'est pour lui échapper que les petits préféraient venir s'amuser chez nous[24]. » Sa patience à toute épreuve, Marguerite Gautier l'admet bien volontiers avec le portrait en demi-teinte de cette belle-mère disparue voilà près de trente ans : « C'est vrai que Jeannette savait se montrer très dure malgré son bon cœur, sa générosité naturelle. Possessive, elle ne cessait de me disputer mon mari, ce qui n'avait d'ailleurs pas échappé à ma mère, venue un jour me rendre visite. Elle m'a dit quelque chose qui m'a fait beaucoup de peine : "Je n'ai pas l'impression d'être venue chez toi, mais chez ta belle-mère." Jeannette est finalement revenue bien avant nous du Canada. Ce n'est pas très gentil de dire ça, mais nous l'avions quasiment mise à la porte, tellement elle était devenue encombrante[25]. »

Mylène, comme Max, a-t-elle subi l'influence de cette mamie omniprésente, au caractère froid et distant ? La chanteuse conservera moins le souvenir d'une vieille dame acariâtre que celui d'une grande bourgeoise passionnée des choses de l'art : « Elle adorait le théâtre et la peinture[26]. » Sans oublier la musique : dans sa jeunesse, Jeanne n'avait-elle pas décroché un premier prix de piano au Conservatoire de Marseille ? C'est d'ailleurs à son intention que Max avait dû installer un instrument au milieu du salon de Pierrefonds. Éric Dufresne n'a pas oublié ce piano droit trônant dans la principale pièce de la maison Gautier, et les rares moments où Mme Gautier-mère interprétait avec talent de longs morceaux classiques, là encore après avoir exigé un silence absolu dans la maisonnée.

Mylène entendra souvent parler, enfant, de son grand-père paternel, disparu en 1953. Témoignent du disparu de nombreuses œuvres que cet homme d'art a léguées à ses descendants : statues figuratives et académiques d'enfants idéalisés ou d'éphèbes au corps à peine voilé. Une fois en âge de voler de leurs propres ailes, les enfants Gautier en récupéreront quelques-unes, qu'ils installeront en bonne place dans leurs demeures respectives. Ainsi de Mylène qui portera son choix sur une étrange statuette qu'elle décrira comme « un bébé trifouillant un crâne déposé devant lui[27] »...

L'éducation de trois enfants en bas âge constitue une tâche ardue pour une mère de famille jamais au bout de ses surprises. Un jour, Marguerite surprend Mylène juchée sur un tabouret au-dessus de l'évier de la cuisine, affairée à baigner une vingtaine de vers de terre ! Sa cadette vient de les récupérer dans un seau rangé dans un coin du jardin des Dufresne : le chef de famille, Guy, s'en réserve l'usage comme appâts pour ses parties de pêche. Une autre fois, c'est un écureuil roux tombé du ciel qu'elle niche dans un tonneau. Et la jeune mère de s'interroger lorsque, dans ce pays de rivières et de lacs, sa fillette va ressentir une phobie précoce de l'eau. Selon une confidence maternelle faite à Bertha, les craintes de Mylène seraient nées le jour où l'un de ses camarades l'aurait poussée de force dans une pièce d'eau. Mauvais souvenir qui ne l'empêchera toutefois pas d'apprendre à nager, mais sans jamais tenter, de son propre aveu, de s'éloigner de plus de dix mètres des rivages. « Pourtant j'ai longtemps rêvé, la nuit, que je vivais dans l'eau et que j'arrivais parfaitement à respirer. Allez y comprendre quelque chose[28]... »

Comprendre ? Mais c'est l'enjeu même d'une biographie et donc notre propos !

Les jeux ne manquent pas chez les Dufresne : bac à sable, tobogan, balançoire, et surtout la petite piscine hors-sol installée dans le jardin et que Mylène n'appréhende pas — du moins pas encore : « Trois pieds d'eau au plus, et les enfants n'y barbotaient qu'une fois équipés d'une bouée leur ceinturant la taille, poursuit Bertha. Je ne tolérais ni disputes, ni brutalités. Dès qu'il y en avait un qui commençait à trop chahuter, je le faisais sortir et c'était fini pour lui. On essayait de les tenir, mais sans jamais montrer une sévérité excessive. Pour les récompenser d'avoir été sages, Marguerite et moi leur offrions un *Pop-cycle*, un bâtonnet de fruit glacé ou des beignets que les aînés allaient acheter à la pâtisserie Bouvel, située à l'entrée de la cité du Belvédère[29]. »

Sur un film en couleurs tourné par Guy Dufresne, quelques images montrent Mylène, cinq ans, coiffée de nattes nouées d'un ruban rouge, qui sautille dans cette fameuse piscine en compagnie de deux jeunes compagnons. Son habituelle bouée autour de la ceinture, elle mène son petit monde dans une sympathique ronde enfantine. La scène n'étonne guère Nicole Dufresne, complice de jeux de Mylène : « Elle était gaie et spontanée, malgré ce regard parfois un peu sérieux qu'on peut remarquer sur certaines photos d'enfance. » Toujours selon Nicole, sa petite camarade aux yeux noisette savait se montrer volontaire, voire têtue : « Ses positions étaient bien *en place*, comme on dit au Canada, elle préférait diriger que suivre les autres. » Sur ce plan-là, ajoute l'amie d'enfance, elle montrait davantage de caractère que sa grande sœur : « Brigitte était plus calme, plus délicate, voire réservée et recueillie ; Mylène se roulait sur la pelouse, ce que n'osait pas faire Brigitte[30]. » « Oui, enchaîne la mère de Nicole, Mylène était une petite fille normale : elle mordait ou criait quand il fallait ! »

Le rude hiver canadien impose sa loi. Le thermomètre extérieur descend facilement sous les moins trente degrés. La neige abondante devient une gêne certaine pour les automobilistes, mais elle constitue une aubaine pour les gamins de Pierrefonds. « Chaudement couverts d'anoraks, nous passions toutes nos journées dehors, se souvient Éric Dufresne. Pour de traditionnelles batailles de boules, mais aussi pour la construction de forteresses à base de neige mouillée. Tellement mouillée que la couleur des gants imprégnait nos mains[31]. »

« Nous nous retrouvions dans notre cour ou dans la rue après l'heure du repas, fixée à 17 heures 30 ; nous jouions jusqu'à la tombée de la nuit, complète sa sœur Nicole. À ce moment-là, Max sortait à son tour et lançait à ses enfants : “Les poulets, il est temps de rentrer !” Parfois Jean-Loup, espiègle, lui demandait : “Les poulets de là-bas ou d'ici ?” Alors Max faisait mine de se mettre en colère[32]. »

Comme ses parents autrefois, le père de famille ne se montre guère démonstratif avec ses enfants, plutôt rétif même aux embrassades et aux câlins. Rebelle respectueuse, Mylène Farmer se révélera tout à la fois pudique et amère lorsqu'elle évoquera plus tard la relative froideur de son entourage familial au détour d'un entretien.

Le soir venu, les enfants Gautier gagnent leur chambre. Avant de s'endormir, ils dévorent quelques livres ou des magazines destinés à la jeunesse. Les premiers illustrés de Mylène sont ceux de la collection *Pomme d'Api*, avec leurs belles images et leurs mots adaptés à son âge ; les *Oui-oui* de Enid Blyton, célèbre romancière pour enfants de la série du *Club des Cinq*. L'influence de ces premières lectures sur l'imaginaire des jeunes lecteurs ? Indéniable, si l'on en croit ce spécialiste de l'œuvre de Blyton dont voici l'analyse : « J'avoue que nous la croyions française et je me demande même si son prénom n'avait pas alors à nos yeux quelque chose d'asexué, tant il est vrai que pour de petits Français, *Enid* n'a assurément rien de typiquement féminin. » Sans compter les lieux, cet univers magique cher à l'auteur : « Les villas jumelles d'un bois de chênes-verts, baptisé Parc des Fées, avec leurs boiseries de style basque, peintes en marron, et l'odeur d'humidité (champignon et sable mouillé), mêlant encore leur image au souvenir de ces lectures de suprême innocence. Le jardin sombre derrière les villas, les allées du parc que ne fréquentaient pas les autos, les autres jardins, toutes les villas du parc — et surtout, à la mi-saison, celles, désertes, des vacanciers [...], des phrases qui chantent encore comme une sorte de comptine désuète mais d'une efficacité redoutable[33]. »

À la même époque, Mylène assiste en compagnie de ses parents à une projection de *Bambi* : « C'était mon premier film, et il est toujours mon préféré[34] », répétera souvent Farmer pour laquelle ce classique des productions Walt Disney est l'une des œuvres qui a su le mieux capter la beauté et les drames de la vie animale, la poésie de la forêt. Mais la cadette des Gautier ingurgite bien d'autres dessins animés :

ceux que diffusent la chaîne canadienne de télévision. Ses deux héros préférés : Tom et Jerry. Leurs histoires de chat et de souris, meilleurs ennemis du monde, toujours alliés contre un tiers qui veut les séparer, la font rire aux larmes. Elles lui donnent même, à l'occasion, des idées saugrenues. Un jour, elle s'étonnera de ne pas voir exploser la bombe de liège qu'elle a fabriquée avant de la déposer devant le perron de la demeure familiale et de partir en courant ! Comme dans *Tom et Jerry*…

C'est encore durant ces années qu'elle découvre dans la « petite lucarne » les aventures des marionnettes canadiennes *Bobino et Bobinette*, et celles de Pollux, le héros à l'accent anglais du *Manège enchanté*. Devenue adulte, au cours de moments de détente entre amis, Mylène s'amusera souvent à fredonner sans façon le générique de cette série enfantine de la télévision française dont elle connaît par cœur le premier couplet : *« C'est un manège / Un manège enchanté / Qui fait rire et chanter /Y a rien de mieux pour s'amuser / Tombe la neige / Brille le soleil d'été / Venez dans le manège enchanté / Tournicoti tournicoton / S'exclame le brave Zébulon / Non, vraiment c'est pas du luxe / Lui répond le gentil Pollux… »* À d'autres moments — rares, il est vrai — elle se souviendra aussi de certains rêves aux allures de cauchemars : « Un lit immense, des draps blancs. J'y suis blottie en position du fœtus. Devant moi, un énorme cordon ombilical, vraiment énorme… Il m'incombe de le couper. Comment ? Avec les dents ? Je ne suis qu'une enfant[35]… »

Enfant hier, adulte aujourd'hui. Entre les deux, quels liens ? Cherchons encore…

Chaque année, dans la maison des Dufresne, le mois de décembre prend des allures de fête. C'est d'abord Halloween où les gamins revêtent les costumes confectionnés par Bertha et Marguerite. « Tous les enfants se déguisaient, sortaient dans la rue, sonnaient aux portes. Si les adultes ne leur donnaient pas des bonbons, on leur jetait de la farine dessus[36] ! » Pour qui connaît le mode de vie nord-américain, les souvenirs de Mylène n'ont rien d'exceptionnel. Mais la fillette pouvait, paraît-il, se montrer d'autant plus féroce, en ces circonstances, que les confiseries représentaient alors l'un de ses péchés mignons : « J'achetais des trucs épouvantables : rouges, roses et qui piquaient[37]. »

Vient Noël, le temps d'autres cadeaux. Aux présents traditionnels des petites filles, poupées et chiffons, Mylène préfère souvent ceux qu'on offre à son frère, camions et autres panoplies d'agent de police : « Je n'ai jamais aimé jouer à la poupée, à la dînette… J'ai toujours préféré la compagnie et les jeux des garçons. Je n'étais pas un garçon manqué, mais une fille manquée[38] ! » Sentiment partagé par Nicole Dufresne : « Nous l'étions toutes les deux, par la force des choses : Jean-Loup et mes frères partageaient tous leurs jeux, et nous préférions jouer à la balle avec eux plutôt qu'à la poupée, quitte aussi à mettre de temps en temps la pagaille dans leur petite bande. Cela étant, une grande complicité unissait Mylène et Jean-Loup, garçon au bon caractère[39]. »

Arrive enfin ce jour de septembre 1966 tant attendu où Mylène découvre l'école…

2

Vilaine mouffette

Pour Max et Marguerite, l'affaire est entendue : Mylène fréquentera le collège Sainte-Marcelline où sont déjà inscrits Brigitte et Jean-Loup. Dirigé par des religieuses italiennes, l'établissement jouit d'une excellente réputation depuis sa création en 1961. Fidèle à l'esprit de son fondateur — Saint Ambroise, évêque de Milan au IVe siècle —, sœur Marie-Claire, la première directrice, m'explique la philosophie qui prévalait en ces lieux dès l'origine : « Je voulais permettre aux enfants des environs de recevoir un enseignement religieux et une éducation en harmonie avec nos principes moraux[1]. » Et de me conter comment il fallut de longs mois de recherches avant de trouver enfin le décor idoine : une maison de maître en pierre de taille sur les bords de la rivière des Prairies. C'est là qu'elle installa ses quatre premières classes de maternelle, à un jet de pierre d'une autre bâtisse réservée à la demi-douzaine de religieuses associées à son entreprise. Le boulevard Gouin longe cette maison à un étage qui, au fil des années, va accueillir de nouveaux élèves. Sans grands moyens : « Faute de place, les religieuses repliaient très tôt le matin leur lit et transformaient les chambres en salle de classe[2] », se souvient sœur Orienta, alors codirectrice du collège, aujourd'hui retraitée à Milan.

Forte de son succès, sœur Marie-Claire recrute de nouveaux enseignants, pour la plupart des laïcs formés à l'École normale de Montréal. Ainsi de Yolande Lebercque, par exemple, la première institutrice de Mylène. Aujourd'hui âgée de soixante ans, elle fut, avec ses longs cheveux roux, la maîtresse de l'élève Gautier. Yolande me reçoit dans son appartement de la banlieue ouest de Montréal. Elle aussi, c'est la première fois qu'on vient solliciter son témoignage. Deux entretiens au cours desquels elle va se remémorer avec tendresse le souvenir de Mylène : « Je m'en souviens d'autant mieux qu'elle fut l'une de mes premières élèves. Une petite fille pas très grande, mais toujours très tranquille, effacée, un peu timide. Ma classe se trouvait alors dans la petite maison du bord de l'eau, un lieu magique pour les enfants, où tout avait été conçu à leur taille : tout y était à la hauteur des enfants. Les toilettes étaient près du sol, les petites chaises, les petites tables… On pouvait installer sept ou huit enfants autour de chaque table. À gauche en entrant, les casiers où les petits déposaient leurs effets personnels : manteau, bottes, gamelle. Chaque pièce était relativement étroite : une véritable maison de poupée. Quand on entrait dans la pièce centrale, le regard était immédiatement attiré par une vaste fenêtre qui donnait sur la rivière. Le terrain de jeux se trouvait à droite, lorsque vous tourniez le dos à la rivière. Il était entouré de grands peupliers et d'une clôture empêchant les élèves de s'approcher de trop près de l'eau. La petite classe de Mylène se trouvait en entrant à gauche, près des toilettes. C'est là que je lui ai appris à lire et à compter. C'était une bonne élève, studieuse et appliquée. Elle me parlait avec l'accent de chez nous. Il faut dire que tous ses petits camarades étaient des Québécois pur sucre : des Dupuy, des Tremblay, des Lebrun[3]… »

Selon Yolande Lebercque, et contrairement à l'idée souvent reçue lorsqu'on évoque les établissements religieux, l'enseignement dispensé à Sainte-Marcelline se voulait avant tout attentif au développement des enfants : « Lors de mon engagement, sœur Marie-Claire avait beaucoup insisté sur cette méthode d'éducation qui exigeait de notre part souplesse et ouverture d'esprit[4]. »

Comme le veut la coutume dans ce type d'institution, surtout à l'époque, les élèves portent l'uniforme. Pour Mylène, c'est une tunique à carreaux verts et bleu marine séparés par une ligne blanche. Les repas incombent aux parents qui doivent garnir le cartable de leurs enfants d'une boîte à lunch ; une sœur-cuisinière fournit la soupe et le lait lors des repas qui se prennent au premier étage de la maison des religieuses. « Marguerite me disait souvent : "Je ne sais pas quoi leur mettre dans leur gamelle !" Je lui composais alors des petits menus : viande froide, fromage, etc. », dit Bertha Dufresne. Soucis quotidiens de mères de famille…

Quelle que soit la saison, les horaires demeurent inchangés. Les cours débutent le matin à 8 heures et s'achèvent à 14 heures 30 ; ils sont interrompus par deux récréations : une quinzaine de minutes en matinée, une quarantaine de minutes après le déjeuner. Matin et soir, un bus scolaire transporte les élèves en sillonnant les communes environnantes. De couleur jaune, l'engin de ramassage scolaire est conduit la plupart du temps par Jean-Pierre Bertrand, propriétaire d'un important garage à Pierrefonds. Sur les flancs du véhicule, il a fait peindre le nom du collège que fréquentent d'ailleurs ses propres enfants. Aujourd'hui retraité, l'ancien chauffeur se souvient de l'arrêt qu'il faisait à l'époque rue du Belvédère, même s'il n'a pas gardé de souvenir particulier des enfants Gautier : « Les gosses se montraient parfois agités, mais souvent aussi ils passaient le temps du trajet à chantonner les comptines qu'on venait de leur apprendre à l'école[5]. » Des moments de bonne humeur que ne partageait paradoxalement pas la future chanteuse : « J'ai toujours eu une aversion pour ces chansons qu'on entonnait en chœur dans les cars scolaires. » Il est vrai qu'elle ne prisait guère « les choses collectives[6] », et ceci explique peut-être cela.

Est-ce pour ce motif que la fillette décide un jour de rentrer chez elle par ses propres moyens ? Du tout. Ce coup de tête est lié à un petit drame propre à l'enfance. Écoutons le récit de Yolande Lebrecque : « Ce matin-là, Mylène est arrivée en classe en traînant derrière elle une odeur pestilentielle. Je n'y ai pas d'emblée prêté attention, jusqu'au moment où deux ou trois petits m'ont répété : "Ça sent drôle, madame !" Très vite, ils ont compris que l'odeur bizarre émanait de Mylène, qu'ils ont commencé à taquiner : "C'est toi qui pues !" Effectivement, en m'approchant de la petite Gautier, j'ai compris de quoi il retournait, mais j'étais en même temps très gênée pour elle. J'ai dit aux enfants : "Mais non, cela ne sent rien, vous vous trompez." Mylène était très mal à l'aise. La journée a fini quand même par s'écouler. Mais, le lendemain, j'ai reçu la visite de sa maman. Elle m'a expliqué comment, la veille, elle avait surpris dans son garage une mouffette — un putois de chez nous, qui ressemble à un gros chat noir. Ce mammifère particulier est capable de projeter, grâce à ses glandes anales, un liquide nauséabond en direction de son agresseur. L'odeur qui se répand à ce moment-là est franchement abominable et il ne reste plus qu'à désinfecter complètement la maison[7]. »

L'affaire en serait restée là si Mylène, par peur de subir de nouveaux quolibets, n'avait décidé de s'en retourner à pied à la maison, distante tout de même d'une demi-douzaine de kilomètres ! Rue du Belvédère, l'absence de la petite fille ne passe pas inaperçue. Prise de panique, Marguerite fonce chez les Dufresne. Bertha, avisée, lui conseille de prévenir la police. Celle-ci finit par retrouver l'aventurière, égarée dans les bois. Plus de peur que de mal ! Mylène n'en est pas quitte pour autant. « Sur mes conseils, Marguerite l'a baignée dans du jus de tomate, seul moyen de supprimer l'odeur pestilentielle. Par ailleurs, elle a dû jeter tous ses vêtements à la poubelle, car l'odeur qui les imprégnait était vraiment impossible à supprimer totalement[8]. » Un bain de jus de tomate ? La recette a fait ses preuves. Il est aussi efficace et bien moins nocif que les ablutions d'eau de javel ou de chlore en solution recommandées par les médecins. Mais cette salvatrice immersion dans un liquide âcre, visqueux, couleur écarlate, fut-elle vraiment du goût de la petite Mylène ? On peut en douter. Plus loin, est-ce cette réminiscence qu'elle retransposera dans deux de ses futurs clips : *Je te rends ton amour* dans lequel la chanteuse apparaît nue recouverte de sang, et *Beyond My Control* où Farmer s'échappe d'un flot d'hémoglobine ? C'est probablement le pivot psychotique de toute sa vie, avance Steve Abadie de Villeneuve qui m'explique : « À partir de cette scène quasi mystique interviennent en effet le rapport à la mère, l'enfantement, la naissance, l'expulsion mortifère du placenta[9]. » Et ce spécialiste parisien en psychopathologie de poursuivre : « Cet ancrage dans la réalité renvoit bien plus à la psychanalyse et l'étude de cas clinique qu'une simple mise en scène de clips. La psychologie morbide alliée à une logique de l'impensable : une petite fille blanche, livide que l'on plonge dans un bain de sang afin de lui montrer sa non nécessité et l'impératif de son extermination sous quelque forme que ce soit. Quoi de plus destructeur que l'immersion sanguinaire ? En effet, la stigmatisation et la symbolique du sang en corrélation avec le jeune âge du sujet peuvent expliquer ses névroses latentes, destructionnelles. »

Juillet 1967 : la famille Gautier vit l'événement avec une relative excitation. Cette année-là, Montréal est en fête. À l'occasion de l'Exposition universelle, le Premier ministre Johnson s'apprête à accueillir une cinquantaine de chefs d'État et de gouvernement venus du monde entier. Le plus prestigieux de ces dignitaires, le général de Gaulle, débarque à l'anse au Foulon à bord du croiseur *Colbert*. Le lendemain, en route pour Montréal, le président de la République française est acclamé par les foules québécoises massées le long du chemin du Roy. Le soir même, du balcon de l'hôtel de ville de la capitale, il lance son célèbre : « Vive le Québec libre ! » Un coup d'éclat que d'aucuns lui reprocheront, mais que d'autres, plus nombreux, applaudiront : le Général, fidèle à lui-même, n'a-t-il pas ainsi attiré l'attention du monde entier sur la présence au sein du Canada d'un peuple de langue et de culture françaises ?

Au même moment — mais cela n'a bien entendu rien à voir —, la longue mission canadienne de Max est sur le point de s'achever. Marguerite ne se sent plus de joie, elle qui n'a jamais caché aux Dufresne son mal du pays. L'occasion d'un retour paisible se présente avec l'arrivée du paquebot *France*, venu mouiller à Montréal à l'occasion de l'Exposition universelle. C'est donc à son bord que toute la famille embarque à destination du Havre. « J'étais présent le jour de leur départ, se souvient Éric Dufresne qui approchait alors de sa dixième année. Les Gautier avaient mis leurs affaires dans d'énormes malles de voyage qui s'ouvraient comme un livre. Une limousine est venue les chercher. Nous l'avons suivie à bord de notre *wagon*. En arrivant à hauteur de l'autoroute Bonaventure, parallèle au port de Montréal, j'ai découvert le prestigieux navire. Nous les avons accompagnés jusqu'au pied de la passerelle, car nous n'avions pas l'autorisation d'accéder à bord. Nous avions le cœur brisé en les voyant s'éloigner, mais nous cachions notre émotion. Cela faisait six années qu'ils partageaient notre vie, et nous fûmes les seuls amis, ce jour-là, à les avoir accompagnés[10]. »

Les coups de sirène assourdis du bateau pilote et des remorqueurs retentissent ; la longue traversée de l'Atlantique commence. Malgré la magie du navire, le voyage ne restera pas, pour Mylène, l'un des meilleurs souvenirs de son enfance : « Six jours à être très malade et à me gaver de macédoine de légumes[11]. » Mal de mer doublé sans doute d'un sourd malaise face à la vie et au cadre inconnus qui l'attendent. De son propre aveu, cette rupture d'avec son univers québécois, où elle se sentait « comme en hibernation, protégée, en confiance[12] », va se révéler d'une « violence terrible ». Une cicatrice indélébile qui constituera, à n'en pas douter, l'une des clefs cachées de sa future existence.

Mais, pour l'heure, du haut de ses sept ans, encore loin des micros et des sunlights, la fillette découvre son nouvel univers.

3

Les étangs de Ville-d'Avray

À la fin de ces années 1960, Ville-d'Avray n'est qu'un gros bourg de dix mille habitants situé à une trentaine de kilomètres de Notre-Dame de Paris. Connue — et encore... — des Français par un film de Serge Bourguignon, musique de Maurice Jarre : *Les Dimanches de Ville-d'Avray*, la commune présente deux attraits : sa verdure et ses étangs. C'est d'ailleurs à proximité d'une étendue d'eau que s'installe la tribu Gautier : le domaine de La Ronce, un ensemble d'immeubles de construction récente qui accueillera au fil des ans plusieurs centaines « de familles de cadres moyens et de fonctionnaires de la Marine nationale[1] », me précise Alain Maire, l'actuel représentant de l'une des associations de locataires de la résidence.

Tout naturellement, les clairières avoisinantes deviennent les terrains de jeu des enfants Gautier qui découvrent au fil des mois les rues et les chemins pittoresques de ce village résidentiel où ont aussi trouvé refuge au fil des ans de nombreux artistes, peintres, écrivains, musiciens, de Boris Vian à Yehudi Menuhin, ou encore des savants comme le biologiste Jean Rostand. Surtout connu pour ses travaux scientifiques sur les batraciens, le fils de l'auteur de *L'Aiglon* et de *Cyrano de Bergerac*, forte personnalité au physique jovial, a installé dans le parc de sa propriété son « étang à monstres », des prodiges naturels ou créés par parthénogénèse.

Le cadre est enchanteur, mais Mylène vit assez mal l'isolement de cette banlieue qui ne pourra jamais remplacer l'univers canadien, si convivial, de sa petite enfance. Perte des repères et déracinement se transforment peu à peu en une sorte d'exil intérieur. Cette nostalgie d'un bonheur évanoui, qui va l'affecter en profondeur, rendra encore difficilement supportable la mélancolie déjà ancrée chez la petite fille désormais solitaire.

La naissance d'un deuxième frère, Michel, né le 30 décembre 1969, joue-t-elle un rôle dans cet apparent mal-être ? Non, car Mylène se montre au contraire ravie dès le premier instant de la venue au monde de ce petit garçon. Au surplus, leur différence d'âge évite tout risque de rivalités enfantines.

Cette année-là, la fillette entame sa première année de cours moyen. À l'en croire, il va s'agir d'une scolarité incolore et inodore, sans vagues. Aux yeux de ses institutrices, Mylène est plutôt du genre discrète, voire effacée. Ce qui ne l'empêche pas de découvrir les œuvres de la comtesse de Ségur : *Les Malheurs de Sophie*, *Les Petites Filles modèles* et surtout l'incontournable *Bon petit diable.* Ce classique de la littérature enfantine reste le seul livre de l'auteur dont le personnage principal appartienne au sexe masculin. Ce qui n'est pas pour déplaire à Mylène qui commentera ainsi non sans humour cette lecture d' enfance : « Je me demande s'il n'y a pas toujours un bon petit diable qui sommeille en moi[2] ? »

En tout cas, son caractère commence vraiment à s'affirmer dès son entrée au lycée : « Il fallait toujours que je me fasse remarquer, et je me montrais souvent odieuse. » Les enseignants ne sont pas dupes pour autant : « En sixième, mon professeur de français et de théâtre, une belle femme blonde, ne m'a jamais punie. Elle avait compris : en refusant d'entrer dans mon jeu, je me calmais toute seule. Et ça n'a pas loupé : je suis devenue une bonne élève dans ces deux disciplines. Je ne la remercierai jamais assez de m'avoir comprise[3]. »

Tout n'est d'ailleurs pas rébellion dans la vie de la jeune Mylène. À dix ans, la gamine remporte le premier prix d'un concours de chant et gagne un livre sur… les lapins : « Je ne pensais pas alors à la chanson. Je n'achetais pas de disques, ma seule passion était les animaux[4]. » L'année suivante, ses vocalises ne lui permettent de décrocher qu'une honorable deuxième place, ce qui ne lui suffit pas. Elle se met à « injurier tout le monde »[5], ce qui n'est pas fait pour améliorer ses relations avec l'école : « Dès le milieu des vacances, je commençais à y penser, et c'était à chaque fois des nœuds à l'estomac[6]. » À la rentrée, l'enfant se présente pourtant toujours en avance à la grille de l'établissement comme pour devancer sa souffrance : « J'avais toujours très peur d'être en retard. Hiver comme été, je me retrouvais seule à 7 heures 30 devant la porte, alors que nous ne commencions qu'à 8 heures[7]… »

Comme chez les sœurs québécoises, Mylène assiste au cours hebdomadaire de catéchisme dispensé par un prêtre. Or, chance ou malchance, Dieu a doté le religieux d'un charme certain auquel ne restent pas insensibles ses jeunes ouailles. Mylène la première : « Je n'aurai de cesse de le séduire, mais cela n'ira jamais jusqu'au bout. » À l'en croire, cette drôle de pensée serait née la première fois qu'elle a mis les pieds dans un confessionnal, « troublée par cette soudaine intimité[8] ».

Un beau jour, le prêtre-enseignant lui propose de l'accompagner à l'hôpital de Garches, commune voisine. Mylène accepte. Cette visite va constituer pour elle une véritable révélation. Ces garçons et ces filles, handicapés moteurs ou mentaux, lui semblent appartenir à une autre planète ; leurs souffrances suscitent en elle des sentiments contrastés, entre fascination et révolte : « Une colère dont je ne me débarrasserai jamais, à m'en rendre irrémédiablement pessimiste[9]. » La future chanteuse tentera d'expliquer la raison profonde de sa démarche en ces termes : « J'avais probablement besoin d'aller vers quelqu'un ; vers les autres, en tout cas[10]. » Ces moments resteront empreints d'une rare intensité : « Surtout quand nous partagions le silence. » Au bout de quelques mois, toutefois, elle décide de mettre un point final à ses visites dominicales : « La misère, la maladie, je n'en pouvais plus[11]. »

Trop de malheurs pour une petite fille elle-même déjà tourmentée par des pensées noires. Lorsqu'elle évoque un jour devant sa mère l'idée du suicide, Marguerite Gautier réfrène ses élans en lui lançant à la volée : « Ma petite, tu es comme la mauvaise herbe, et la mauvaise herbe ne meurt jamais[12]. » Mauvais exemple, Mylène ? Et son père, trop enclin à fermer les yeux sur ses caprices ? Voilà ce qu'elle en dira, de longues années plus tard : « Je ne veux pas jeter la pierre à mes parents, mais j'étais en manque affectif. C'est l'origine de mon traumatisme. Par la suite, mes problèmes n'ont fait que s'amplifier. La fracture s'est élargie. J'étais devenue une étrangère à mes propres yeux. En même temps, ces problèmes m'enivraient. Un cercle vicieux. J'étais en pleine ambiguïté[13]. »

Ce mal-être ne l'empêche pas d'occuper ses temps libres. Les cimetières y ont tôt fait de remplacer les hôpitaux. L'idée lui a été suggérée par sa Mamie Jeannette. Au fil des semaines, elle planifie ces visites par des petits mots adressés à sa petite-fille : « "Dimanche prochain, je t'emmènerai dans tel cimetière", m'écrivait-elle dans des lettres que j'ai conservées. [...] Je l'envisageais sans angoisse, comme un cadeau à lui faire, une belle chose à partager. C'est avec elle que j'ai appris que ces endroits sont certes parfois tragiques, mais jamais sinistres[14]. » Pour cette raison-là, peut-être, la future chanteuse profitera de ses déplacements à travers le monde pour effectuer de semblables balades rituelles, quelle que soit la religion du pays visité : « Ce sont des lieux où je me sens bien et qui, par ailleurs, m'apprennent beaucoup sur la culture des pays en question[15]. » Et laissent quelques traces indélébiles sur son imaginaire ? Plusieurs cimetières chrétiens et juifs serviront en effet de décor à une demi-douzaine de ses clips...

Les années passent. Mylène, qui grandit dans un univers propre à toutes les petites filles de son âge, mène une existence protégée et aisée : « Je ne remercierai jamais assez mes parents d'avoir su régler parfaitement le problème de l'argent de poche. J'en avais un peu, mais pas trop. Dans des limites raisonnables qui font qu'on apprécie toujours les choses, qu'il vous reste des désirs. J'avoue que j'avais été choquée par les sommes extraordinaires que recevaient certaines de mes camarades[16]. »

Peu portée sur les études, l'élève Gautier n'est pas pour autant une cancre. Elle montre certes quelques faiblesses en mathématiques, au grand désespoir, on s'en doute, de son ingénieur de père : « Mon esprit anticartésien ne pouvait pas s'accommoder de la logique mathématique[17]. » Elle excelle en revanche en anatomie et en histoire : « Les reines, les courtisanes et les petits marquis me fascinaient. Mon rêve aurait été de vivre sous Louis XV[18]. » Seul regret : ne pas avoir Alain Decaux comme professeur ! Nul doute qu'avec l'historien et l'homme de télévision elle en aurait appris davantage encore...

En quatrième, Mylène opte pour le russe comme seconde langue vivante : « J'ai appris la langue, mais je ne la parle pas. Je sais déchiffrer, mais c'est chaque fois laborieux[19]... » Première approche d'un pays qui l'intrigue et la fascine, comme on le constatera plus tard à travers certains de ses vidéo-clips. L'été suivant, Max et Marguerite lui proposent un séjour en Grande-Bretagne afin de parfaire son anglais. La perspective d'une dose relative d'autonomie ravit Mylène, laquelle va déchanter assez rapidement en découvrant dortoirs, lits superposés, discipline vexatoire dans le style de l'époque : « On nous obligeait à ne parler qu'en anglais, chaque mot en français étant pénalisé. Alors je parlais en russe pour contrarier la responsable qui nous hébergeait[20]. » Plus tard, la star se souviendra également d'un premier émoi amoureux qu'elle exprimera par écrit : « Trois ou quatre formules en russe, dont "Je t'aime", que j'ai remises à quelqu'un[21]. » Un quelqu'un dont elle taira le nom...

Au grand dam de sa mère, toujours élégamment vêtue, Mylène arbore à l'époque des tenues vestimentaires provocantes : « Le rose, le jaune, les couleurs vives, un goût pas possible[22]... » La délicate période de la puberté et ses inévitables questionnements n'arrangent pas les choses : « Je pensais être entre deux sexes. Je ne l'expliquais pas, c'était comme ça : j'étais quelqu'un d'indéfini. Mon comportement était celui d'une excentrique. Je refusais le carcan imposé par les normes attribuées à chacun des deux sexes. C'était un état de révolte, certainement révoltant aussi pour mon entourage[23]... »

Ses doutes naissent-ils de ces multiples circonstances au cours desquelles elle se trouve l'objet d'une confusion de sexe ? « C'est vrai que, jusqu'à l'âge de quatorze ans, on me prenait souvent pour un garçon. On me disait souvent : "Mylène est un joli prénom pour un garçon[24] !" » Cheveux courts, pantalon de rigueur, jeux de kamikaze : l'apparence est d'autant plus trompeuse que l'adolescente, pour parfaire l'ambiguïté, va jusqu'à glisser parfois un mouchoir dans sa braguette « pour voir ce que ça fait[25] ». L'expérience innocente ne restera pas sans conséquence, puisqu'elle inspirera un de ses tubes : *Sans contrefaçon, je suis un garçon*... à propos duquel elle parlera avec habileté de cette période de l'adolescence qu'elle qualifiera de « purgatoire[26] ».

Dans ce contexte fait de recherche et d'expiation, difficile d'entretenir des flirts et de fréquenter les boums : « J'y suis bien allée deux-trois fois, pour voir, mais c'était pas mon truc. Malaise... Plutôt que des amours, j'ai eu des intimités intellectuelles avec des garçons, des relations platoniques, évidemment. Ce qui n'était pas le cas de mes copines. Elles avaient plein d'aventures et, bizarrement, j'en ai souffert. Quelque part, je jalousais leur succès auprès des garçons. J'avais trop d'appréhension pour franchir le pas. Je trouvais les autres filles tellement plus belles que moi ! Il y a certainement un rapport très direct avec la mère, dans tout ça[27]... »

Naturellement, ce désaccord personnel avec son propre physique la pousse à découvrir d'autres centres d'intérêt. Après avoir délaissé le piano, puis la danse classique au bout d'une seule et unique séance, parce que la tête lui tournait,

Mylène s'essaie à l'équitation. Max et Marguerite voient là un nouveau caprice. Jamais assouvie à ce jour, la passion de leur cadette pour les chevaux leur donnera pourtant tort : « Ils se trompaient, car là j'ai vraiment craqué. Je montais trois fois par semaine[28]... » Sans doute sa façon à elle de prouver à ses parents qu'elle demeurait capable d'excellentes choses en dehors des études ...

Pendant plusieurs années, le cheval va, de fait, occuper une bonne partie de ses loisirs. Mylène fréquente d'abord le centre équestre de Porchefontaine, près de Versailles, pour y effectuer son apprentissage. Viennent ensuite divers stages d'été à Conches, dans le pays d'Ouche, dans l'un des plus grands centres de formation de moniteurs. Créé en 1967, ce domaine privé de cinq cents hectares est alors dirigé par Jean-Pierre Buray. Au fil des ans, cet homme de passion mettra à la disposition de ses élèves bon nombre d'installations performantes : plusieurs manèges, dont un olympique, des carrières, un parcours de concours complet, des dizaines de kilomètres de chemins. Sans omettre le plus important : sa cavalerie, composée d'une soixantaine de chevaux de race, selles français et anglo-arabes. Pour parfaire leur formation, les stagiaires sont aidés par une demi-douzaine de moniteurs et de professionnels spécialisés. Belle révélation pour l'apprentie-cavalière Gautier, vite fascinée par cette ambiance normande vouée au cheval ! Une de ses anciennes monitrices, Florence Michau, n'a pas oublié cette adolescente-là : « Mylène était tout à fait motivée et volontaire, malgré sa grande timidité. Par moments, je la trouvais rêveuse, mais elle savait ce qu'elle voulait. Elle montait au moins trois heures par jour, et, comme les autres stagiaires, elle s'occupait avec soin du cheval qui lui avait été confié. Après les cours de dressage, elle a découvert le saut d'obstacles, discipline plus attrayante. Et, de ce fait, elle est vite passée de l'autre côté de la barrière en faisant partie de l'encadrement, mais tout en donnant un coup de main en cuisine lorsqu'il le fallait[29]. »

Contrairement à ce qu'on écrira à plusieurs reprises, le prestigieux Cadre Noir de Saumur n'a jamais fait partie de l'histoire personnelle de Mylène ; elle y a bien effectué un passage, mais seulement pour l'examen qui aurait fait d'elle une instructrice. Mais, nantie d'une dérogation de sa fédération en raison de son âge, elle n'ira pas jusqu'au bout : « On m'a demandé d'expliquer mon choix, j'ai répondu de but en blanc que je souhaitais créer un centre hippique pour handicapés. Ils sont restés cois. J'ai compris que je ne ferais jamais ce métier[30] ! » D'après une autre version, un drame aurait été à l'origine de ce revirement : « Au cours d'un entraînement, ma jument Julia s'est cassée une patte postérieure et je l'ai vue mourir sous mes yeux. Ce fut si terrible que j'ai décidé de laisser tomber[31]. »

En dehors de l'équitation, la jeune fille accompagne de temps à autre quelques rares amis au cinéma. Tous se souviennent d'une fille tour à tour exubérante et réservée. Ses choix se portent plutôt sur des œuvres classiques où brillent des stars mythiques : les Marilyn Monroe, James Dean, mais aussi Greta Garbo et Romy Schneider, sa vedette préférée, « qui la fait pleurer de beauté et de talent[32] ». En clair, des personnages aux destins hors du commun, auxquels elle aimerait tant ressembler.

Bien sûr, il y a aussi la musique. Chez les Gautier, tout en restant fidèle au classique, on ne dédaigne pas quelques valeurs sûres de la variété française : Gréco, Brassens, Barbara et Serge Reggiani que Mylène ira applaudir sur scène à deux reprises. Et même Jacques Dutronc : « Je n'ose pas dire mon idole, car j'ai horreur de ce mot, mais je possédais tous ses albums, de véritables petits joyaux[33]. »

À cette époque-là, en 1974, la famille Gautier s'apprête à quitter Ville-d'Avray pour une commune voisine : Chaville. La maison où elle emménage, avenue Lazare-Hoche, est cossue. En travaux permanents, aussi. Selon son ami Rock Poulin, Max avait dessiné au Québec les plans de sa future demeure qu'il tiendra, insatiable bricoleur, à aménager lui-même.

Cette même année, vêtue de jupes plissées et portant lunettes de vue, Mylène continue à fréquenter les bancs du lycée de Sèvres qu'elle rejoint chaque jour au moyen des bus de la ville. Quand elle sera devenue célèbre, plusieurs de ses anciens condisciples se souviendront de leur camarade de classe, sage comme une image, tour à tour enjouée, réfléchie et déterminée. « Elle a déjà beaucoup de caractère, sachant fort bien ce qu'elle veut. Je me rappelle qu'à quatorze ans, elle nous disait : "Je deviendrai quelqu'un...[34] !", raconte ainsi l'un de ses ex-camarades, Vincent Canaple.

Septembre 1979 : la nouvelle fait l'effet d'un coup de tonnerre. Incompatibilité réciproque avec l'univers scolaire oblige, Mylène, dix-huit ans tout juste, décide de décrocher définitivement de l'institution après deux jours de classe de terminale A4. Mis devant le fait accompli, ses parents dissimulent mal leur contrariété : « Nous avons été très fâchés par cette décision soudaine », se souvient Marguerite Gautier. Des projets ? Mylène n'en a point, si ce n'est celui de quitter le toit familial pour vivre sa propre vie. Pour réussir, elle mise davantage sur sa volonté que sur d'hypothétiques diplômes : « Je voulais faire le chemin toute seule, apprendre, découvrir, et surtout ne pas subir un parcours imposé. Il était essentiel pour moi que je me prenne en charge[35]. » C'est dans cet état d'esprit qu'elle envisage de suivre les cours d'une école d'art dramatique : « Petite, j'avais le sentiment que devenir comédienne était une évidence et que c'était ça que je devais faire ; c'était un besoin vital[36]. » Nourrit-elle des rêves de gloire ? « J'avais envie de sortir des sentiers battus. Je ressentais le besoin de me faire remarquer sous telle ou telle forme. J'avais envie d'exister à ma façon[37]. »

Dans un premier temps, la jeune rebelle s'installe dans un appartement du XIVe arrondissement, aménagé en fonction de sa nouvelle vie et au gré de ses humeurs. Dans la foulée, elle s'inscrit au célèbre cours d'art dramatique Florent, quai d'Anjou, à Paris. Elle travaille sous la direction de Rémi Chenylle, sachant d'instinct qu'elle ne trouvera pas là ce qu'elle est venue y chercher, déchirée qu'elle est par des désirs contradictoires : « Je ressentais déjà cette envie d'être en pleine lumière et de ne pas m'exposer en même temps.

Jouer me procurait du plaisir et un vrai déplaisir. J'y ai rencontré un professeur que j'aimais beaucoup, je ne pense pas avoir appris grand-chose. Mais parce que je ne voulais rien apprendre[38]... »

Un refus qui ne sera pas celui de ses condisciples de l'époque dont certains sauront — et comment ! — faire leur chemin : ainsi Agnès Jaoui (*Cuisine et dépendances*, *Un air de famille*, *Le Goût des autres*), Noémie Lvovsky (*Ma femme est une actrice*), ou encore Anne Roumanoff qui se rappelle en effet de la présence « extrêmement discrète » de Farmer : « Elle restait dans son coin, observait beaucoup les gens et ne parlait pas tellement. Je me souviens qu'un jour, on était en cours dans une petite salle, et elle passait une scène de Tchékhov. Elle était à califourchon sur un banc. Elle avait mis devant elle un verre avec de l'eau dedans. Le mec en face était à califourchon aussi. Elle avait un petit soldat de plomb. Et elle a fait toute sa scène en chuchotant, en tripotant le petit soldat de plomb dans le verre et en regardant à peine le mec. C'était bizarre ! Notre prof avait beau être un peu spécial, personne ne faisait des trucs bizarres comme ça[39] ! »

Malgré ses appréhensions, la jeune femme accepte quand même d'interpréter, en 1981, un rôle du *Père Noël est une ordure*, mis en scène par un autre de ses camarades de promotion, Thierry Mugler : « Mylène y jouait le personnage de Zézette, un drôle de contre-emploi[40] ! » Entre autres détails, le futur couturier se souvient comment, au cours de ces auditions publiques, deux spectateurs semblaient plus attentifs que les autres : son confrère Azzedine Alaïa et la styliste Andrée Putman, toujours postés au premier rang dans une salle minuscule de vingt places.

Malgré sa timidité quasi maladive, et pendant deux années pleines, Mylène reste l'élève du cours Florent avant de s'inscrire, en 1983, à ceux de Daniel Mesguich, comédien et metteur en scène déjà réputé et professeur de classe individuelle au Conservatoire national supérieur d'Art dramatique de Paris. Dans l'enceinte du prestigieux établissement, l'élève comédienne ne fait finalement qu'un bref passage :

quatre mois durant lesquels sa présence ne sera guère remarquée. Indifférence réciproque puisque, à l'en croire, elle n'en aimait pas la mentalité bêcheuse : « Je fus profondément choquée par l'artifice développé, je n'y ai vu que prétentions et contorsions[41]. »

Outre quelques saines lectures et diverses auditions, Mylène enchaîne, histoire de payer ses cours, les petits boulots : vendeuse dans un magasin de chaussures, puis dans une librairie ; assistante d'un dentiste ; assistante improvisée d'un gynécologue, métier qu'elle trouve plutôt « curieux ». « Ça ne durait jamais plus d'une semaine et demie : soit parce qu'on s'apercevait de mon incompétence, soit encore parce que ça ne me convenait pas et que je me sauvais. La seule chose qui me faisait tenir, c'était l'idée qu'il fallait être indépendante[42] ! »

Silhouette oblige, on lui conseille de s'adresser à des agences de mannequinat, viviers des agences de publicité. Essai transformé, cette fois : on l'apercevra bientôt en promotrice des meubles Ikea : « *Une cuisine, c'est facile à monter* (on voit Mylène dans un ascenseur, accompagnée d'un homme)… *et c'est facile à monter* » (le travail accompli, elle est assise sur les genoux de son partenaire). Puis dans deux spots télé : les ciseaux Fiskars et la lessive Le Chat Machine où elle lancera le désormais célèbre : « *Chat alors !* » Malgré l'enthousiasme des publicitaires, Mylène estime que ce métier ne présente guère d'intérêt, si ce n'est de lui permettre de gagner rondement sa vie sans trop d'efforts, et d'avoir — ce que est plus important — enfin un pied dans le milieu du spectacle.

Pendant plusieurs mois, la ronde des castings se poursuit, pas toujours folichonne. C'est parfois l'occasion de rencontres déterminantes. Ainsi celle avec Jérôme Dahan, par exemple. Comme sa copine Mylène, le garçon rêve de percer dans le show-business. C'est déjà un vieux briscard. Pour lui, la musique a commencé dès l'adolescence avec une guitare et un piano. Ses références : Charles Aznavour et la kyrielle de chanteurs de variétés alors à la mode — Claude François,

Dave, Gérard Lenorman, etc. La composition et la production ne sont pas de minces affaires. Par intermittence, Jérôme exerce la fonction d'assistant-régisseur dans une société de production parisienne. À cette occasion, il fait un jour la connaissance de Laurent Boutonnat, venu présenter un scénario. Boutonnat, dont le nom deviendra bientôt indissociable de celui d'une certaine… Mylène Farmer.

Le personnage mérite qu'on s'y attarde. Né en juin 1961 à Paris, Laurent est l'aîné d'une fratrie de cinq enfants. Son père administre plusieurs sociétés industrielles parmi lesquelles la Société normande de l'Azote et l'Emprise minière et chimique. Laurent n'a pas dix ans lorsqu'il se découvre une passion pour le cinéma. Avec la caméra super-huit familiale, il tourne des petites histoires et s'y met en scène. Son premier court-métrage est une transposition de *Bambi* dans le monde des humains. Sans moyens, le cinéaste en herbe prend tout en charge : la mise en scène, la musique, le maquillage et le montage. L'année suivante, le voilà pensionnaire dans un collège de jésuites, soumis à une éducation qu'il juge par trop rigide. À quinze ans, la rupture est consommée et avec l'institution et avec les cours de piano, instrument qu'il pratique depuis l'âge de cinq ans. Pendant trois ans, Laurent suit des cours de comédie tout en continuant à jeter des esquisses de scénarios sur le papier. Son objectif unique : toujours le cinéma. Deux projets de longs-métrages lui tiennent particulièrement à cœur : *Giorgino*, dont il a ébauché le scénario et qu'il tournera dix ans plus tard, et *Ballade de la Féconductrice*, histoire d'une tueuse en série qui se déguise en clown avant chaque meurtre, film qu'il aura finalement réalisé en 1979 avec les moyens du bord, une fois encore : « Je tournais un plan et développais la bobine le lendemain, que je montais aussitôt. À la fin, ça deviendrait un film d'une heure quinze[43]. »

Fier de ce tour de force individuel, Laurent espère voir projeter son œuvre en salle. Comme il en a l'obligation, le jeune réalisateur le soumet donc à l'avis préalable de la

Commission de contrôle des films. À l'issue de la projection privée, les représentants du ministère de la Culture n'en croient pas leurs yeux : « S'agit-il d'un canular d'étudiants ? S'agit-il au contraire d'une espèce de pamphlet contre la vie ? Cela commence par des images de castration, sur le mode burlesque, cela continue par le meurtre d'un enfant, le rejet d'un nouveau-né dans le vide-ordures, l'acte sexuel avec un chien, et s'achève par une série d'assassinats gratuits que clôt le suicide du personnage principal. Les dernières images semblent suggérer que la vie est la plus forte, mais ne suffisent pas à gommer l'effet morbide et grinçant de l'ensemble[44]. » Leur décision est sans appel : film interdit aux mineurs.

Malgré cette mesure de restriction — ou peut être grâce à elle —, Boutonnat réussit à faire projeter l'œuvre à Cannes, le 14 mai 1980, au moment du Festival du film. *Ballade de la Féconductrice* restera ensuite à l'affiche deux semaines à peine dans diverses salles parisiennes d'art et d'essai. Dépité, le jeune homme envisage alors de délaisser le cinéma pour la télévision. Une opportunité vient en effet de se présenter à lui : grand reporter, Jean-François Chauvel recherche des cameramen pour le tournage de documentaires sur l'énergie nucléaire. Laurent postule. Gros coup de bluff : « J'ai dû potasser un manuel comme un fou avant de prétendre tout connaître de la technique ! » Engagé, il va parcourir pendant un an la France en apprenant son métier sur le terrain : « La meilleure école. »

Parallèlement à ces activités alimentaires, Laurent s'adonne à l'écriture. Premier essai sous forme d'éloge consacré à un sujet sensible : l'infanticide. Son manuscrit, déposé au Mercure de France, ne sera jamais publié. Pour gagner sa vie, il réalise dans le même temps des spots publicitaires destinés à la télévision. À la même époque, le voici associé à un producteur qui lui propose de réaliser un film d'horreur. Seules conditions : Laurent devra le tourner en deux semaines avec un budget réduit. C'est oui, mais, pour diverses raisons, le long métrage ne sera jamais projeté en salle. Le cinéaste ne se décourage pas pour autant : il se remet à l'écriture du scénario de *Giorgino*, et part — en vain — à la recherche d'un producteur, démarches au cours desquelles il fait la connaissance de Jérôme Dahan.

Davantage que le cinéma, c'est la musique qui a tôt fait de lier les deux jeunes gens ; tous deux adorent écrire et composer. « Avec un troisième copain, on a monté une boîte d'édition et on a présenté une chanson à Lio qui s'est déclarée intéressée », raconte Dahan. Malheureusement, à la suite de quelques problèmes, le projet est tombé à l'eau. Le duo n'en continue pas moins à travailler différents thèmes. Parmi eux : les amours saphiques d'une jeune malade pour son infirmière. Quelques semaines plus tard, *Maman a tort* est née, comptine aux paroles énigmatiques mais suffisamment corsées pour la situer assez loin de Sabine Paturel et de ses innocentes *Bêtises*. Extrait : *« Un, maman a tort / Deux, c'est beau l'amour / Trois, l'infirmière pleure / Quatre, je l'aime / Cinq, il est d'mon droit / Six, de tout toucher / Sept, j'm'arrête pas là / Huit, j'm'amuse. »*

L'interprète, Laurent et Jérôme croient l'avoir trouvée en la personne d'une Lolita de quinze ans dont l'âge, précisément, ne tarde pas à poser problème. Après avoir renvoyé l'adolescente dans ses foyers, les compères organisent un « casting », à l'instar de véritables professionnels, dans un appartement d'Aubervilliers, dans la région parisienne : « Quelques jeunes filles sont venues auditionner, les copines des copines accompagnées par les parents : c'était très folklo… » Mais guère convaincant. Dahan confie son dépit à son amie Mylène Gautier. Celle-ci ne rechigne pas à participer à son tour à un bout d'essai : « Finalement, elle correspondait à ce que Laurent et moi recherchions. Pourtant, elle a été humble et discrète, ne cherchant pas à s'imposer à tout prix[45]. » Réserve payante : Boutonnat est aussitôt séduit par le personnage, moins pour son minois d'écureuil blessé qu'en raison de sa personnalité, selon lui, presque caractérielle : « Dès que je l'ai aperçue, avec son visage triangulaire, j'ai aussitôt compris que ce serait elle et personne d'autre ; on aurait juré qu'elle sortait de l'hôpital avec ses cheveux longs, à la limite de la psychotique ; elle avait l'air dingue, c'était parfait[46]. » De son côté, Farmer reconnaîtra ne pas être restée longtemps insensible au charme de ce fils de bonne famille, secret et peu bavard, qui, avec son physique de romantique, ses yeux bleus très pâles, lui semblait sorti tout droit d'un roman du XIXe siècle. Ou, mieux, d'un conte de fées tels qu'ils les apprécient l'un et l'autre. Ce jour-là, le Prince charmant ayant enfin trouvé sa Belle au bois dormant…

Sans attendre, le trio se met au travail. Premières répétitions dans la cave ou dans le salon de l'appartement familial de Dahan. Ambiance mi-sérieuse, mi-décontractée : « Il y avait une grande pièce avec un piano et on y répétait la mise en scène de la chanson. Mylène avait du mal à appréhender tout cela, nous devions tout lui apprendre, à commencer par la chorégraphie. Elle n'avait pas du tout de vision, de conscience de son corps. Parfois on se mettait tous à danser et ma mère nous regardait, un peu amusée. Ça ne devait pas ressembler à quelque chose de très pro[47]. »

C'est au cours de ces mêmes séances que les deux garçons suggèrent à Mylène de se trouver un nom d'artiste. Après plusieurs tentatives infructueuses, la jeune femme opte pour « Farmer », par référence à cette actrice hollywoodienne des années 1930 au destin tragique : internée en asile psychiatrique à la demande de sa mère, Frances Farmer, star prometteuse mais rebelle, dut subir durant de longues années électrochocs et injections d'insuline avant de finir lobotomisée… Son patronage spirituel s'est naturellement imposé à Mylène après la projection, un an plus tôt, en France, du film *Frances*, avec Jessica Lange dans le rôle-titre, œuvre très réaliste qui retraçait le calvaire de l'actrice américaine décédée d'un cancer en 1970[48].

Sonne l'heure tant attendue de l'enregistrement en studio. Il se déroule à Paris en janvier 1984. Un moment « magique », se souvient Mylène. Mais le plus important reste à venir : commercialiser la chanson. Souvent à Mobylette, Jérôme et Laurent démarchent les maisons de disques qui arborent logo sur rue. Hélas, le constat s'impose : aucun directeur artistique ne veut de Mylène, soit par crainte des défenseurs de la morale publique, soit, plus prosaïquement, parce qu'ils ne croient pas en un tube potentiel. Pugnaces, nos deux compères reprennent leur chevauchée à travers la capitale en prétextant un *remix*. Nouvelles réponses, toujours négatives. Mais, à l'issue d'une troisième rencontre avec François Dacla, responsable chez RCA, le « miracle » se produit enfin. Intrigué, Dacla accepte en effet de signer « en licence », c'est-à-dire pour une unique production. Laurent et Jérôme insistent. À force, ils décrochent un contrat pour deux 45 tours, le premier étant naturellement *Maman a tort.*

Au mois de mars suivant, la pochette en noir et blanc révèle une jeune fille brune, triste, au déshabillé troublant, et deux dédicaces : la première à Frances (Farmer), la seconde à Louis II de Bavière, longtemps considéré comme un déviant sexuel à cause de son homosexualité affichée, et au destin aussi pathétique que celui de l'actrice américaine. « Nous étions soulagés, mais le disque est sorti tel quel, timidement, avec un simple instrumental sur la face B. Nous n'avions pas de budget pour présenter un autre titre. » À l'heure de donner un prolongement visuel à la chanson, Boutonnat propose de réaliser un clip comme il en rêve, en cinémascope, avec un scénario digne de ce nom. C'est oublier que le marché de la vidéo en est encore à ses balbutiements : les producteurs se contentent de faire filmer leurs poulains dans un vague décor et à peu de frais. On lui accorde en tout et pour tout deux jours de tournage et un budget de cinq mille francs — une misère, comparé aux budgets de ses futures réalisations.

À mi-chemin entre roman-photos et spectacle d'ombres chinoises, le clip de *Maman à tort* s'ouvre sur un portrait de Sigmund Freud qui se fond bientôt avec les premiers personnages. Dans cet univers abstrait, sans décor ni accessoires, des enfants qu'on imagine frères et sœurs manifestent leur mécontentement à une mère autoritaire dont on devine la présence. L'action passe à travers le regard de l'aînée, Mylène, qui pousse son petit monde à la révolte, à la fois héroïne victime et porte-parole d'une fratrie maltraitée, thèmes chers à Laurent Boutonnat. Celui-ci va jusqu'au bout de son concept, c'est-à-dire très loin en termes de provocation : décapité, le corps de Mylène est offert à ses frères en guise de repas. Avant que Freud ne réapparaisse, la scène sert de prétexte à un déluge d'images conclu par cette ultime séquence : un long plan en contre-plongée sur Mylène dont les cheveux au vent frôlent l'épaule nue sur laquelle la jeune femme rajuste avec une lenteur calculée la bride d'une nuisette transparente. Les ingrédients du « style Boutonnat » et du futur personnage Farmer sont déjà tous contenus dans ce mélange de sensualité éthérée et infantile, de provocation mesurée et de victimisation obsessionnelle.

Perfectionnistes, Laurent et Mylène ambitionnent d'aller plus loin encore. Fascinés par l'image panoramique et les amples mises en scène, les deux complices vont bientôt développer une seconde version qui ressemblera davantage à un court-métrage. À cet effet, ils l'ont d'ailleurs déjà « storyboardée », c'est-à-dire dessinée plan après plan, et même budgétisée : soixante dix mille euros. Le réalisateur et son interprète croient si fort en leur projet qu'ils en adressent des copies à différents journaux. Pareil empressement n'est pas du goût de RCA qui n'a aucune intention de financer cette affaire sans lendemain. Les arguments de la maison de disques sont simples : pourquoi investir dans une seconde réalisation si coûteuse alors que le clip est déjà en boîte et que le 45 tours peine à se vendre ? Car le succès de *Maman a tort* n'est pas au rendez-vous. Pis : sa chanson jugée sulfureuse, Farmer se voit « privée » de petit écran. On l'écarte ainsi de l'émission pour enfants *Salut, les Mickeys*. Le trio, lui, affirme que RCA ne s'est guère démené pour la promotion de son artiste : « Pour eux, on faisait figure d'OVNI, notre production n'étant pas dans l'esprit d'époque. »

Cette fois, les trois amis doivent revoir à tout prix leur stratégie. Pourquoi ne pas s'assurer les services d'un jeune manager auréolé de gloire grâce à la *Mise au point* de Jackie Quartz ?

4

Puissance dix

Strass et paillettes : depuis son enfance passée au Maroc où il a vu le jour en 1955, Bertrand Le Page en rêvait. Ses goûts s'affirment une fois de retour à Saint-Malo d'où ses parents sont originaires. Vocation toutefois difficile à faire admettre à son père, rigide militaire de carrière qui voit d'un mauvais œil — on l'imagine sans mal — l'adolescent se travestir de temps à autre en Dalida, Sylvie Vartan ou Rika Zaraï, son idole !

Bertrand n'a pas encore vingt ans lorsque, contre l'avis de ses géniteurs, il décide de faire carrière à Paris. Quand il débarque dans la capitale, ses seuls bagages sont une valise en carton — mais si ! — et un maigre pécule de cinq cents francs. Comme Mylène, il enchaîne les petits boulots pour subvenir à ses besoins. Payer ses cours de théâtre, aussi : « J'avais abandonné mon idée de devenir chanteur ; le métier d'acteur me semblait plus accessible[1] », admettra-t-il plus tard. Comme Mylène encore, le voici qui propose son élégante silhouette et sa jolie frimousse à plusieurs agences de publicité — celles-ci vont le solliciter régulièrement. Doté d'un timbre de voix agréable, c'est sur les ondes radiophoniques qu'il préfère finalement tenter sa chance. Essai réussi : son projet d'émission intitulée *Que sont-ils devenus ?* retient l'attention des responsables de Radio Bleue. L'animateur débutant en profite pour transformer son véritable patronyme, Le Put[2], en Le Page, nom de jeune fille de sa mère. Grâce à ses activités radiophoniques, le Malouin, qui ambitionnait d'entrer dans le monde du spectacle, commence à fréquenter assidûment les boîtes et restaurants à la mode, et devient un familier des milieux homosexuels de la capitale. Au bout de quelques mois, Bertrand se noue d'amitié avec Raymonde, l'une des chanteuses des *Parisiennes*, groupe vocal exclusivement féminin qui connut son heure de gloire dans les années 1960 avec un tube inusable : *Il fait trop beau pour travailler.* Et c'est un nouveau métier que lui propose Raymonde, l'épouse de Jean-Bernard Réteux, patron de Lorgère Musique : celui d'éditeur musical.

À l'issue d'une période d'apprentissage, Le Page se spécialise dans les musiques de films et de séries télé. Il en écrit même parfois la chanson-générique. Ce sera le cas avec *Pause café*, chanson à succès interprétée en 1980 par Véronique Jannot ; puis avec *Croque la vie* pour laquelle il va solliciter Jane Birkin. Un beau ratage, cette fois : « Serge Gainsbourg a débarqué dans le studio d'enregistrement en nous disant que Jane n'interprétait que ses chansons à lui, et surtout pas en français ! » Le Page ne se décourage pas. Fabienne Thibault est approchée à son tour. La chanteuse québécoise accepte d'enregistrer le titre. Mais, pour des raisons de budget, elle va être contrainte de pousser la chansonnette sur la bande orchestrale déjà prévue pour Birkin, c'est-à-dire dans une tonalité totalement différente. Heureusement, son talent fera le reste.

Soucieux d'assurer sa promotion, Le Page contacte directement, sans même la connaître, Françoise Coquet, la collaboratrice de l'animateur Michel Drucker : « J'étais très innocent et cela a peut-être marché pour cette raison-là... » Lorsque son interprète se produit, Bertrand est présent sur le plateau de l'émission où se succèdent Sheila, Nicolas Peyrac et d'autres chanteurs en vogue. Un profond sentiment de satisfaction l'envahit : « Je fréquentais enfin le "showbizz", mes rêves d'enfant se concrétisaient... »

C'est peu dire, en effet. Au cours des semaines suivantes, le compositeur de *Croque la vie*, Gérard Anfosso, lui dit avoir découvert une chanteuse « au talent extraordinaire » : Jackie

Quartz. Sans sourciller, Le Page accepte de devenir le manager de l'artiste qu'il va « coacher » en association avec un ami marseillais qui remplit les fonctions de producteur : à l'homme du Midi le soin de règler les factures du studio d'enregistrement et les cachets des musiciens. Un investissement qu'il n'aura pas à regretter... Tout l'été 1983, *Mise au point* connaît un succès sans précédent : un million de singles vendus ! « Le producteur a gagné beaucoup d'argent, et moi aussi par la même occasion », admet sans façon Le Page.

Enfin sorti de sa panade financière, le manager frais émoulu décide de se mettre dorénavant au service exclusif de son interprète. Mais leurs relations ne tardent pas à se tendre. D'un commun accord, le couple se sépare avant la sortie du deuxième album. « Lorsque je travaille avec un artiste, je donne tout, mais je n'accepte pas d'être désavoué, ce que Jackie faisait en permanence, notamment auprès des journalistes[3] », rugit Le Page auprès de ses nouveaux amis : Orlando, le frère de Dalida, et Max Guazzini, attaché de presse de la chanteuse franco-égyptienne et futur directeur de la chaîne de radio NRJ.

Cette séparation à peine consommée, Laurent Boutonnat lui propose de « manager » Mylène Farmer. Les deux hommes se connaissent depuis le jour, déjà quelques années auparavant, où Bertrand avait reçu la visite d'un Laurent aux allures de dandy. Boutonnat venait en effet de composer la musique d'un projet de film que nous avons évoqué mais dont nous aurons encore l'occasion de reparler longuement : *Giorgino*. Il cherchait un éditeur musical.

Le Page ? Un bon choix. Le Malouin correspond bien au type d'hommes qui séduit la chanteuse : élégant, provocateur et excessif : « Le tiède m'ennuie et la raison raisonnable me semble trop suspecte pour être honnête[4]. » C'est dit : Bertrand accepte de renforcer le trio et propose dans un premier temps de « relooker » la pochette de *Maman a tort*. Dans son esprit, il s'agit d'offrir au marché l'image qu'il attend. En contrepartie, Dahan et Boutonnat lui rétrocéderont un pourcentage substantiel de leurs droits sur cette chanson. De quoi pousser l'éditeur-manager à défendre avec énergie, s'il en était besoin, son nouveau « poulain » auprès des programmateurs de radio et de télévision.

La machine est en marche. En septembre 1984, lors de l'émission *Champs-Élysées*, les Français découvrent le visage de cette mystérieuse fille indigne qui apprécie tant les infirmières... Avant d'inviter ce jeune espoir de la variété dont le titre a créé la surprise en se vendant durant l'été précédent à plus de 100 000 exemplaires, Michel Drucker ne se sera guère fait prier. Score honorable, mais qui se borne pourtant à faire frissonner les hit-parades, dont le célèbre *Top 50* de Canal Plus. Rien à voir, en tout cas, avec les millions d'exemplaires de *Toute première fois*, de Jeanne Mas, qui monopolise alors le marché.

Dans la foulée, une version anglaise de *Maman a tort* est éditée : *My mum is wrong*. L'initiative, hélas, va se révéler une fausse bonne idée : outre-Manche, la chanson fait un flop, ce qui ne surprend pas vraiment Dahan : « Si on avait écouté Mylène et Laurent, on aurait fait des versions dans toutes les langues, y compris en chinois ! » De l'avis du parolier, Mylène fait peut-être beaucoup d'émissions de télé et de radio, mais elle est encore loin de marquer les esprits. Constat partagé par Le Page qui décide de compenser sans attendre cet évident déficit de notoriété. Sa cible : la presse destinée aux jeunes. Il y joue les rabatteurs, multipliant rencontres et interviews avec sa chanteuse. Mylène s'y plie sans rechigner. Sans plaisir non plus.

Une cascade d'articles plus à l'eau de rose les uns que les autres se répand jour après jour. Ainsi découvre-t-on qu'elle vit, la pauvre, seule à Paris en compagnie de son chat Barney. Elle possède en outre, la malheureuse, un tempérament affreusement casanier : « J'ai des producteurs jeunes qui ont l'intelligence de ne pas me pousser dans tous les endroits à la mode. Je ne veux pas faire comme tout le monde. J'aime bien ma vie tranquille. Être seule ou avec quelques amis intimes[5] ! » Certes, Mylène se déplace parfois avec eux dans les cinémas, mais ce qu'elle préfère par-dessus tout, apprend-on dans la foulée, c'est la lecture : « Je lis beaucoup, mais j'ai toujours peur en le disant que l'on me prenne pour une intellectuelle pimbêche ! » Prudente également lorsqu'on l'interroge sur l'influence supposée des astres sur son existence : « L'astrologie m'intéresse par personne interposée. Je veux dire par là qu'un ami, Bertrand Le Page, qui travaille à mes côtés, est passionné par le sujet et m'en parle souvent. Son approche est très intelligente et je la respecte totalement, tout en n'étant pas influencée pour autant. Il m'a un jour établi mon thème et m'a révélé des choses assez étonnantes en me prédisant des événements auxquels je ne m'attendais pas. De là à consulter des voyants, il y a un grand pas que je n'ai pas encore franchi. Je pense que le fait d'être du signe de la Vierge m'en a attribué quelques grands traits de caractère, mais je ne suis pas assez calée pour vous dire si je suis une Vierge typique[6]. »

La presse reviendra maintes fois sur ce thème du surnaturel auquel Farmer semble également sensible : « J'ai rencontré un jour, chez des amis, une femme un peu étrange : d'abord par son physique, elle était très blonde, grande, et ses cheveux étaient coupés en brosse, ce qui lui donnait une allure altière et distinguée. Elle me regardait fixement et soudain me dit : "Je viens d'avoir un flash. J'ai vu votre futur, vous serez une vedette de la chanson connue ; votre visage apparaîtra dans les revues et sur les affiches. Ensuite, vous deviendrez scénariste, puis plus tard comédienne !" J'ai su après qu'elle était la fameuse voyante Carmen B., la voyante des stars de Hollywood, de passage à Paris[7]. »

Retranchée dans son antre, Mylène veut donner le sentiment de vivre comme hors du temps, honorant le sacro-saint *tea-time* et assidue à certaines émissions de télévision : *7 sur 7* lorsque l'invité lui semble particulièrement apte à répondre aux questions ; *Apostrophes* parce qu'elle avoue avoir un faible pour Bernard Pivot ; *Télé chat'* qu'elle trouve très drôle et bourrée de subtilités, au point de regretter que son téléphone, comme les objets animés de l'émission, ne parle pas davantage : « Tous les jours, je m'efforce d'engager la conversation avec lui dans l'espoir d'une réponse, mais il n'y a rien à faire[8]… » Côté émissions de cinéma, sa préférence va à *Étoiles et toiles*, présentée par Frédéric Mitterrand, et côté variétés c'est *Platine 45* qui obtient la palme : « Elle comporte une bonne programmation et Jacky est très sympa[9]. » Et pour cause : il a été le premier animateur à recevoir un baiser de Mylène !

Aux questions sur sa vie sentimentale, la jeune femme répond systématiquement par une moue énigmatique assortie d'un regard espiègle : « Si l'on y touche, attention, je mords[10] ! » La voici en revanche plus diserte dès qu'il s'agit d'aborder d'autres sujets tout aussi personnels : « J'ai un complexe, c'est vrai : je me trouve trop maigre. Contrairement à la plupart des filles qui ne pensent qu'à maigrir, à perdre des kilos, moi je ne rêve que d'une chose : grossir. C'est pour ça que je porte des vêtements souvent assez larges. Je les achète régulièrement d'une ou deux tailles supérieures à la mienne. Moralité : je ne porte jamais (ou presque) de manches courtes, afin de ne pas montrer mes coudes que je trouve trop saillants. De même, je ne porte jamais de décolletés, car je n'ai pas le buste assez "pulpeux". Heureusement pour moi, à part ça, j'ai la chance d'être relativement bien proportionnée, de ne pas avoir de défaut physique particulier[11]. »

Mylène se montre plus explicite lorsqu'il est question de ses nouvelles activités professionnelles : « Quand je décide de faire quelque chose, je m'y investis complètement. Cependant, je garde mes distances par rapport à ce métier. Je veux rester lucide et ne pas sentir ma tête enfler parce que mon premier titre marche bien[12]. » À propos des diverses interprétations qu'a suscitées *Maman a tort*, interdite de séjour dans certaines émissions destinées aux enfants, elle se déclare surprise : « Je pense que les plus jeunes ont aimé le côté comptine et qu'ils ont utilisé son titre un peu comme un slogan ; d'autres ont aimé son côté tabou ; les derniers, enfin, se sont dits choqués. Je trouve ça assez stupide, d'ailleurs. Jacques Dutronc a bien chanté *Merde in France* et tout le monde s'est extasié. Personnellement, je me suis contentée de dire que j'aimais les plaisirs impolis[13]... »

À ses interviewers Farmer donne le sentiment de se lancer corps et âme dans son nouveau métier. Pour preuve : son apprentissage du saxophone dont elle vient de faire l'acquisition et sur lequel elle s'essaie à quelques gammes : « L'esthétique de cet instrument me fascine ; c'est freudien, non[14] ? »

Dix mois après *Maman a tort*, et conformément aux termes de leur contrat avec RCA, notre quatuor aux dents longues se remet à la tâche pour la sortie d'un second 45 tours. Dahan et Boutonnat se partagent le travail. Plusieurs projets d'inspiration anglaise sont mis à l'étude : une chanson douce, *I Do Love You*, et une seconde plus rythmée : *Bip Be Bou Rockn'roll*. Mais le choix s'arrête en définitive sur deux titres français : *On est tous des imbéciles* et *L'Annonciation*, qui datent de la même époque que *Maman a tort*. La première de ces chansons ressemble à un manifeste bien ficelé par Dahan. Mais, signée Boutonnat, sa face B recèle un baril de provocation. Aux accents d'un lamento, Farmer y raconte à sa manière l'Annonciation, teintée, cela va sans dire, d'un érotisme suggestif. Autre curiosité, la dédicace : « À Papa et sainte Thérèse d'Avila. » Explication : « Au cours de mon éducation religieuse, j'ai été fascinée par la vie de la sainte et j'ai désiré plus tard en savoir davantage sur ses rapports avec Dieu. Mais la fin de l'histoire est censurée[15]. »

Là encore, Bertrand Le Page se démène comme un beau diable pour assurer la promotion du single auprès des producteurs de radio et de télévision. Les invitations tombent. Début mars, Mylène se déplace en Alsace pour une émission de France-régions. Vêtue d'une robe de dentelles et de satin noir, elle assure à l'animateur, Christian Daniel, qu'*On est tous des imbéciles* doit être pris au second degré : « Il signifie en réalité que la vie ne doit surtout pas être prise au sérieux, qu'il faut rire et que la dérision fait du bien[16]... » Arrivée en fin d'après-midi à Strasbourg, elle n'aura rien vu de la ville. Le lendemain, à la première heure, elle reprend en effet l'avion pour Paris où elle va participer à une soirée de gala au profit de « Médecins sans frontières ». Le Page entend faire flèche de tout bois pour assurer la notoriété de sa chanteuse. Quelques jours plus tard, Farmer est l'invitée de *Tam-Tam*, en direct sur la toute nouvelle chaîne musicale TV6 dont les studios sont alors installés à Boulogne-Billancourt, en banlieue parisienne. La productrice de l'émission, la journaliste-écrivain Nathalie Rheims, se souvient de ses impressions d'alors : « Afin de préparer l'émission, nous nous étions rencontrés dans un café des Champs-Élysées. Mylène, qui portait ce jour-là un kilt, m'est apparue comme une fille très gentille et particulièrement disponible. Elle parlait peu, mais à bon escient. Boutonnat, qui l'accompagnait, se montrait plus bavard. Il m'a expliqué qu'ils travaillaient ensemble et qu'il était le réalisateur de ses clips. Tout semblait alors s'ouvrir à eux[17]. » À la même époque, Farmer est l'invitée de Stéphane Collaro dont le contact se révèle moins harmonieux, à en croire les confidences de Xavier Sigala, un ami proche de Le Page : « À la fin de l'enregistrement, Collaro l'a tancée : "Dépêche-toi, il y a le Journal de 20 heures qui attend !" Elle l'a hyper mal pris. Elle était supervexée[18]... »

Malgré un nombre non négligeable de passages à la radio et de prestations télévisées, le second 45 tours de Mylène se vend mal : 40 000 exemplaires à peine. Échec commercial sur fond de divergences au sein de l'équipe qui l'entoure. Alors que Dahan verrait bien leur amie commune en « Françoise Hardy bis », Boutonnat et Le Page, eux, pensent plutôt à une Jeanne Mas « puissance dix ». Deux positions inconciliables qui entraînent bientôt le départ de Dahan. Deuxième conséquence de ce désaccord : l'équipe resserrée décide de changer de maison de disques. « Laurent et moi sentions bien que RCA ne croyait pas aux potentialités de Mylène, et c'est ainsi que nous avons signé chez Polydor pour trois ans », expliquera Le Page. En bonne logique, il insiste auprès de Boutonnat : le prochain titre-phare doit coller davantage à la personnalité de leur interprète féminine.

Changement de cap et nouveau défi pour Farmer. À l'été 1985, la jeune femme s'attèle à l'enregistrement de *Plus grandir*, chanson dont elle est l'auteur. Elle y évoque la peur de la vie et la marche inexorable du temps auxquelles l'état d'enfance semble préférable. Un thème qui, estime-t-elle, devrait concerner tout le monde : « Moi je n'ai jamais quitté mon adolescence et je ne compte pas l'abandonner[19]. » L'autre face est entièrement composée par Boutonnat. *Chloé* y évoque la disparition tragique d'une petite fille : *« Y a Chloé qui s'est noyée / Dans l'eau du ruisseau / J'ai vu ses cheveux flotter / Là-bas sous les chênes / On aurait dit une fontaine / Quand Chloé a crié / Quand sa p'tite tête a cogné... »*

Inspiration par trop macabre ? C'est le sentiment d'une large partie du public qui boude ce second single farmérien. Pour doper tout de même les ventes, Boutonnat suggère de réaliser le clip de *Plus grandir.* Polydor accepte de le coproduire et le réalisateur, une fois n'est pas coutume, impose ses choix techniques : pellicule 35 mm, support habituellement réservé au cinéma, et format cinémascope panoramique. Pour compléter le montage financier du projet, le cinéaste sollicite le publicitaire Stephan Sperry. Celui-ci lui débloque un budget de 330 000 francs (plus de cinquante mille euros) et met à disposition un studio à Stains, en région parisienne. L'aménagement du lieu de tournage est confié à une équipe de décorateurs qui se met rapidement au travail. Pour sa part, Max Gautier se montre ravi de confier à sa chanteuse de fille une œuvre de son propre père sculpteur : une Sainte Vierge en bois qui s'animera à plusieurs reprises grâce à la magie d'effets spéciaux.

En attendant de pouvoir tourner en studio, on va donner le premier coup de manivelle en extérieur. Cadre sélectionné : le cimetière communal de Saint-Denis. On y installe une fausse pierre tombale portant, gravés, le titre de la chanson, le nom de son interprète et deux dates censées correspondre à l'existence-fiction de Mylène Farmer : « 1962-1985 ». Ces premières images n'apparaîtront pas toutefois dans le futur clip, mais en arrière-plan des prochaines prestations TV de la chanteuse.

Curieuse distorsion de la réalité puisque, on le sait, Mylène a vu le jour un an plus tôt qu'indiqué, soit en 1961… Simple erreur sans doute.

Plusieurs techniciens entourent Boutonnat : Jean-Pierre Sauvaire, le chef opérateur du film à succès *Taxi* ; la monteuse Agnès Mouchel ; la costumière Corinne Sarfati, ainsi que François Hanss qui l'assiste dans la réalisation.

Lors de sortie du clip, en novembre 1985, le trio Boutonnat-Farmer-Le Page orchestre une avant-première en fanfare dans deux salles de cinéma parisiennes : le Kinopanorama et le Club 70. Sept minutes et plus durant, les spectateurs découvrent une sombre histoire, onirico-fantasmatique. De noir vêtue, Farmer arpente d'abord les allées d'un cimetière avant de se recueillir sur sa propre tombe. La séquence suivante se présente comme la reconstitution fictive de la vie de l'héroïne : une longue succession d'humiliations, de souffrances et de violences. C'est d'abord un viol que lui fait subir un cambrioleur, puis des coups assénés par des nonnes. En point d'orgue, une valse macabre où l'on voit Farmer vieillir parmi toiles d'araignée et candélabres. Le clip fait par ailleurs appel à de grandes références cinématographiques : son anticléricalisme est celui des *Diables*, réalisé en 1971 par Ken Russell ; l'animation de la statue de la Vierge sent son Jean Cocteau à des kilomètres ; quant à la grande maison dans laquelle l'héroïne vit recluse, on pense aussitôt à celle imaginée par Alfred Hitchcock dans *Psychose*.

La vidéo va marquer la première grande avancée du duo Farmer-Boutonnat dans la création artistique. Rôles bien répartis : à Laurent la réalisation ; à Mylène le *story-board* et la confection de la poupée de chiffons (très recherchée depuis lors par les fans) dont l'omniprésence revêt une signification toute particulière. Son éternelle jeunesse nargue Farmer : elle va hanter ses nuits et ses cauchemars. C'est le rappel de la dure réalité : tout être humain est périssable. À elle, donc, le mot de la fin : le spectre de Mylène qui jette un bouquet sur sa propre pierre tombale et s'éloigne vers l'infini tandis que la poupée, assise, plonge son regard dans l'œil de la caméra. Impossible d'échapper à sa misérable condition humaine…

Insolite, voire trop morbide, le court-métrage, avec ses 7 minutes 45 secondes, ne suscite aucun enthousiasme chez les programmateurs TV. Ils le diffuseront bien, mais à dose homéopathique. Cette réaction plus que réservée étonne à peine Laurent Boutonnat, lequel s'en ouvre ainsi à la presse : « Une compagnie américaine, qui est en train de réaliser un long-métrage à partir d'une sélection des meilleurs clips de tous les pays, m'a renvoyé la cassette en affirmant qu'elle l'adorait, mais qu'il ne fallait pas toucher à la religion[20]… » Au-delà, poursuit le réalisateur, c'est toute la problèmatique du clip qui se pose aux gens de la télévision et du cinéma, gênés parce qu'ils ne savent pas trop comment appréhender ce nouveau moyen d'expression : instrument de promotion marketing ? œuvre cinématographique ? Les deux, répond habilement Boutonnat. À ses yeux, la vidéo représente désormais un laboratoire à images mais aussi un outil indispensable dans la carrière d'un chanteur. Diffusé en parallèle à un lancement radio, ce manifeste filmé fait vendre, et, plus encore, installe une image. Fort de ces convictions, le cinéaste entame des démarches pour faire enregistrer son court-métrage auprès du CNC (Centre national de la Cinématographie) : « Si cet enregistrement s'opère, *Plus grandir* pourra être projeté en première partie de séance, à condition que les distributeurs ne l'assimilent pas à de la pub ! » Ce qui ne manque d'ailleurs pas d'advenir : une avanie que le trio encaisse sans surprise, considérant simplement que l'heure n'a pas sonné…

Entre deux galas, Mylène se réfugie chez elle en compagnie de singes capucins qu'elle déclare avoir achetés sur les quais de la Seine. La star naissante ne tarit pas d'éloges sur ces nouveaux compagnons comme sur l'espèce simiesque en général : « J'aime les animaux. Ils correspondent peut-être à une certaine forme de solitude et de lâcheté que je ressens : ne pas vouloir affronter la réalité des êtres. J'ai énormément besoin du sens tactile. Mes deux singes, E.T. et Léon ressemblent tellement aux hommes, aux enfants[21]... » Son amour pour la gent animale n'est pas feint ; dans ses moments de détente, elle retrouve Christine et Gaétan, propriétaires d'une ferme normande où le couple héberge une véritable ménagerie. Là vivent pêle-mêle chats, chiens, poules et poussins, panthère noire, tigron, chimpanzé, perroquets, scorpions, mygale, dromadaire et loup. « Gaétan et Christine sont des gens formidables, commente Mylène. Ils ont élevé Uryen, leur fils de trois ans, au milieu de cette faune, et il n'en a pas du tout peur[22]. »

Mais pour l'heure, c'est le public, ce drôle d'oiseau, qu'il s'agit d'apprivoiser et de convaincre...

5

Libertine

De retour à Paris, Mylène, revigorée, recommence à plancher sur son premier album, *Cendres de lune* : neuf chansons où Boutonnat et Farmer veulent afficher plus encore leur univers intérieur tourmenté. Comme à l'habitude, il sera précédé d'un single destiné à servir de locomotive. Le choix du titre-phare se porte sur la chanson *Libertine*, musique de Jean-Claude Dequéant sur des paroles de Boutonnat. Son refrain se veut lui aussi provocateur : *« Je, je suis libertine / Je, je suis une catin / Je, je suis si fragile / Qu'on me tienne la main… »* À l'en croire, Mylène l'aurait inspiré au cours d'une séance de travail dans un studio d'enregistrement : « Il n'y avait aucun texte, seulement quelques notes que j'avais déjà dans la tête. Je me suis mise à chanter en "yaourt", c'est-à-dire à dire n'importe quoi pour coller avec la musique, et tout à coup j'ai lancé : "Je suis une pute !" De là est venu : "Je suis une catin", pour coller avec la rime de "libertine". J'ai enchaîné tout ce qui me passait par la tête, ce qui a mis en joie Laurent Boutonnat[1] ! » La collaboration entre les deux amis n'est pas toujours aussi harmonieuse que le soutient la chanteuse, même si la méthode, elle, ne varie guère : « On n'a pas une façon précise de travailler. J'écris la musique avant, puis je lui soumets des paroles qu'elle change parfois ou me jette à la figure. C'est une emmerdeuse. On se bagarre tout le temps[2] », confiera plus tard non sans humour Boutonnat qui, à l'exception de *Libertine* et de quelques autres, composera la quasi totalité des chansons de Mylène.

Nouvel échec ? Malgré l'enthousiasme du magazine *Rock & Folk* qui souligne l'avant-gardisme des arrangements signés Boutonnat, le nouveau 45 tours a du mal à s'imposer. Il est vrai qu'au même moment, trois tubes font un tabac chez les disquaires : *Ouragan*, chanté par l'inénarrable Stéphanie de Monaco ; *En rouge et noir*, interprété par Jeanne Mas ; *Les Démons de minuit*, du groupe Images. Le talent et la patience du tandem auront pourtant gain de cause : au mois de juin, *Libertine* fait irruption en tête des hit-parades.

Entre-temps, le clip réalisé par Boutonnat a été projeté dans plusieurs salles de cinéma des Champs-Élysées. On l'a même diffusé à la télévision. Tous les ingrédients du succès sont enfin réunis : sexe en costumes d'époque, violence et humour. Les ventes du single suivent : plus de 400 000 exemplaires — un véritable tournant dans la carrière de Farmer et de son complice cinéaste. Un succès qui fait jaser : l'interprète serait-elle vraiment ce que dit la chanson ? Mylène réplique : « Oui et non ; tout le monde est libertin, moi aussi ; l'amour est pour moi un jeu auquel je veux gagner à tous les coups[3]... » Et d'ajouter : « Comme elle je suis une insoumise permanente, et mon caractère est comme le sien : féministe avec en plus le côté intrépide des garçons[4]. »

Dans la réalité, Farmer ne mène pas une vie tapageuse. Autour d'elle, un cercle réduit d'amis et de collaborateurs dont les piliers sont Boutonnat et Le Page : « Très peu de gens, mais ceux-là, qu'est-ce que je les aime[5] ! » Seul changement notable dans l'existence de la chanteuse : sa nouvelle couleur de cheveux. La brune mutine est en effet devenue une rousse flamboyante. Envie personnelle ou exigence du personnage public qui doit à la fois séduire et surprendre ? Farmer explique son changement de couleur en ces termes : « Tout ça, c'est lié. Je ne sais pas bien expliquer le pourquoi du comment. Ce sont des choses qui se font comme ça parce que je pense que c'est une couleur qui me sied bien à un moment donné[6]. » Déclaration que, dix ans plus tard, on pourra être incité à rapprocher d'une autre confidence de la chanteuse. Interrogée sur ses premiers émois, Mylène admettra en effet avoir connu l'amour très tard par rapport aux jeunes filles de son âge, avant de préciser : « Si ce n'est un premier amour à quatre ans pour un professeur qui me fascinait. Mais, maintenant que l'instant magique est passé, je refuse de m'expliquer sur ce sujet[7]. » Au souvenir de la longue chevelure rousse de Yolande Lebercque, sa première institutrice à l'école Sainte-Marcelline, on peut s'interroger sur l'objet de cette innocente passion enfantine...

Quoi qu'il en soit, ce changement de coloration apparaît dorénavant comme une signature. Il sera prétexte à de nombreuses interprétations, plusieurs collaborateurs de Farmer s'en attribuant la paternité. Il semble bien que celle-ci revienne en fait à Bertrand Le Page. Rouquin lui-même, il n'aura de cesse de répéter à l'interprète de *Maman a tort* : « Une chanteuse, ce n'est pas châtain, mais blond, brun ou roux. Il faut donc trancher et te donner une couleur, une marque, une griffe. » Avant de sussurer, malicieux : « Tu seras mon double et ma vengeance ! » Son coiffeur attitré, Alain, essaie plusieurs teintes différentes. « En fin de compte, c'est le ratage de cette couleur — un roux électrique — qui estampillera à jamais la crinière de Farmer », complète un ancien ami du manager.

Ce dernier n'est pas dupe, ce changement d'image est gros de plusieurs retombées positives : « Il y en avait au moins trois : pour la presse, de racheter des photos avec le nouveau look, d'exciter la curiosité des médias, et de relancer la machine promotionnelle en transformant petit à petit Mylène en icône à l'usage des gays, Le Page étant lui-même un hymne à l'ambiguïté[8]. »

Comme pour *Plus grandir*, Boutonnat va réaliser le clip de *Libertine* en quatre jours et sur pellicule 35 mm. Afin d'utiliser au mieux le budget mis à sa disposition par Alain Grandgérard, directeur de Movie Box, l'homme d'images a planifié son travail de façon astucieuse. Sitôt achevé le tournage des scènes extérieures dans l'immense parc boisé du château de

Brou, en Seine-et-Marne, il enchaîne à la nuit tombée sur celui des séquences en intérieur. Celles-ci ont pour cadre un autre château voisin, à Ferrières-en-Brie. Là se retrouvent une cinquantaine de techniciens et autant de figurants que Boutonnat et ses assistants ont recrutés dans plusieurs boîtes de nuit parisiennes : façon d'économiser les frais des agences de casting, mais aussi de pouvoir disposer à la demande de garçons et de filles à la silhouette caractéristique et aux mœurs libérées. Son court-métrage comporte en effet de nombreuses scènes dénudées.

À la croisée des influences de *Barry Lyndon* de Stanley Kubrick (1975) et de *Duellistes*, de Ridley Scott (1977), Boutonnat met en images une Mylène Farmer, héroïne romanesque du XVIIIe siècle, tout à la fois courageuse, vindicative et impitoyable. *Libertine* s'ouvre sur un long silence au bord d'un lac par un petit matin calme et ensoleillé. Pour le jeune réalisateur, en effet, la chanson est d'abord au service d'une atmosphère. Pas question de verser dans la mise en correspondance systématique des mots, des notes et des images. Le scénario, en d'autres termes, devient plus important que la chanson. Entrée en scène des héros : avec ses cheveux flamboyants retenus par un catogan, son fin visage de poupée de porcelaine, Libertine-Farmer, frêle et androgyne, fait face à un aristocrate interprété par Rambo Kowalski. Elle le dévisage longuement avant de l'affronter au pistolet sous les yeux d'un jeune écuyer. Coup de feu, le rythme s'accélère. L'adversaire de Libertine s'écroule, sa compagne devient folle de rage. La chanson proprement dite s'enclenche alors sur une image arrêtée de l'héroïne s'enfuyant au triple galop. Rupture du rythme : Libertine, nue, prend un bain purificateur en compagnie de deux jeunes filles. Surviennent des aristocrates à la perruque poudrée et au grimage outrancier qui se préparent à l'évidence à passer une soirée de débauche sous le signe de la chair. Entrée de Libertine, rayonnante et triomphante, qui impressionne l'aréopage libertin. À travers les flammes des chandeliers, son regard capte celui d'un jeune marquis qui l'entraîne déjà vers une alcôve. L'ambiance de fête s'estompe pour faire place au jeu amoureux du couple. Long travelling sur Libertine qui s'abandonne sur le lit, lèvres offertes à ce compagnon qu'elle vient de déshabiller d'un geste vif. Cette scène, jugée par trop licencieuse, sera coupée lors des diffusions du clip à la télévision. La suite de l'action, pourtant, n'est pas dévoilée. Seul un long fondu-enchaîné fait apparaître Libertine plongée, en costume d'Ève, dans un profond sommeil. Elle serre entre ses doigts l'invitation du marquis griffonnée sur un bout de papier qui tombe à terre. Alors tout redémarre : musique, rythme dansant, salon à nouveau peuplé de débauchés excentriques. Libertine fait sa rentrée, chemise ouverte, d'une décontraction désarmante. Elle se heurte à la maîtresse de son compagnon d'un soir. Les deux femmes en viennent aux mains. Ralentis, plans rapprochés, plongées d'une rare violence. Tout y passe : coups de tête, gifles, giclées de sang, bouteilles cassées. Les convives tentent d'abord d'intervenir, puis se reprennent. Certains regards expriment l'angoisse, d'autres l'indifférence. Mais, à son tour, l'amant de Libertine tente de séparer les deux femmes. Il y parvient avant de s'enfuir en compagnie de Farmer. La rivale, elle, n'a pas dit son dernier mot. Retrouvant le couple, elle le fait froidement abattre. La caméra s'attarde sur le corps de Libertine-Farmer, ensanglantée sur son tapis d'herbe.

Les diffusions du clip, nous l'avons dit, connaissent un grand succès. Les critiques saluent qui la performance du couple Boutonnat-Farmer, qui l'originalité de sa démarche. *France 2* ne s'y trompe pas, qui invite le duo en direct sur le plateau de son journal de la mi-journée, alors présenté par Noël Mamère, le futur député Vert, maire de Bègles, ardent promoteur du mariage homosexuel. Instant de gloire pour le jeune réalisateur qui ne craint pas d'en faire trop lorsqu'il est question de son œuvre cinématographique : à l'en croire, le mot clip ne lui aurait même jamais traversé l'esprit…

Cette satisfaction voyante n'ôte rien aux qualités techniques et artistiques de ce petit chef-d'œuvre musical. Boutonnat aime à filmer les fêtes qu'il anime dans une succession de plans rapides, très composés, souvent sombres. Parti-pris identique lorsqu'il s'attarde sur les visages de ses figurants en s'inspirant visiblement d'Eisenstein. La scène d'amour entre Libertine et le marquis bouleverse elle aussi les règles du genre. Là où on s'attendrait à un surcroît de sensualité, le réalisateur plonge ses personnages dans le huis-clos d'une chambre, renforçant ainsi le sentiment de solitude éprouvé dans ce moment solennel, que viennent encore souligner des hurlements de loups ajoutés sur la bande son. Si l'apparition d'une femme dénudée n'a rien de franchement révolutionnaire, la force de Boutonnat est de savoir amener cette scène comme une séquence événementielle.

Durant le tournage, le réalisateur respecte scrupuleusement son *story-board* ; il sait toutefois s'en écarter lorsque l'occasion se présente. Une de ses comédiennes, Sophie Tellier, qui joue la rivale de Libertine-Farmer, arrache par exemple sa perruque au cours du combat entre femmes. Un geste qui ne figurait pas dans le scénario originel, mais dont Boutonnat apprécie l'audace puisqu'il le conservera dans le montage final. Son choix n'étonne qu'en partie Tellier : « En me proposant le rôle, Laurent savait que j'allais en faire des kilos, que j'avais une démesure expressionniste, presque baroque, qui convenait à ce qu'il recherchait. Il me laissait donc une vraie marge de manœuvre. La plupart du temps, il se limitait à deux prises. À la troisième, il lançait : "Je ne coupe pas, fais ce que tu veux." C'est alors que j'ai enlevé ma perruque en délirant… »

Autre novation : la mise à mort de l'interprète principale, d'autant plus surprenante que, dès le début, tout a laissé penser qu'un véritable processus de glorification de l'artiste était en route. Le clip ne commence-t-il pas par un duel dont Libertine sort gagnante ? Or Boutonnat et Farmer en ont décidé autrement. Libertine sort totalement sonnée de la bagarre à mains nues, puis, au cours de la scène finale, la voici abattue par sa rivale. En utilisant les mêmes instruments graphiques, Boutonnat inverse avec audace le statut de l'héroïne qu'il transforme de son propre chef en victime.

À l'heure où le clip-événement commence à être abondamment diffusé, l'album *Cendres de Lune* est déjà disponible sur les linéaires depuis plusieurs semaines. Farmer ne cache pas son contentement : « Cela permet de sortir de l'image désuète de chanteuse de 45 tours, et j'ai maintenant la certitude de pouvoir réaliser un autre album[9]... » On y retrouve le titre vedette, *Libertine*, que la chanteuse défendra bec et ongles à la télévision, quitte à s'accoler une image sexy et provocante, mais aussi des petits chef-d'œuvre mélodiques comme *Vieux Bouc*, écrit et composé par Boutonnat. L'un de ses vers n'est autre que la célèbre phrase de la pièce de Jean-Paul Sartre, *Huis clos* : *L'enfer, c'est les autres...* Pas toujours fondée, au demeurant, puisque l'année suivante, les jurés des « Victoires de la musique » nomineront le musicien-réalisateur !

Entre-temps, la vie de Mylène Farmer est assombrie par la mort de son père. Depuis de nombreuses années, Max Gautier se savait atteint d'un cancer. Il en avait informé tant ses proches que ses anciens collègues de Coyne & Bellier, rencontrés à l'occasion d'un pot de fin d'année. Les Dufresne, ses amis canadiens, étaient eux aussi dans la confidence. Quelques mois plus tôt, Max avait en effet effectué un voyage au Québec : « Il a rendu visite au couple d'enseignants franco-belges qui avait racheté la maison de Pierrefonds, et il m'a téléphoné pour m'annoncer sa visite, se souvient Bertha. Il nous a dit se sentir mal en point et que ce serait probablement sa dernière escapade au Canada. Il nous a donné des nouvelles de toute sa famille. Il semblait assez fier des débuts prometteurs de Mylène. Nous nous sommes embrassés et il est reparti pour Paris[10]. » Au début de l'été 1986, Max Gautier est transporté à l'hôpital Avicennes de Bobigny où il décédera le 11 juillet suivant avant d'être incinéré, conformément à ses vœux.

Profondément bouleversée par cette disparition, la chanteuse va attendre plusieurs années avant d'évoquer en public la mémoire de son père dans une chanson *Dernier Sourire*, dont elle aura écrit le texte. Les derniers vers ont inspiré nombre de commentaires parmi les exégètes farmériens : *« Est-ce mentir / Est-ce te trahir / Si je t'invente des lendemains qui chantent / Vois-tu le noir de ce tunnel / Sais-tu l'espoir quand jaillit la lumière / Ton souvenir ne cessera jamais / De remuer la couteau dans mon plaie. »*

« LA couteau… MON plaie… » : une inversion involontaire ? Vraisemblablement oui, tant l'émotion qui se dégage alors de la voix de Mylène serait de nature à expliquer un lapsus. C'est du moins le point de vue d'un des sites Internet dédiés à la chanteuse. L'incongruité grammaticale disparaît en tout cas lors d'une seconde version, en 1992. Cette année-là, Farmer accepte de céder les droits de *Dernier Sourire* à une association de lutte contre le Sida qui prépare une compilation d'artistes intitulée « Urgences ». Dans les mois qui suivent, la chanson va devenir une sorte d'hymne pour les malades en phase terminale. Son destin ne s'arrêtera pas là : Mylène l'interprétera désormais à la fin de la plupart de ses concerts, apportant ainsi une charge émotionnelle qui ne manque pas d'impressionner son jeune public.

À l'automne 1986, la chanteuse emménage dans un nouvel appartement du quartier des Halles, en plein cœur de Paris. Un changement de décor que Le Page a vivement encouragé, quitte à bientôt le regretter : « Il lui fallait une résidence aux dimensions de la star qu'elle était devenue, mais, par le plus grand des hasards, elle a signé pour un appartement situé dans l'immeuble qu'occupait aussi Jackie Quartz ! C'était horrible, je ne pouvais pas venir voir l'une sans être vu par l'autre ! Finalement, leur cohabitation aura duré trois ans. Si Mylène se montrait très réservée, ce n'était pas le cas de Jackie[11]… »

Le nouveau cadre de vie de Farmer correspond parfaitement à ses désirs. L'immeuble est bourgeois, cossu ; sa porte d'entrée en fer forgé donne l'impression d'une frontière entre le tumulte de la capitale et le calme champêtre d'une cour intérieure verdoyante. L'intérieur de l'appartement se compose de deux pièces tapissées d'une moquette grise et ornées de poutres apparentes. « En fait, c'est un peu ma prison dorée. J'éprouve de plus en plus de difficultés à me promener dans la rue. Je déteste sortir le soir, aller au restaurant. En même temps, je n'ai jamais envisagé de vivre ailleurs qu'à Paris. J'ai besoin d'être au centre de l'action[12]. »

Ce qui n'empêche pas quelques escapades hors de la capitale, comme ces vacances que la jeune femme décide de s'accorder à l'improviste dans les semaines qui suivent son emménagement. Destination : le Maroc. Bertrand Le Page l'y accompagne : le manager aime son pays natal où il effectue de fréquents séjours en compagnie d'amis gays du show-biz parisien. « Il résidait dans un vaste et luxueux riad où il faisait venir des éphèbes dans une ambiance raffinée, très pasolinienne[13] », me confie l'un de ses anciens amis. Les préoccupations de Mylène semblent d'un tout autre ordre : « Mon problème, ce serait d'arriver à prendre quelques kilos ; avec les loukoums marocains, je vais peut-être y arriver[14] ! »

Sans abus, toutefois, car plusieurs prestations télévisuelles l'attendent à son retour. Et pas seulement : la rentrée de la chanteuse coïncide en effet avec la préparation d'un nouveau disque prévu pour le début de l'hiver. Après l'énorme « carton » commercial de *Libertine*, le défi n'est pas mince. La chanteuse, il est vrai, croit aux vertus du travail. Elle mise sur la qualité, seule façon à ses yeux de réaliser une variété qui s'écarte des sentiers battus.

6

Le bel été

Nouveau défi, nouveau bonheur. En février 1987, *Tristana* prend le relais de *Libertine*. Avec succès : le titre rejoint la septième place du Top 50 dès les semaines qui suivent sa sortie. Mais, là encore, le clip réalisé deux mois plus tard par Boutonnat va faire coup double et retenir durablement l'attention du public. Le tournage se déroule pendant cinq jours d'affilée dans les forêts et sur les plateaux enneigés de La Chapelle-en-Vercors. Du zoo normand de Gaétan et Christine, les amis de Farmer, le réalisateur fait acheminer une demi-douzaine de chiens de traîneau « déguisés » en loups des steppes. Ils participeront à une action censée se dérouler dans les plaines russes au moment de la révolution de 1917.

Une tsarine cruelle supporte mal la beauté rivale de Tristana. Sur son ordre, des cosaques s'élancent à la recherche de la « Belle », épée hors du fourreau. Ignorant le danger qui la guette et le froid sibérien, l'héroïne batifole dans la forêt avec son fiancé Rasoukine, interprété par Vladimir Ivtchenko, sculpteur « dans le civil ». L'escouade se rapproche au triple galop ; hurlements des loups. Rasoukine a à peine le temps d'offrir une croix orthodoxe à sa dulcinée avant de tomber sous un coup de sabre, raide mort. Surmontant sa douleur, Tristana parvient à échapper à ses poursuivants avant de s'effondrer, inconsciente, dans la blanche neige. À son réveil, sept étranges petits bonshommes l'entourent, émerveillés et attendris. Dans sa forteresse, la tsarine, elle, n'a pas dit son dernier mot. La jalouse souveraine décide de se rendre en personne dans la bicoque où s'est réfugiée sa rivale, qu'elle tue au moyen d'une pomme empoisonnée. Mais Tristana est-elle vraiment morte ? Au paradis, peut-être. Vivante, impossible pour elle de trouver le bonheur ; celui-ci ne peut exister qu'ailleurs — dans la mort, le cas échéant.

Esthétique de long-métrage pour la transposition d'un conte populaire, en l'occurrence *Blanche Neige*, déjà adapté par Walt Disney. Mais, à la différence des frères Grimm dans le texte original, Boutonnat fait mourir l'héroïne dans les bras de son amoureux : une vraie-fausse mort, puisque Tristana gagne en réalité le double bonheur de l'éternité et du repos infini.

À travers un conte de fées revisité, Boutonnat et Farmer ont-ils voulu faire passer un message politique ? On peut se poser la question. L'impossible passion entre Rasoukine et Tristana pourrait en effet bien être la transposition métaphorique d'une révolution aux idées généreuses mais inapplicables. Jalouse de l'insolente beauté de Tristana-la-prolétaire, la tsarine l'empoisonne au moment même où Rasoukine se bat à Pétrograd pour le triomphe de l'idéal communiste. Onirique, la fin du clip montre aussi la cruelle dualité entre la victoire des bolcheviks et les lendemains qui déchanteront — ô combien ! — pour la masse des travailleurs des villes et des champs.

Sur un plan purement formel, les nouvelles références de Boutonnat au cinéma d'Eisenstein sont sans équivoque : montage rapide et sophistiqué, mise en scène avec force figurants. Remarque analogue pour la chute sur une pente enneigée de Tristana, qui doit être vue comme un hommage à la célèbre scène du berceau dévalant les escaliers d'Odessa dans *Le Cuirassé Potemkine*.

Comme le réalisateur soviétique l'avait fait dans *Octobre* (1927), Boutonnat s'efforce de donner un sens à son montage en alternant, par exemple, plusieurs plans d'échelles et de contextes différents. Les gros plans d'un discours de Lénine frappant du poing sur la table sont montés avec les plans larges de manifestants fuyant de tel ou tel côté du cadre et d'autres plans montrant les tirs de l'armée sur la foule paniquée. Manifestant un évident souci de composition, Boutonnat donne à cette minute d'archives documentaires la couleur du cinéma de propagande soviétique et laisse ainsi entrevoir la nécessité de « lire » le reste du clip différemment. Au-delà de l'adaptation d'un conte pour enfants accessible à tous, on insère malicieusement le film dans un contexte politique : façon comme une autre de donner davantage de crédit à son histoire.

Pour incarner la sanguinaire tsarine, Boutonnat et Farmer ont fait à nouveau appel à Sophie Tellier, déjà présente, on s'en souvient, sur le tournage de *Libertine*. Les deux femmes se connaissent depuis plusieurs années. Elles se sont rencontrées en 1984 à l'occasion du festival du clip de Juan-les-Pins. Peu de temps après, Mylène avait sollicité Sophie pour des séances de travail sur le corps, le physique et la danse. La comédienne-chorégraphe va veiller au recrutement et aux répétitions des danseurs sur le tournage de *Tristana*. Le côté insolite de l'affaire n'est pas fait pour la déranger : « C'était un peu Blanche-Neige chez les Soviets, mais cette ambiance de contes de fées n'était pas pour me déplaire, compte tenu de mes origines bretonnes ! » Au passage, il lui faut s'initier à la langue russe par le truchement d'une interprète professionnelle : « J'étais complètement néophyte, contrairement à Mylène qui avait appris cette langue à l'école. » Le plus surprenant reste à venir, lorsque Laurent et Mylène proposeront à leur amie d'assister au montage : « Ce fut un véritable choc. Je ne m'en étais pas rendu compte, lors du tournage. On m'avait par exemple posé de faux yeux blancs de sorcière qui donnaient un effet saisissant à l'écran… et encore, Laurent a édulcoré la séquence[1] ! »

En dehors des heures de travail, Sophie Tellier qualifie ses relations avec le couple de « sans problèmes… à part quelques non-dits ». Elle s'en explique : « Mylène avait confiance en moi et je savais que je pouvais compter sur elle.

Elle était très introvertie, très parano. Elle avait besoin de travailler avec des "pointures", à condition qu'elles aient bon caractère et qu'elles ne soient pas des stars. Elle a semblé très satisfaite du travail de mes danseurs qui ont continué, pour la plupart, à la suivre dans sa carrière[2]. »

Le 6 mai, comme pour *Libertine*, le clip de *Tristana* est projeté en avant-première dans la salle de l'UGC Normandie, sur les Champs-Élysées. Si l'univers fantasmagorique de la chanteuse est désormais ancré dans tous les esprits, la durée du film — plus de douze minutes — constitue un véritable casse-tête pour les programmateurs de la télévision. Les critiques se veulent élogieux. D'aucuns soulignent le glissement progressif de la chanteuse vers ce métier d'actrice auquel elle aspire tant depuis l'adolescence. Reste à savoir avec quel metteur en scène elle souhaiterait effectuer son baptême du feu. À l'en croire, pour le moment, seuls Jean-Jacques Annaud, Roman Polanski et Laurent Boutonnat emporteraient ses faveurs. Mais Mylène prévient : « Je sais le danger de lier autant sa carrière à quelqu'un d'aussi talentueux. Mais, encore aujourd'hui, je ne conçois ce métier que par rapport à Laurent. Parce que j'aime tout ce qu'il fait et que lui seul a compris ce que je suis[3] ! » Est-ce pour cette raison qu'elle admettrait difficilement que ce dernier puisse s'intéresser à d'autres artistes ? « Je préserve jalousement l'esprit de mon équipe. Il pense à moi quand il compose, et il ne se disperse pas. Libre à lui d'aller "convoler" ailleurs, mais, dans ce cas, je l'étrangle[4]… »

La répartie se veut galéjade ; pour autant, elle n'est pas sans fondement. Mylène apparaît comme une professionnelle possessive qui ne goûte pas vraiment la polyvalence chez ses collaborateurs. Qu'elle travaille par exemple avec tel ou tel photographe, ce sera celui-là et aucun autre. La réciproque est tout aussi vraie, voire plus. Spécialiste de la photo érotique chic et portraitiste de plusieurs personnalités du show-business, Christophe Mourthé peut en témoigner : « Elle refusait que je bosse pour d'autres artistes. J'ai eu droit à une véritable crise le jour où elle a appris que Jackie Quartz souhaitait travailler avec moi. Quand Mylène a su que j'avais accepté, elle m'a demandé combien cette séance devait me rapporter et m'a fait un chèque du montant exact en me glissant : "Tu diras pas !" J'étais amoureux, j'ai cédé[5]. »

Sa rencontre avec la chanteuse remonte au début de 1984. Cette année-là, Le Page demande à Mourthé de prendre des clichés de l'interprète de *Maman a tort*. Un premier entretien est organisé chez le manager, dans le XVIIe arrondissement. Pour Mourthé, c'est le coup de foudre immédiat : « Nous avions beaucoup de points communs, nous nous comprenions en un regard. [...] Tout était simple, facile, Mylène était radieuse, elle se livrait totalement devant l'objectif. Nous nous amusions à commenter les clichés ratés. Je distribuais des dizaines d'images "libres de droits" pour illustrer des articles. Mylène me payait tout : les photos, les sorties, etc.[6] »

Intarissable, Mourthé raconte comment les soirées passées en compagnie de Mylène et de Le Page étaient « largement arrosées de Dom Pérignon et d'autres choses... » Avant de se justifier : « C'étaient les années quatre-vingt et pour la plupart des gens du show-biz, c'était normal. Bertrand Le Page était un type brillant, génial, mais aussi très autodestructeur. À l'époque, c'était ça, l'environnement de Mylène. Seul Boutonnat restait *clean*[7]. »

Selon Mourthé, cette relation privilégiée avec l'interprète de *Libertine* durera près de trois ans. Mais tout a une fin : « Nous sommes partis en vacances ensemble. J'avais demandé à une amie de m'accompagner. Mais les rapports entre les deux filles sont très vite devenus explosifs. L'ambiance était très tendue. J'ai craqué et je suis allé finir mes vacances ailleurs avec mon amie. Mylène m'a rappelé à la fin des vacances. Elle voulait continuer à travailler avec moi. J'ai accepté un rendez-vous auquel je ne suis pas allé[8]. »

La tournure des événements ne contrarie pas autrement Le Page, mué pour la circonstance en confident de Farmer. Interminables entretiens téléphoniques : l'exubérant manager prodigue conseils et réconfort.

Une autre photographe, Elsa Trillat, sera, elle aussi, le témoin involontaire des déboires de la chanteuse. Son amitié avec Mylène voit le jour à l'automne 1986 à l'occasion d'une soirée au *Palace*, célèbre boîte de nuit parisienne. « Pendant le dîner, elle a gardé la tête baissée, ne disant pratiquement pas un mot. Puis on discute un peu, mais je ne sens pas de *feeling* particulier[9]… » Six mois plus tard, au moment de la sortie de *Tristana*, Elsa, enthousiaste, propose à son employeur, *Paris Match*, un reportage sur cette artiste vraiment pas comme les autres. Mylène en accepte d'autant plus rapidement le principe que ses relations personnelles avec Mourthé commencent à battre de l'aile. La séance de pose pour Elsa se déroule une fois encore dans l'appartement de Le Page qui rêve de voir — consécration ! — sa protégée en pleine page de couverture de *Match*. Mylène se prête sans façons et même sans contrefaçons aux exigences de la photographe, s'allongeant à même le sol ou dessinant quelques croquis. Le lendemain, seconde séance au centre d'équitation de Porchefontaine, cher au cœur de l'adolescente Mylène Gautier. Redevenue écuyère, elle enfourche à cru l'une des montures préparées à son intention. Mais le cheval se cabre et voilà la jeune femme qui se met à voltiger dans les airs. Si Elsa est catastrophée, Mylène, elle, fait preuve d'une belle détermination : « Il me faut remonter immédiatement, sinon je ne remonterai jamais plus. » Et elle le fait !

Enfin satisfaite, la cavalière propose à sa photographe de l'accompagner à une réunion familiale, le même jour, non loin de là. Elsa fait ainsi la connaissance de la famille Gautier : Marguerite et ses trois autres enfants, apparemment captivés par la série télé *Starsky et Hutch*. L'ambiance est bon enfant : « Les deux héros américains enquêtaient sur une secte dont les membres répétaient inlassablement : "Gloire à Satan ! Gloire à Satan !", et on s'est mis à danser en cercle autour de la table en les imitant ! Puis Mylène a débouché une bouteille de champagne. » Sympathie aidant, Elsa sera régulièrement admise au sein de cette famille beaucoup plus unie qu'elle ne l'imaginait. Contrairement à ce que prétendaient certaines rumeurs, les rapports entre Mylène et sa mère lui paraissent tout à fait harmonieux. Signe qui ne trompe pas, la cadette des Gautier ramène d'ailleurs fréquemment son linge sale à la maison. Par facilité, mais aussi par la force des choses : compte tenu de l'exiguïté de son appartement parisien, la chanteuse n'a jamais jugé nécessaire de faire l'acquisition d'une machine à laver…

Les relations professionnelles entre les deux nouvelles amies ne peuvent être fondées que sur une confiance réciproque. Les jours qui suivent les premières séances de photos, Elsa invite Mylène et son manager à faire le tri des clichés réalisés. En fait, c'est à la future star que revient le dernier mot. Après un premier examen, elle fait son choix, traçant des croix sur ses préférées. Au grand soulagement de la jeune photographe, Mylène est visiblement ravie de la série réalisée chez Le Page : « Dès lors, on commence à s'appeler beaucoup et à se voir plusieurs fois par semaine. Mais pas dans les palaces ou les grands restos. Elle n'a pas beaucoup d'argent, à l'époque — elle m'explique qu'elle n'a toujours pas perçu les royalties de *Libertine* —, donc c'est plutôt restos chinois et McDonald's. Nous passons des journées entières chez elle, rue Quincampoix, assises par terre à manger des hamburgers en sirotant du coca, à regarder la télé et surtout à refaire le monde, avec E.T. sur la tête qui nous épouille les cheveux. On lui tendait parfois des feuilles et des stylos et il se mettait à dessiner : incroyable, ce singe qui savait même reboucher les feutres[10] ! »

Autres moments de détente : les dimanches après-midi chez Le Page où des amis du manager les rejoignent parfois pour des parties passionnées de Trivial Pursuit. En fin de journée, alors que les garçons semblent plongés dans une douce torpeur, les filles se collent à la corvée de vaisselle : « Imaginez Mylène Farmer avec des gants Mapa ! »

Au fil des semaines, Elsa apprend à découvrir les passions de son amie, notamment celle — authentique — pour la littérature. Elle a toutefois du mal à dissimuler son étonnement le jour où Mylène insiste pour lui faire feuilleter son livre fétiche : un imposant album de photos d'enfants estropiés et de monstres de la nature nés par exemple avec des écailles de crocodile… Goût morbide ? Curiosité malsaine ? Perplexité d'Elsa : « Ça l'intéressait vraiment, ou plus exactement ça l'intriguait. Elle avait envie de comprendre[11]. »

L'été est là ; une nouvelle surprise guette Elsa. Mylène l'invite à la rejoindre à La Garde-Freinet, dans le Var, où elle a loué une villa pour des vacances. La photographe est réticente ; elle craint que cette promiscuité ne nuise à la qualité de leur amitié naissante. L'opportunité d'un reportage dans la région la décide quand même à accepter l'invitation. Sur place, elle retrouve la chanteuse, commence même à lui dispenser quelques cours de conduite automobile. Non sans mal, car au volant d'une voiture de location Mylène ne montre aucune disposition : à plusieurs reprises, le véhicule fait des embardées sur les sinueuses routes varoises. Mais, le soir, dans la grande villa de style provençal, l'ambiance est à la fête. Des amis ont rejoint Mylène et Laurent Boutonnat, présent, lui, dès le début du séjour. Christophe Mourthé et sa compagne font partie de la petite troupe ; ils débarqueront en même temps que Michel, le cadet de Mylène. Faute de place, celui-ci devra partager la chambre de Boutonnat. Les deux garçons y occupent des lits superposés. Pour rire, l'aîné n'aura de cesse de taquiner l'adolescent de dix-sept ans sur sa libido. Michel se dit ravi de la présence d'Elsa : « Je n'ai jamais vu ma sœur comme ça. Vous vous connaissez toutes les deux à peine et te voilà déjà invitée dans son intimité. On dirait que vous vous fréquentez depuis toujours. C'est dingue ! » confie-t-il un soir à la photographe.

À Saint-Tropez, comme elle s'y était engagée, Elsa retrouve bientôt Francis Lalanne pour une séance de photos destinées à *Paris Match*. Quand il apprend la présence de Farmer, Lalanne, interprète du récent tube *On se retrouvera*, insiste pour faire sa connaissance. Mylène n'y voit pas d'inconvénient. Elsa pourra compléter son reportage dans le cadre champêtre de la villa. Du moins le croit-elle, jusqu'au moment où son hôtesse se propose de l'assister. La suite se révèle moins réjouissante : « Mylène n'aura de cesse de me déconcentrer en jouant les “metteurs en espace” complètement allumés. “Francis, prends une pêche et simule l'amour”, lance-t-elle à Lalanne qui semble subjugué. Il aurait bien voulu prolonger son séjour, mais Mylène ne l'a pas retenu. Un grand moment d'amusement, en tout cas… »

Cet épisode passé, les vacances se poursuivent dans une vraie convivialité. Décontraction avant tout : « Durant de longues heures, nous nous prélassions au bord de la piscine. Mais on a laissé tomber le maillot au bout de deux jours ! » Séances de bronzage parfois interrompues par quelques intermèdes musicaux. Ce matin-là, par exemple, une radio diffuse *Déshabillez-moi*, l'éternel succès de Juliette Gréco. Elsa se lève tout à coup et commence à mimer un strip-tease qui a le don de faire rire son auditoire. Rire ? Pas seulement : quelques mois plus tard, Mylène reprendra la chanson dans son album *Ainsi soit je…* Elle l'interprétera même, en octobre 1987, à l'occasion des Oscars de la Mode, dans le décor grandiose de l'Opéra de Paris. Mais, à cette occasion, la robe qui l'habille vient de laisser entrevoir un sein. L'incident de parcours est loin de provoquer les mêmes remous que l'« affaire Janet Jackson » aux États-Unis en 2004. N'empêche que la chanteuse doit accuser le coup : « Mylène en était malade ! » se souvient Elsa. La chanteuse, selon elle, entretient certes une réputation sulfureuse, mais à condition toutefois de rester dans certaines limites. Scandale oui, mais point trop.

L'amie photographe n'est pas au bout de ses surprises. Lors de leurs virées en voiture dans le pays varois, Elsa a pris l'habitude de faire écouter à sa passagère ses chanteurs préférés : Marie Laforêt ; Nino Ferrer et son tube du moment, *Les Cornichons*, sur lequel les deux filles « s'éclatent comme des folles » ; Sylvie Vartan, surtout, son idole. *Comme un garçon*, assure-t-elle, a bercé son enfance. Sur ces entrefaits, Mylène lui confie qu'une de ses prochaines chansons s'intitulera précisément : *Sans contrefaçon, je suis un garçon*. Le texte, certes, n'est pas encore totalement au point, mais cela ne saurait tarder. Et Mylène de lui lancer alors sous forme de défi : « Tu vas voir comme on écrit une chanson ! » Voyons, en effet : après s'être entourées de plusieurs dictionnaires de synonymes, les deux amies s'installent confortablement au bord de leur piscine : « On a commencé à faire rimer les mots, et ça s'est enchaîné très vite ; le soir même, Laurent s'installait devant son synthétiseur et en quelques minutes a composé l'accroche musicale. En une demi-heure, on avait créé son prochain tube ! »

L'histoire de la calembredaine n'est pas terminée. Une voix doit l'introduire en posant la question : « Dis, maman, pourquoi je ne suis pas un garçon ? » Elsa Trillat en confiera le fin mot de l'affaire — une *private joke* avec la chanteuse : « Lorsque nous nous rendions au village pour y faire nos courses, je la mettais au défi de s'adresser aux épiciers avec une voix de gamine. Ce qu'elle faisait avec brio, malgré sa grande timidité. Imaginez-la lançant : "Bonjour, madame la marchande de poireaux !" Bien entendu, une fois dans la rue, nous nous tordions de rire[12]. »

Rire jaune, pourrait-elle ajouter. Si la photographe de *Match* évoque avec beaucoup de chaleur ces moments passés en compagnie de l'interprète de *Libertine*, la voici beaucoup moins diserte, en revanche, quand il s'agit de rapporter les circonstances de sa rupture avec Farmer. À peine suggère-t-elle que le heurt s'est produit l'année d'après ces vacances varoises. En est restée la déception d'une amitié gâchée[13]. Et ce petit pincement au cœur quand la vieille complice de Mylène a assisté au phénoménal succès de *Sans contrefaçon*...

Sixième single de la chanteuse, le titre, paru à la mi-octobre 1987, se voit immédiatement propulsé en tête des *charts* français, juste derrière une incarnation toute différente de la féminité, Sabrina et ses *Boys, boys, boys*, indéboulonnable numéro un. Vingt-trois semaines en deuxième place du hit-parade : satisfaction chez Polydor qui écoulera plus de 700 000 exemplaires ! L'interprète est de toutes les émissions de télévision où elle apparaît dans un ensemble à carreaux ou un costume à rayures, coiffée d'une casquette à la Gavroche. Ce look androgyne ne manque pas — peut-être était-ce l'objectif ? — de séduire le public gay. Désir de s'identifier à l'autre sexe ? La chanteuse le nie tout en affichant sa largeur d'esprit : « J'aime les gens que j'ai envie d'aimer. Peu importe leur sexualité. Les homosexuels m'ont toujours porté un grand intérêt et de la chaleur. J'en suis ravie, mais je ne vis pas dans leur monde. Il est vrai que je travaille avec des homosexuels et que je m'en porte bien ! Si une part importante de mon public s'en revendique, j'en suis ravie. Mais je ne prône pas le militantisme. Plus on en parle, mieux c'est, c'est tout[14]. » Mais si l'ambivalence du titre explique en large partie son succès, qui Farmer dérange-t-elle réellement ? Pas grand-monde. Les mœurs ont évolué depuis belle lurette et la chanson de Mylène ne déclenchera pas, loin s'en faut, une nouvelle « bataille d'Hernani », même en miniature. Rien de comparable, soyons franc, avec *Unisex* que chantait quinze ans plus tôt Patrick Juvet dont les apparitions à la télévision, maquillé et affublé de vêtements féminins, faisaient alors véritablement scandale.

Bien décidé à amplifier encore et toujours le succès de la chanson, Boutonnat se met sans tarder à l'écriture du scénario du clip. Son financement sera assuré par la productrice Claudie Ossard, réputée dans les milieux de cinéma pour le soutien qu'elle peut apporter aux projets difficiles. Le cinéaste recherche à nouveau l'inspiration dans un conte populaire : le *Pinocchio* de Mario Collodi. Dans sa propre production, *Ballade de la Féconductrice*, réalisée, on s'en souvient, à la fin des années 1970, il va puiser non seulement la trame, mais également le décor du film à venir : une plage du Cotentin, proche de Cherbourg.

Dans un modeste théâtre, un pantin se tourne vers le public et se met à chanter. Première cassure : le marionnettiste est violemment éjecté des lieux par les « tenancières », deux travestis qui renvoient à une ambiguïté sexuelle omniprésente dans le clip. Sous une pluie battante, le montreur de la figurine subit la violence d'un couple déchaîné qui lui jette au visage sa propre marionnette. Humilié, l'artiste semble divaguer à travers prairies et collines où d'étranges épouvantails rappellent la crucifixion de Jésus. Au bord de l'épuisement, il découvre une vaste plaine balayée par des vents violents. Plus loin, un campement de forains « décalés » : clown infirme, ballerine aux cheveux courts, magicien octogénaire. Vêtue d'une longue tunique noire, une femme sans âge plonge le nez dans sa gamelle. Apercevant le visiteur, elle se lève et lui offre sa pitance. En guise de remerciement, le marionnettiste lui présente sa créature, qu'elle contemple avec émerveillement. La poupée s'anime, elle lui sourit. Lorsque le malheureux comprend que la femme en noir vient d'insuffler la vie à son pantin, il est trop tard : la femme et la marionnette se sont déjà enfuies. Il les retrouve sur une plage avoisinante. Mais, stupeur : son personnage a pris les traits d'un être double, mi-fille mi-garçon, interprété par Mylène Farmer dont c'est la seule apparition.

L'artiste s'approche de la créature ; celle-ci se met aussitôt à mimer des jeux amoureux, allégorie œdipienne à peine voilée. Mais tout se complique : lorsque le saltimbanque tente de l'embrasser, ce sont les pieds de la poupée de chiffon qui réapparaissent sous l'œil désespéré de la fée noire dont la silhouette se perd à l'horizon. À son tour le soleil disparaît, abandonnant sur la plage la poupée redevenue chair et os dans les bras de son créateur.

Fin inexplicable pour conte impossible ? Comme dans *Libertine*, comme dans *Tristana*, la dernière séquence donne en fait son sens à l'histoire : en s'éveillant, le marionnettiste découvre que la poupée de chair s'est à nouveau métamorphosée : en pantin de cire, cette fois. Il se met alors à hurler en direction des forains dont les roulottes se perdent déjà au loin. Fin du plus émouvant des courts-métrages de Boutonnat, chef-d'œuvre de pessimisme et de misanthropie, car, en définitive, de ce *Pinocchio* noir tous les protagonistes sortent perdants.

Pour interpréter le rôle de la fée noire, Boutonnat et Farmer ont fait appel à Zouc dont le spectacle, *L'Alboum*, connaît alors un grand succès sur les scènes parisiennes. La comédienne d'origine suisse fait sensation avec sa dégaine et sa démesure impayables. « Quand je l'ai vue au théâtre, les gens riaient sans cesse, et moi j'avais envie de pleurer », confiera Farmer tout en avouant s'être reconnue dans le sketch de la petite fille modèle qui écrase la fourmi après l'avoir câlinée. Les deux femmes vont faire connaissance sur le plateau de *Mon Zénith à moi...*, diffusé en octobre 1987 sur Canal Plus.

Devant l'animateur Michel Denisot, Farmer en profite pour compléter le portrait de son personnage, « impalpable, étonnant et dérangeant ». Le maître du jeu lui ayant laissé toute liberté dans le choix des invités et des thèmes traités, l'occasion est trop belle pour Mylène. Elle n'hésite pas à proposer la diffusion d'images dont Amnesty International use pour dénoncer la torture. Des documents d'actualité montrant crûment d'atroces sévices ; suppliciés pendus, décapités, coupés en morceaux, etc. Mylène aurait-elle sélectionné ces séquences chocs pour stigmatiser la barbarie des hommes ? Ce n'est pas précisément l'explication qu'elle avance devant un Michel Denisot plutôt désarçonné par le choix de son invitée d'honneur : « J'aime la violence, j'aime la regarder. Ce n'est pas un plaisir sadique, mais presque. J'ai une sorte de complaisance vis-à-vis de la violence dans ces images de mort. Ça suscite plein de réflexions. J'aime bien voir ça. Je crois bien que ça provoque en moi une forme d'excitation. » Autojustification ou nouvelle provocation ? La séquence suscite en tout cas de nombreuses réactions indignées. Citons celle de Thierry Séchan, le frère du chanteur Renaud, qui, dans un pamphlet consacré à ses « amis » chanteurs, commente : « Je crois bien que Mylène n'est pas bien, qu'elle devrait arrêter de lire Georges Bataille et faire un stage à l'Institut médico-légal afin d'observer de plus près les corps déchiquetés des accidentés de la route, par exemple[15]. » Enfin consciente de sa bourde, Farmer tente, mais bien tard, de justifier cette diffusion malheureuse : « C'était peut-être maladroit. Il faut faire attention à ce que l'on dit et songer aux conséquences possibles. Je voulais exprimer la beauté qui se trouve dans la violence et l'horreur. Une exécution est, bien entendu, répugnante et cruelle, mais il s'en dégage une réelle force. En fait, les mots me manquent pour exprimer ce que je ressens[16]. »

7

« Moi, je »

31 décembre 1987, l'hiver est rude dans la capitale, mais ce froid polaire n'est pas pour déplaire à Mylène, tout près de mettre un point final aux enregistrements de son prochain album : *Ainsi soit je...* Comme les jours précédents, elle rejoint les studios Mega, avenue du Maréchal-Maunoury, dans le XVIe arrondissement. Le maître des lieux, Thierry Rogen, est un ingénieur du son réputé. Balance, niveau du casque, micro à bonne hauteur, égalisation : la cabine semble techniquement prête à accueillir la chanteuse dont ce professionnel averti connaît les exigences. « Personnellement, je m'arrange pour que tout soit opérationnel à son arrivée, Mylène n'appréciant guère qu'on lui fasse le coup des essais... » C'est qu'il les connaît, les artistes, Thierry Rogen ! Sur le bout des doigts : « Avec Michel Sardou, je sors tel micro pour aller chercher le grain dans les graves ; pour Mylène dont la voix est dans le souffle, je sais qu'un autre micro — un U67, en l'occurrence — fera parfaitement l'affaire, alors qu'un U47 sera trop pâteux, ou un C12 trop froid. »

Pour sa prise de voix, Mylène émet le désir de rester seule. Le Page rejoint donc Rogen et Boutonnat dans la cabine technique. Après les premières notes, la chanteuse, visiblement émue, entame l'ultime interprétation d'*Ainsi soit je...* Des larmes coulent sur son visage. Boutonnat pose son éternelle bouffarde sur le pupitre de la table de mixage où Rogen manipule encore quelques manettes, puis débouche une bouteille de champagne. Sa façon à lui d'exprimer sa satisfaction devant le travail accompli — et de saluer la nouvelle année.

Le clip éponyme *Ainsi soit je...* va marquer une pause relative dans la course folle du tandem. Contrairement à la débauche d'images et d'effets sonores des précédents, la mise en scène de Boutonnat joue la carte de la sobriété. On se laisse volontiers bercer par cette petite comptine tournée en studio, en noir et blanc, avec des effets de ralentis. Outre les supports habituels des formats courts, *Ainsi soit je...* fait l'objet d'un couplage expérimental, le CDV-maxi, qui comporte trois titres audio, plus un en vidéo (en clip). En avril, l'album du même nom — dix morceaux, pas un de plus — paraîtra enfin, confirmant la suprématie de la chanteuse : avec 1 700 000 unités écoulées, Mylène atteint de nouveaux records de popularité et de vente.

Le duo Farmer-Boutonnat est le seul maître d'œuvre de la nouvelle production. La chanteuse en a signé les paroles, à l'exception d'un poème de Baudelaire, *L'Horloge*, extrait des *Fleurs du mal* : « Sur la mélodie de Laurent, le texte s'est imposé comme une évidence. » Du poète maudit elle apprécie « les névroses, les persécutions ». Un second écrivain du XIXe siècle est invoqué : Edgar Poe que Mylène, en veine de références littéraires, présente comme l'accompagnateur de ses nuits blanches. Elle lui dédie le titre *Allan* qui s'inspire du conte favori du maître du fantastique, *Ligeia*, auquel la jeune parolière emprunte un vers entier : « Pauvres poupées qui vont et viennent[1]. » Un peu plus tard, les premiers mots de la chanson *California* — « Vienne la nuit, sonne l'heure » — feront écho au célèbre *Pont Mirabeau* d'Apollinaire : « Vienne la nuit et sonne l'heure /Les jours s'en vont je demeure... » Mais la référence est quelquefois moins explicite. Selon Le Page, « Bulle de chagrin, boule d'incertitude », les premières paroles d'*Ainsi soit je...*, tireraient leur inspiration d'une chanson du même titre qui connut son heure de gloire au début des années 1970.

L'ancien manager évoque aussi le cas d'une autre chanson, passée à l'époque inaperçu *Avant que le monde explose, je veux mourir* : « Le refrain disait : *"Ainsi soit-il, ainsi soit-elle..."* Je l'ai envoyé à Mylène Farmer. No comment[2]. »

Pour l'écrivain Gonzague Saint-Bris, ce genre d'hommages subtils à la littérature, plutôt rare chez les chanteurs de variétés, peu enclins à s'enrichir et à se prévaloir d'ambitions poétiques, doivent être replacés dans la perspective de la création elle-même. Car, m'explique-t-il, « un créateur ne vit jamais seul ; l'artiste vit dans le monde composite de ses admirations, qu'il transmue par une alchimie singulière[3] ».

Quoi qu'il en soit, c'est peu dire que l'écriture représente pour Farmer une thérapie idéale. Sa façon à elle de dissiper ses ombres, à défaut de guérir ses obsessions : « Lorsque j'écris, j'ai besoin de concentration permanente et j'irai plus loin en parlant de viol organisé de ma personne. [...] Le froid s'installe tout naturellement en moi lorsque j'écris. La température de mon corps chute. Je ne suis pas habituellement aussi frileuse, mais, lorsque j'écris, je m'enveloppe de longs manteaux de laine. Je porte même un bonnet. Le froid m'est très désagréable, mais le désir d'écrire prédomine. J'écris chaque jour durant quatre heures au moins. La nuit, surtout. L'insomnie ne me gêne pas ; par contre, la tentative vaine de trouver le sommeil, oui. Ce qui est horrible, ce sont les pensées qui surgissent dans ces moments-là[4]. »

Si les textes qu'elle signe témoignent de ses interrogations, de ses interdits, de ses envies, son écriture, elle, se veut toujours franche, parfois impudique, jamais vulgaire. À preuve ces allusions à certaines pratiques particulières, que recèle *Pourvu qu'elles soient douces*, l'un des titres-phares de l'album : *« Ton kamasoutra a bien cent ans d'âge / Mon Dieu que c'est démodé / Ton goût du revers / N'a rien de pervers / Mes petites fesses ne cessent de t'inspirer... »*

Pour la mise en images de ce nouvel hymne à l'ambiguïté au titre bientôt simplifié par les inconditionnels farmériens en « PQSD », Boutonnat annonce d'emblée la couleur. Sous-titré *Libertine II*, le film se présente comme la suite du clip tourné deux ans plus tôt. Dès la première image, on apprend en effet que l'héroïne a finalement survécu à la rafale de mousquets reçue la fois précédente. Sa « résurrection » commence là où s'était achevé le premier opus, à l'aube d'une journée d'août 1757 : Ben, jeune tambour de l'armée du roi d'Angleterre, découvre, blessée, une femme déguisée en soldat. Soignée, Libertine tombe amoureuse de son capitaine, mais déjà les troupes françaises s'apprêtent à décimer l'ennemi.

Le scénario, coécrit par Gilles Laurent, se veut à la hauteur du budget ; Boutonnat, Farmer et Jean-François Casamayou, patron de CasaFilms, ont investi 1,5 million de francs et des moyens techniques dignes des grandes productions, avec rails pour travelling, grues, loumas et autres steady-cams. Les cinquante techniciens présents sur les lieux sont des fidèles de l'équipe. Il n'en va pas de même des trois cents figurants spécialement recrutés pour la durée du tournage : la plupart d'entre eux sont d'authentiques militaires mis à disposition par le ministère de la Défense. « Il y avait des engagés et des appelés, et je peux vous dire qu'ils étaient ravis d'avoir une semaine de vacances, même si on leur a demandé beaucoup de travail[5] », se souvient Farmer. Pourtant, un grain de sable a bien failli enrayer la machine. À quelques mois des cérémonies du bicentenaire de la Révolution, les costumiers étaient dévalisés : « Au moins vingt films se tournaient à ce moment-là sur le même sujet, et on a eu un mal inouï à trouver des habits d'époque. La trouvaille de la moindre paire de bottines relevait du miracle ! » Soucieux de véracité historique, le réalisateur et sa coproductrice font vérifier d'éventuels anachronismes par un expert, Jean-Louis Viau, rédacteur en chef de *Tradition Magazine*. Pendant ce temps-là, sous la houlette de la costumière en chef Carinne Sarfati, une équipe de petites mains s'affairent à repriser les tenues resplendissantes des principaux rôles.

Le tournage de ce qui sera considéré sous peu comme le plus grandiose, le plus fou et le plus coûteux des clips de la chanteuse, se déroule en forêt de Rambouillet. Mylène s'y montre d'autant plus omniprésente qu'elle a tenu à apporter son grain de créativité : « J'avais à la fois un regard intérieur et extérieur[6]... » La voilà soumise elle aussi à une cadence de travail infernale : de seize à dix-huit heures de présence quotidienne. Une scène se révèle particulièrement éprouvante : celle d'une bagarre dans la boue qui l'oblige à rester trempée une nuit entière : « Ce fut physiquement très dur, mais, lorsque j'ai vu le résultat à l'écran, j'ai compris que cela en valait la peine. »

Pour les scènes de chevauchée, Farmer a fait appel à un spécialiste des cascades cinématographiques, Mario Luraschi, rencontré longuement dans sa ferme de l'abbaye de Chaalis, dans l'Oise. Aux yeux de ce Sicilien d'origine, le travail préparatoire est essentiel. Après avoir écouté attentivement les desiderata de Farmer, il met à sa disposition le cheval idoine : Llamado, l'un de ses plus magnifiques andalous, âgé de neuf ans. « Les chevaux de Mario sont si bien dressés qu'on a l'impression d'être le meilleur cavalier du monde[7] », assure la chanteuse, enthousiaste, toutefois doublée par le « maître » lors de scènes jugées par trop délicates, voire dangereuses.

Aucune doublure n'a été en revanche prévue pour les scènes érotiques. Farmer, qui fait montre habituellement d'une extrême pudeur, n'hésite pas à s'y exhiber dans le plus simple appareil : « C'est le paradoxe de l'artiste. On peut accepter les scènes de nu si elles ont un intérêt et si on a l'assurance d'un travail bien fait. Et, dans ce sens, j'ai une totale confiance en Laurent. Toutefois, j'appréhendais un peu ces scènes. Ce sont les regards ou les commentaires des personnes sur le plateau qui peuvent rendre la situation embarrassante, mais là, tout s'est très bien passé[8]. »

Pourvu qu'elles soient douces aligne en les dramatisant les mêmes ingrédients que *Libertine I* : cascades à cheval, batailles rangées entre militaires, beuveries orgiaques, meurtres en série, bagarre de rigueur avec la rivale et ennemie à nouveau interprétée par Sophie Tellier. Neuf jours de tournage en extérieur pour mettre en boîte le plus long clip de l'histoire de la variété française : dix-huit minutes. Et un véritable triomphe lors de sa sortie, puisque l'album restera treize semaines en tête des ventes[9]. Le succès du clip doit autant à sa réalisation qu'au sujet traité. C'est d'abord, dès le générique, l'intérêt insistant du capitaine anglais pour les parties charnues de Libertine, qui lui semblent « si douces ». C'est ensuite ce même officier abattu d'une balle dans le dos, « par-derrière », pourrait-on dire. C'est enfin la rivale qui meurt empalée. D'autres allusions au même type de sensualité se succèdent, toujours plus explicites : contemplation devant une Libertine-Farmer endormie à l'abdomen dénudé ; jeune tambour arc-bouté sur une botte de foin, attendant de se faire fouetter le postérieur. « La perversité des uns est la normalité des autres[10] », déclare Farmer aux journalistes en guise de justification.

D'une pratique sexuelle l'autre… L'onanisme est l'un des autres plaisirs évoqués dans le clip, toujours avec une subtilité provocatrice. Lors de la scène d'amour entre Libertine et son capitaine, le jeune tambour-voyeur éprouve bien du mal à entrebâiller la toile de tente derrière laquelle se déroule l'action. Et pour cause : sa seconde main semble fort occupée ailleurs… Pendant ce temps, les soldats batifolent devant des feux de camp avec des prostituées ; ces scènes osées seront coupées lors des passages télé en « prime time ». Les ralentis en contre-plongée de fantassins ivres poursuivant les ribaudes largement dévêtues se succèdent. Ils alternent avec d'autres images fortes comme celle du vin coulant à flots sur la poitrine d'une femme de mauvaise vie vautrée près d'un feu de bois.

Mais l'action militaire reprend le dessus au petit matin avec l'assaut des troupes françaises, les plans érotiques cédant alors la place à une succession de scènes d'une violence inouïe. Plusieurs prostituées sont éventrées ; la rivale de Libertine abat le capitaine anglais d'une balle dans le dos avant que les deux femmes en viennent encore et toujours aux mains. La musique s'éteint doucement sur le carnage entre Anglais et Français. Filmé au ralenti, un cheval tente d'éviter les cadavres qui jonchent le sol, lorsqu'apparaît le jeune tambour au milieu du spectacle de désolation. Victorieux, les soldats de Louis XVI s'apprêtent à sacrifier ce dernier ennemi. Et la chanson de reprendre : *« Mon père m'avait prévenu : tu reconnaîtras la mort à son grand cheval noir, et si par malheur un jour elle s'arrête devant toi, surtout, ne la regarde pas ! »* Libertine-Farmer entre alors en scène dans une nouvelle allégorie signée Boutonnat : le sombre cheval s'approche du garçon, stoppe soudain son élan. Les troupes françaises se figent à leur tour : la mort leur fait face. Relevant la tête, le jeune tambour découvre Libertine qui chevauche l'animal. À son tour il enfourche prestement la bête. Le dernier plan montre les deux héros en fuite dans un halo de fumée tandis que la chanson s'achève : *« Jamais je n'oublierai l'odeur de son parfum et la douceur de sa peau tandis qu'elle m'emportait... vers la vie. »*

Pour sa sortie, le « plan média » d'*Ainsi soit je...* a été particulièrement peaufiné. L'émission *Nulle Part Ailleurs*, sur Canal Plus, aura la primeur du nouveau clip dans sa version courte, et la chaîne M6 l'exclusivité de l'intégrale. Philippe Gildas et Antoine de Caunes, les animateurs de l'émission vedette de la chaîne cryptée, sont partagés sur le phénomène Farmer, l'aîné se voulant magnanime alors que son cadet ne cache pas son scepticisme. Fin connaisseur musical, Antoine de Caunes émet des doutes sur les réels talents de la chanteuse. En outre, il ne prise guère son comportement de diva quelques minutes à peine avant la prestation en direct. « Mylène avait exigé que sa loge soit décorée d'iris blancs, les seules fleurs qu'elle aime. Pris au dépourvu, Le Page a fait ouvrir un magasin de fleurs pour pouvoir acheter un bouquet correspondant à ses vœux. Gildas et de Caunes étaient verts de rage », se souvient un proche du manager.

La valse des émissions TV se poursuit. En mai 1988, voici Farmer invitée d'honneur de *Sacrée Soirée*. Elle interprète en direct *Pourvu qu'elles soient douces*, sans appréhension apparente de Jean-Pierre Foucault. L'hymne callipyge flirte déjà, il est vrai, avec les sommets des hits. L'animateur de TF1 a réservé deux surprises à Mylène : quelques images amateur de son enfance québécoise, ainsi qu'un croquis original de *Bambi*, son dessin animé préféré. C'est le deuxième moment d'émotion de la soirée. Le premier résultait d'une indiscrétion volontaire de la chanteuse demandant à Foucault de faire applaudir « la personne perdue » à laquelle elle dédiait son métier : son père, disparu l'année précédente…

Mis « au parfum » avant l'enregistrement, Le Page n'en estime pas moins que Farmer, toujours excessive, en a peut-être trop fait. Il avait jugé tout aussi jusqu'au-boutiste sa prestation chez Michel Denisot, dans *Mon Zénith à moi*. « Pour Bertrand, ce pas-là n'aurait pas dû être franchi[11] », affirme ainsi un ancien ami du manager, lequel aurait conseillé à sa chanteuse d'éviter dorénavant les « soap variétés » pour se concentrer davantage sur son énergie créatrice. Message reçu 5 sur 5 par le couple Boutonnat-Farmer qui se montrera dès lors particulièrement sourcilleux lors des passages télé de l'artiste, contrôlant tout, aussi bien éclairages que montage. Plus question, en clair, de chanter si des conditions optima ne sont pas réunies. Farmer refuse par exemple de chanter *Sans logique* lorsqu'elle reçoit le Prix de la meilleure interprète féminine de l'année 1988, Le Page justifiant ce *niet* en termes crus : « Mylène ne chante pas avec un orchestre de bal… » Même attitude intransigeante, voire cassante, pour les entretiens avec la presse : interview à la une, sinon rien.

Le moyen de satisfaire un ego hyperdéveloppé ? « Non ! » proteste un jour Farmer, mise à la question — une fois n'est pas coutume — par un journaliste pugnace : « J'ai souffert et beaucoup travaillé, et je suis en droit de demander quelque chose, une espèce de récompense. À mes yeux, une couverture de magazine, c'est à la fois beau et magique. La demander peut paraître péremptoire, mais libre à ceux qui ne partagent pas cet avis de ne pas parler de moi ; ça ne me gêne pas… » On la prend au mot : ainsi *Paris Match* qui, en 2000, abandonnera l'idée de réunir sur la même photo Jean-Marie Messier, Edgar Bronfman et Mylène Farmer, symboles du mariage de Vivendi et de Seagram. La chanteuse voulait la une pour elle toute seule ? Elle n'aura rien. Pourquoi, d'ailleurs, des exigences si manifestement disproportionnées ? Façon d'affronter la voracité d'une presse prompte à pister et à épingler ? À l'en croire, ses propos seraient régulièrement déformés : « J'ai souvent constaté que mes réponses étaient sorties de leur contexte pour être mises dans un autre, avec parfois des reformulations tout à fait détestables, sans parler de ces journalistes qui travaillent souvent comme des cochons[12]. »

Dans ces conditions, pas question non plus d'intervenir en direct dans les émissions de télévision. Même au journal de 20 heures, car « Mylène n'est pas une fille pour ça », d'après Le Page aux yeux duquel sa chanteuse, timide et fragile, a d'abord besoin de se sentir en sécurité : « Chaque question posée lui semble potentiellement dangereuse ; et l'autre, face à elle, l'objet de suspicions. » Mais gardons la tête froide et le sens des réalités : si la chanteuse a parfois été victime de journalistes indiscrets ou malhonnêtes, aurait-elle connu dans le même temps une telle notoriété sans l'aide des médias ? Mylène est d'ailleurs la première à relancer la machine quand l'écho médiatique faiblit et que les chiffres de ventes de ses disques déclinent : « Je me souviens qu'elle m'avait téléphoné en me disant : “Si tu es un bon manager, tu vas me le prouver : je veux deux fois plus de passages sur NRJ pour *Sans contrefaçon*.” J'ai eu le trac, mais je les ai obtenus. Là, l'enfer a commencé : parce qu'il fallait aller toujours plus loin, mais aussi parce qu'il fallait refuser beaucoup de choses et se mettre des gens des médias à dos[13]. »

La volonté de raréfier les apparitions de la chanteuse correspond-elle au désir d'entretenir une sorte de « mystère-marketing » ? Stratégie éprouvée ; elle repose sur une équation simple : la rareté crée l'envie. Boutonnat est un inconditionnel de Greta Garbo[14]. A-t-il assimilé les préceptes de l'imprésario de la grande comédienne suédoise, Mauritz Stiller ? Dès 1923, cet homme subtil avait parfaitement compris comment fonctionnaient médias et opinion publique : « Si vous êtes assise à table parmi d'autres convives, parlez chiffons, parlez du temps, mais jamais de vous-même. Soyez secrète. [...] Si vous devez manger ou boire, faites-le en très petite quantité. Laissez croire à tout le monde que vous vous nourrissez d'art et vous abreuvez d'exercices spirituels. Évitez les commérages et ne collectionnez pas les amis. Tenez-vous à une distance modérée de tout le monde. N'acceptez jamais de cadeaux ni l'aide de qui que ce soit. [...] Et cependant, en même temps, soyez simple avec les autres. Si vous parlez d'autres artistes, faites leur éloge. Vous devez savoir que la plupart d'entre eux raffolent de la publicité et paient parfois des sommes folles pour s'en faire. Vous, vous obtiendrez votre publicité autrement. Évitez les reporters et les journalistes. Si vous les rencontrez par hasard, refusez de parler de vous. S'ils insistent, dites-leur d'interroger Stiller. Bientôt les reporters et les photographes vous courront après tandis que vous continuerez à les éviter. N'ayant pas réussi à vous approcher directement, ils s'adresseront à vos amis et même à de simples connaissances. Des mensonges pittoresques fleuriront autour du nom de Greta Garbo, des mensonges dont vous ne serez pas responsables. Vous deviendrez le centre de semi-vérités, de semi-mensonges. Et je manipulerai tous ces commérages pour créer une image mystérieuse à souhait. D'ici un an environ, peut-être un peu plus, vous serez, aux yeux du grand public, une femme réellement fascinante. Croyez-moi, c'est le meilleur moyen d'obtenir une bonne publicité, et le monde entier parlera de vous[15]. »

Pour se faire désirer, se faire rare. Cultiver le secret quand le show-biz, lui, assiège les magazines. La recette va fonctionner à merveille. À partir de 1988, la plupart des articles ne cesseront de qualifier la chanteuse pop française n° 1 d'« énigmatique », de « secrète », de « mystérieuse Sylphide », et on en passe... Un phénomène résultant de la formule gagnante Boutonnat+Farmer+ Le Page. Selon Rudy Leonet, critique musical belge réputé, c'est son manager-conseiller artistique qui dynamise le tandem Mylène/Laurent : « Le

Page sait faire passer l'explosif à l'attendrisseur et le transformer en une denrée exportable dans les frontières du Top 50. Si Mylène est réellement partagée entre sa misanthropie maladive et son envie d'être aimée du monde entier, Le Page s'en accommode et la fait vivre recluse avec deux singes capucins (justement connus pour leurs tendances dépressives en captivité). Si leur passion commune de l'Histoire fait déplacer les décors vidéo dans l'échelle du temps et de l'espace, Le Page envoie alors Mylène au Pays des Merveilles, là où on ne parle jamais notre langue (l'anglais dans *Pourvu…*, le russe dans *Tristana*), et là où on ne reconnaît jamais personne afin d'éviter tout rapprochement avec un univers familier (sauf Zouc dans *Sans contrefaçon*, mais Zouc est assimilée depuis longtemps au milieu de la psychiatrie). Mylène a eu une enfance troublée ; Le Page va la rendre troublante à coups d'androgynie et d'Œdipe mal soigné[16]. »

Mystère ou pas, la chanteuse reste loin de faire l'unanimité. Quelques plumes aiguisées s'en donnent à cœur joie. Pour *Libération*, l'affaire est entendue : « Une Chantal Goya pubère : Libertine, c'est ma cousine. Des contes de fesses pour un public petit-bourgeois. » Pour *7 à Paris*, « Mylène est une petite allumeuse ; une Lolita pour bande-mou en mal de fouet ; une Madonna franco-franchouillarde, le sex-appeal triomphant en moins, la vulgarité libidineuse en plus. » Mais l'auteur de nuancer ce portrait pas vraiment flatteur : « Un : on ne vend pas impunément un million d'albums. Deux : quand vous vous retrouvez face à face avec cette petite chose timide aux yeux fuyants, recroquevillée, craintive, vous vous étonnez d'avoir pu prendre cette frêle jeune fille pour une hétaïre dévergondée[17]. »

Libertinage et sado-masochisme : voilà qui commence à inquiéter quelques poignées de parents et d'éducateurs. Les relents scabreux de *Pourvu qu'elles soient douces* vont leur servir de bon prétexte pour entrer en scène…

8

Éternelles victimes

Pour elles, Mylène caresse leurs chères têtes blondes dans le mauvais sens du poil. Elles ? Des associations de protection de l'enfance qui affirment que ces images diffusées à la télévision à une heure de grande écoute perturberaient des millions d'enfants et d'adolescents. Les psychologues se mettent de la partie, tentant d'analyser cet univers farmérien si éloigné des bluettes de Chantal Goya ou de celui des « Crados » qui, avec leurs pipis-cacas, font alors un malheur dans les cours de récréation. Selon la psychologue et psychanalyste Isabelle Taubes, le phénomène étonne peut-être, mais Farmer n'a finalement rien inventé : « Ne s'agit-il pas une fois de plus d'apprivoiser ce qui terrifie : le corps, les pulsions, le sexe, la mort ? Ses chansons, ses clips ne parlent que de cela ! Pas sur un mode adulte, certainement pas ! Nous sommes ici aux antipodes de la sexualité génitale harmonieuse […] De toute façon, Mylène est l'éternelle victime. Grandir, vieillir, quelle horreur ! Si la mort est au bout du chemin, autant la faire advenir immédiatement, en pleine jeunesse. La voilà une fois de plus au cœur des préoccupations adolescentes : ne pas ressembler à papa, maman, aux adultes, stupides par définition, et surtout mourir avant trente ans, parce qu'ensuite on est laid et décrépi. » Pour la « psy », les chansons de Mylène Farmer sont « au diapason des rêveries et cauchemars juvéniles. Comme les enfants qui n'ont pas atteint l'âge de la sexualité active, elle est passive, dominée par ses passions et le poids des événements. Évidemment, les jeunes sont loin d'être d'éternelles victimes, mais, bien souvent, c'est ainsi qu'ils se voient. [...] Mylène Farmer leur apporte des mots et des images pour mettre en scène leurs fantasmes sado-masochistes. [...] L'héroïne de *Pourvu qu'elles soient douces* se donne au bel officier de l'armée ennemie, mais sait demeurer intègre. Pas question de faire d'elle un personnage positif, bien sûr : elle n'est pas une “battante”, pas plus que *Tristana* ou *Libertine*. Elle est une femme-objet qui tente de se défendre, mais ne peut que se soumettre. Heureusement, la mort est là, libératrice. Pas de solution constructive, par conséquent, seulement des états d'âme adolescents en proie à l'inquiétude, au sentiment d'impuissance[1]. »

Cette longue analyse-diatribe prend Farmer à rebrousse-poil. La voici contrainte de s'expliquer sans contredire pour autant l'exposé de Taubes : « Les jeunes, souvent encombrés de tabous, ont tellement besoin d'être compris... Et moi, j'ai le sentiment de leur dire, comme Brel dans sa chanson : *“Non, Jeff, t'es pas tout seul.”* Sans aucune prétention[2]. » Quant aux thèmes abordés dans ses textes, l'auteur-interprète estime qu'elle n'a pas à en assumer une quelconque responsabilité morale : « Restons simples : la chanson reste la chanson, ce n'est qu'un art mineur, comme disait Gainsbourg. J'essaie de dédramatiser mon rôle, même si j'y pense souvent. »

En attendant, *PQSD* est un énorme succès commercial : près d'un million d'exemplaires vendus ! À l'étranger, la chanson est rebaptisée *Douces*. Le visuel de la pochette diffère aussi de la version française. Le 19 novembre 1988, lors des 4e Victoires de la Musique, Mylène Farmer est consacrée meilleure interprète féminine de l'année devant France Gall et Guesh Patti. Grand moment d'émotion pour l'artiste qui, en recevant son prix, se déclare tout à la fois heureuse et mélancolique : « J'ai toujours eu du mal à distinguer le bonheur de la tristesse. Chez moi, ils se conjugent parfaitement. En prenant ma récompense, j'ai vu défiler les plus belles images de ma vie et les plus cruelles aussi. On dit bien que la jouissance est une petite mort. Je n'ai pas voulu chasser le naturel, je n'avais préparé aucun texte, j'ai tout dit spontanément[3]. »

Le même soir, elle quitte le Zénith en compagnie de Bertrand Le Page. Dans la voiture qui la ramène chez elle, les deux amis n'échangent aucune parole : « J'étais assise à serrer très fort entre mes mains cet objet très lourd. C'est ma manière de vivre les choses. Mon sens de la fête est le repli sur soi, sans occulter le bonheur[4]. » Sitôt qu'elle pénètre dans son appartement, la chanteuse se dirige vers l'un des haut-parleurs de sa chaîne hi-fi et y dépose la Victoire, s'étonnant au passage qu'aucune inscription personnalisée ne figure sur le trophée. Un anonymat qu'elle dit regretter. Ce geste de dépit n'empêche en rien les ventes de son album d'exploser : 15 000 disques par jour !

Et ce n'est pas fini. Ne laissant aucun répit aux fans, au public et aux médias, le single est immédiatement remplacé, à la mi-février 1989, par son successeur, *Sans logique*, accompagné bien entendu du clip toujours signé Laurent Boutonnat, réalisé en studio dans une ambiance à la Goya.

Dès les premières images, le ton est donné : inquiétant paysage désertique où soufflent des vents mauvais, tellement propice à un rendez-vous avec la Mort. Un gamin trouve une effigie christique que bientôt il s'essaie à casser, blasphème innocent. Des vieilles femmes se rendent en procession vers le lieu de sacrifice. Le sang, lui, coule déjà : Mylène, consentante, « mariant » son liquide vital à celui de l'homme, son bourreau. La voici coiffée solennellement de cornes-lames coupantes, centaure rugissant en passe d'affronter le torero impérieux. Combat dérisoire : Mylène doit mourir ; femmes, hommes et mêmes enfants, tous complices, le savent. Mais, au moment crucial, l'épée rate le cœur et les éléments se déchaînent sur fond de tonnerre et de pluie drue. Mylène encorne son amant, le tue pour ne pas mourir. L'héroïne assiste, impuissante, à l'agonie de son aimé, accablée et terriblement humaine.

Pour écrire son scénario, de loin le plus inventif, Boutonnat s'est une nouvelle fois associé à Gilles Laurent. En guise de décor, le réalisateur a imaginé un immense terrain vague sous un ciel de traîne, entièrement créé en intérieurs. La surface exigée pour une telle installation nécessite la location du plus grand studio de cinéma de France, à Arpajon, au sud de Paris. Le réalisateur y fait déverser deux tonnes de terre colorée et commande une gigantesque toile représentant un ciel nuageux dominant des collines désertiques et lointaines. Avec le vent et une lumière ocre, l'illusion est parfaite. Grâce à elle, une étrange atmosphère s'impose dès les premiers plans du film. Pour la scène finale, on va placer des générateurs de pluie sur toute la surface de l'installation. L'aridité de ce décor est indéfinissable et les personnages qui le peuplent, tout aussi austères, bohémiens oisifs déambulant aux côtés d'enfants qui jouent avec des armes blanches, ou ces vieilles femmes endeuillées venues s'asseoir sur des petites chaises de paille. Il y a aussi cette gitane brune, enceinte, silencieuse dans son coin. Sur une musique funèbre, les premières séquences du clip sont de la même veine : non loin d'une couronne de lames de fer posée sur un pieu, Farmer et son compagnon, assis sur un monticule de terre, s'écorchent mutuellement la paume des mains afin de mêler leurs sangs. Sur un parterre jonché d'animaux rampants et d'ossements, une fillette joue avec un Christ miniature qu'elle vient de ramasser dans une flaque d'eau boueuse. Après l'avoir contemplé, elle le fiche sur une croix de bois en usant comme d'un marteau du talon de l'une de ses chaussures. Jésus crucifié une nouvelle fois : cette violence sous-jacente et gratuite ne peut que laisser présager un drame bien plus grave. L'instant où les vieilles femmes voilées s'assoient semble être l'amorce d'un engrenage tragique. Toutes les malveillances semblent converger sur le personnage de Farmer. On lui lie les mains, on la coiffe de deux lames d'acier qui la transforment à son corps défendant en minotaure. Son partenaire recule, se servant de sa veste comme d'une cape de toréador. Une féria baroque commence. Voici l'héroïne chahutée par plusieurs hommes qui la bafouent, la muent en bête de foire. Des vivats s'élèvent. Le picador, lui, s'apprête à donner le coup de grâce. Un dernier sourire provocateur à sa compagne, et il incline son épée vers Mylène. Celle-ci penche à son tour la tête puis s'avance. Sans pitié, l'homme enfonce la lame dans ses habits, mais sans la blesser. Croyant l'avoir touchée, il se dresse vers le maigre public, bombe le torse et lève les bras en signe de victoire. Visiblement satisfaits du sanglant spectacle, les vieux nomades se lèvent pour applaudir avant de lancer de menues monnaies sur la poitrine du héros. Satisfaction de courte durée, car déjà Mylène se relève, transfigurée. Ses yeux deviennent deux points noirs pour mieux viser leur cible. Elle s'élance une nouvelle fois vers l'objet de sa passion, l'embroche avec ses cornes d'acier. Ensanglanté, son amant-adversaire s'effondre sous les regards stupéfaits. La femme-taureau s'agenouille devant l'agonisant. Sous la pluie battante, les gitans s'affairent à récupérer les pièces disséminées sur la terre battue. L'homme n'est plus qu'un animal rampant. À l'image de la couleuvre aperçue au début du clip, il finira en déchets décomposés. Le dernier plan montre Farmer-taureau offerte à la pluie purificatrice. Une larme de sang perle à son œil comme pour pleurer le châtiment absurde dont son compagnon et elle seront les éternelles victimes.

Malgré le titre de la chanson et un scénario typiquement « boutonnesque », *Sans logique* laisse transparaître une certaine cohérence. Les personnages présents dans le clip traduisent tous l'appartenance à une même communauté, voire à une même famille. Si on admet que le matador n'aurait pas été fidèle à sa compagne, cela expliquerait d'une part la présence de cette femme engrossée par ses soins, d'autre part la grotesque parure dont le personnage interprété par Farmer a dû s'affubler — ne dit-on pas qu'une personne trompée porte des cornes ? La belle-famille vient alors mesurer la femme à sa rivale, l'une des deux étant appelée à disparaître. Ici le tragique de la situation perd en effet toute logique :

Mylène aura tué l'homme qu'elle aime pour lui prouver son amour...

Dix ans après sa diffusion au printemps 1998, l'écrivain Amélie Nothomb évoquera à sa manière ce clip insolite, dans son livre *Attentat*, à travers l'un de ses personnages, Ethel : « Le studio reproduisait une arène expressionniste avec des ombres peintes et des cadavres à la place des spectateurs. Éthel devait jouer le rôle principal, celui d'un jeune taureau fou qui s'éprenait du matador et le lui exprimait en lui transperçant le ventre avec ses cornes. Je jugeais cette idée magnifique et riche de sens : "Chacun tue ce qu'il aime"", a écrit Wilde, l'un de mes saints patrons. J'attendais le moment où je verrais la belle foncer, cornes en avant, vers celui que j'aurais voulu être[5]. »

Pourquoi ce clin d'œil ? L'écrivain belge l'évoque ainsi : « Je ne le lui ai pas volé en ceci que ce fantasme d'Épiphane, à l'âge de onze ans, je l'ai eu moi-même ; et ça m'a d'autant plus frappée quand j'ai vu *Sans logique*. J'ai dit : tiens, tiens[6] ! »

Rançon du succès : un million de disques vendus en 1988, autant que Jean-Jacques Goldman et Dire Straits. Farmer se voit contrainte de quitter son appartement des Halles pour s'exiler dans un quartier plus tranquille de Paris, proche d'un parc, loin de ses fans indiscrets : « C'était horrible, tous ces gens qui venaient sonner à ma porte. » À l'en croire, elle quitte peu son nouveau refuge aux larges tentures rouges et noires, aux murs recouverts de miroirs, dernier élément fondamental dans sa vie : « J'ai en permanence besoin du reflet de ma personne dans le miroir, même s'il n'est pas celui espéré. Je sais que je ne suis pas un modèle parfait. Sur un visage, on dit que le côté droit est le présent, et le gauche le passé ; eh bien, je préfère mon côté gauche[7] ! »

Quant au décor, elle affirme ne l'avoir modifié en rien : « J'y réside parce qu'il faut bien dormir quelque part, mais ce n'est pas fondamental. Si je devais choisir, j'habiterais dans une chambre d'hôtel. Il y en a de magnifiques, à Paris. Cela correspond probablement à un manque de racines. » Près de la cheminée, elle reçoit quelques rares journalistes triés sur le volet. Les autres ne rencontreront la star que dans des salons réservés du George-V ou du Raphaël, luxueux hôtels proches des Champs-Élysées : « Je donne toujours mes rendez-vous dans des grands hôtels. L'anonymat de ces lieux a quelque chose de sécurisant pour moi[8]. » Sur le choix de ses interlocuteurs, la chanteuse n'hésite pas à caresser la presse à rebrousse-poil : « Aujourd'hui, j'ai les moyens d'envoyer paître la vulgarité ! J'ai toujours considéré que j'avais tous les droits. Maintenant, j'ai les moyens de mes convictions. Ce ne sont pas des caprices de star. Je me suis tracé un chemin, il ne me fait pas peur. Personne ne m'obligera à m'allonger sur une peau de panthère devant des caméras de télévision. Je ne l'acceptais pas quand j'avais besoin d'eux. “Pour qui se prend-elle, celle-là ?”, je l'ai souvent entendu. C'est encore plus facile de refuser, maintenant qu'ils ont besoin de moi[9]. »

Comme le constatera bientôt une journaliste de *Elle*, les rendez-vous médiatiques avec Farmer tournent dans ces conditions à la chasse au trésor : « Elle, recroquevillée au milieu de cette chambre vide, joue l'animal effarouché. Teint pâle, nez aquilin, vêtue de gris, du perle au souris en passant par la taupe. “J'aime l'hiver. C'est tellement moins vulgaire que le soleil, les vacances, les maillots de bain.” (Fausse) rousse — c'est elle qui le dit — mais (vrai) teint de porcelaine : le soleil non plus ne l'aime pas tellement. Elle rougit sans cesse. “Et cela peut aller si vite aux larmes.” [...] Mylène Farmer se terre, ne sort pas beaucoup, mais cela ne date pas d'hier. “J'ai peur des gens. Ma chevelure attire l'œil et la curiosité : même à l'étranger, les gens qui ne me connaissent pas me parlent d'elle.” »

Le décor n'est pas le seul à avoir été modifié, le ton des entretiens aussi : plus question d'en rajouter sur le mode languissant — « Le sexe, je pourrais vivre sans[10]... » Encore moins de souligner son éternelle tristesse, comme lors de cette mémorable soirée des Victoires de la Musique. Dorénavant, la star respecte à la lettre les recommandations des

Boutonnat-Stiller. Lui demande-t-on ses goûts musicaux ? Elle énumére les valeurs sûres du moment : Renaud, Kate Bush, Serge Gainsbourg et Jacques Dutronc. Sollicite-t-on un commentaire de sa part sur les récentes apparitions en tenue d'Ève de sa consœur Lio dans le magazine *Lui* ? Son jugement ne sera que magnanimité et confraternité : « C'est une artiste que je respecte beaucoup. » L'interroge-t-on sur sa famille ? La voici amnésique sur le nombre de ses frères et sœurs, et, à bout d'arguments, prête à citer Jérôme Bosch, Lou Andreas-Salomé ou Luc Dietrich : « L'oubli c'est le sommeil de nos douleurs[11]... »

Changement de ton lorsqu'il s'agit d'annoncer un prochain grand rendez-vous artistique : son premier spectacle au Palais des Sports. Alors que les fans cachent à peine leur bonheur, certains professionnels du show-biz, eux, se disent sceptiques. À la télévision, ils ne l'ont jamais vue vocaliser autrement qu'en play-back... Bref : « Je sais qu'on m'attend au virage et que des gens sont prêts à mettre ma tête sous la guillotine, mais je ne suis pas sûre qu'ils vont me la couper. Je ferai tout ce qui est en mon pouvoir pour ne pas laisser tomber la lame. Mais, par provocation, je l'affûte ! Rien n'est plus excitant[12]... »

9

Le baptême du feu

Janvier 1989 : entre deux cours de gymnastique, Farmer commence à répéter les premières chorégraphies de son spectacle prévu pour le mois de mai suivant. Le choix du Palais des Sports, porte de Versailles, s'est imposé de lui-même : « Je déteste les lieux intimistes, qu'ils aient ou non une âme ; ils m'empêchent d'y trouver du plaisir[1]. » Par ailleurs, seul un vaste espace comme celui-là lui permettra d'atteindre avec son public le degré de communion auquel elle aspire.

À sa grande surprise, et même contre toute attente, ce même public répond présent bien avant l'heure : trente-cinq mille billets vendus en cinq semaines ! Et les demandes continuent d'affluer. Déjà Bertrand Le Page, ravi, prépare les prolongations : deux soirées à Bercy au mois de décembre suivant...

Sur le contenu du show, le secret est en revanche bien gardé. Consigne imposée par la chanteuse à son entourage : en dire le moins possible avant le jour « J ». Silence donc sur le répertoire, la mise en scène de Boutonnat, le décor de Hubert Monloup, les costumes commandés à Thierry Mugler, l'ancien condisciple de la chanteuse au cours Florent. Pour ménager le suspense, toutes les garanties sont prises : répétitions à huis clos dans un local inconnu, équipe technique réduite au strict minimum. Les journalistes trop curieux sont invités à faire leur miel de la préparation physique draconienne que s'impose l'artiste depuis trois mois. D'abord un jogging matinal au Bois de Boulogne : une heure sans arrêt afin d'obtenir un rythme cardiaque en harmonie avec l'épreuve d'endurance. Ensuite, une séance intensive d'assouplissement et de musculation dans la salle de sport de son coach, Hervé Lewis. « L'Indien » ou « Rambo », comme l'ont baptisé ses amis, n'est pas un inconnu dans le petit monde du show-business : il a déjà supervisé la mise en forme de Jean Reno pour le tournage du *Grand Bleu*, avant de devenir l'entraîneur attitré de Johnny Hallyday ; la star du rock fait systématiquement appel à lui pour la préparation de ses futurs concerts. Une bonne alimentation est indissociable d'un bon entraînement physique : en la circonstance, Mylène prend conseil d'un diététicien, Emmanuel Engrand, chef du restaurant parisien *le Distrito* ; c'est lui qui concocte ses menus, essentiellement constitués de poissons, légumes, crudités et jus de tomate. Mylène n'a jamais eu de problème de poids, assure-t-on, mais cette nouvelle alimentation doit lui permettre de conserver le tonus nécessaire à un effort physique soutenu. La voix n'est pas oubliée : au rythme d'une séance quotidienne de quatre-vingt-dix minutes, Farmer vocalise. C'est l'occasion de gagner en ampleur et en profondeur : « Mon professeur m'a aussi permis de découvrir qu'une manière de chanter est révélatrice de la personnalité. On retrouve souvent les mêmes intonations auprès de deux chanteurs ayant un caractère sensiblement identique[2]. »

Malgré le halo de mystère qui entoure le futur spectacle, quelques informations commencent à filtrer : des décors gigantesques seraient en construction, une foule de danseurs a été engagée. Parmi eux Sophie Tellier, la rousse comédienne qui rivalise mortellement avec Farmer dans *Libertine* et *Pourvu qu'elles soient douces*. La rumeur fait le reste : on parle d'ambiances sombres, romantiques, tourmentées à l'instar des clips...

18 mai : le compte à rebours a commencé. Provocante et glacée, teint blême et crinière flamboyante, Mylène fait son entrée en scène. Nous voici dans un cimetière anglais aux tombes clairsemées et bancales, la foudre ayant sévi.

S'ouvrent les grilles et Mylène est là qui égrène *L'Horloge* sur fond de chœurs célestes. Ovation du public. Le décor se transforme alors en château tout de candélabres éclairé pour *Plus grandir*, nostalgie de l'enfance, des jeux de petites filles entre elles, que la chanteuse enchaîne avec *Sans logique* et avec la fameuse reprise de *Déshabillez-moi* (Farmer y apparaît très rigide dans une tenue de vinyl noir). Changement de décor et de costume à chaque nouvelle chanson. Mylène l'impudique susurre des mots lestes ou, amusée, montre son arrière-train aux spectateurs ravis. À l'instar de Michael Jackson, la vedette rappelle sur scène les chorégraphies de ses clips : huit danseurs gesticulent sur des pas de deux en chantant : *Je suis une catin.* Les musiciens alignent les riffs de guitare saignants et les solos de saxo rageurs. Les spectateurs, eux, en redemandent. On scande les refrains, les éclairages virevoltent.

Réglé comme une comédie musicale de Broadway, le gala fait l'unanimité chez les fans. Mais, comme il fallait s'y attendre, les critiques, eux, restent divisés. Pour le reporter du *Parisien*, « c'est bien fait : chorégraphie sans failles, musiciens démoniaques, lumières infernales », mais, malheureusement, et c'est là que le bât blesse, « derrière tout cela il n'y a rien : ni plaisir ni bonheur et, surtout, pas de chanteuse. Quelques déhanchements maigrelets façon aérobic éthiopienne. Un filet de voix plus asséché que le Sahel. Un regard névrotique et la prétention de faire du modernisme là où les Gainsbourg, Higelin, Mitsouko étaient déjà passés avec, en plus, ce petit rien dont l'absence relève de l'escroquerie : le talent[3]. » Le confrère de *l'Humanité* se veut plus indulgent ; à peine souligne-t-il le manque de spontanéité d'une prestation scénique par ailleurs aboutie, pleine de panache, même si la duperie n'est pas loin : « Mylène Farmer est le piment d'une discothèque bien sage. Elle est cette blague triviale que l'on raconte dans un dîner officiel. Elle est enfin une marquise de Merteuil d'opérette, une enfant perdue dans un monde adulte plein de vices, qui veut séduire, faire du mal. Et c'est parce qu'elle berne son monde qu'elle est passionnante. C'est parce qu'avec elle la vie n'est qu'un jeu que ses disques s'arrachent. C'est une actrice qui n'aurait qu'un seul rôle, qu'une seule robe, qu'elle endosse de clip en clip. Autrefois elle chantait *Nous sommes tous des imbéciles* ; elle a enlevé cette chanson de son répertoire. Dommage[4] ! »

« Dommage quand même qu'on ait droit à une vraie sono de garage et qu'on doive deviner plutôt que comprendre les paroles délicieusement sulfureuses du répertoire estampillé Farmer-Boutonnat[5] », surenchérit sa consœur de *France-Soir* qui admet cependant que le « charme vaporeux de la rousse Mylène mérite bien un détour par les marches du palais (des Sports) ».

Très attendue par la star et son entourage, la critique de *Libération* sera à la hauteur de leurs craintes — un « papier » au vitriol dont voici le chapeau : « SM Mylène Farmer ? Autoproclamée "catin", habile à vanter son "revers" à tour de popperies vicieuses, cette néo Pujol clipomane surnommée "la chanteuse qui chante avec ses fesses" aura eu un mérite : "sadomiser" le Top 50[6]. »

Les portes du Palais des Sports viennent à peine de se refermer que Farmer se retrouve face à d'autres détracteurs. Inattendus, ceux-là. Pour la première fois — douteuse rançon du succès —, la chanteuse fait l'objet d'une récupération politique. Pour sa campagne d'affichage, le Parti ouvrier européen, dirigé par Jacques Cheminade, a utilisé une photo extraite de *Pourvu qu'elles soient douces*, ainsi légendée : « Ils promeuvent la laideur et la drogue : non à la sous-culture des médias ! » Propos considérés comme injurieux par Farmer qui demande à ses avocats de saisir sans attendre le Tribunal de grande instance de Paris. Pour sa défense, le secrétaire général du mouvement classé à l'extrême droite produit un récent article de presse dans lequel la chanteuse affirmait « aimer le sang ». À partir d'une telle déclaration, il ne peut, croit-il, faire l'objet de poursuites. En tout cas, « pas plus que les scènes de meurtre ou de viol représentées sur ses clips[7] » ! Mais les magistrats ne partagent pas son analyse en donnant raison à l'artiste, doublement ravie puisque le POE ne réussira pas à faire élire un seul député au Parlement européen.

Six mois plus tard, nouveaux démêlés judiciaires. Avec le Front national, cette fois. L'une des sosies de Mylène, Line Grégory, vient de se produire dans un gala du mouvement de Jean-Marie Le Pen. Or certains journaux télévisés ont repris l'image sans préciser qu'il s'agissait d'une doublure. Outrés, les fans de Farmer assaillent le standard de Polydor. La firme musicale demande à son interprète d'intervenir publiquement pour dénoncer l'imposture. Mylène s'exécute de bonne grâce en intervenant dans le journal de France 2 depuis Los Angeles : « Je suis scandalisée d'apprendre que M. Le Pen a utilisé mon image et a trompé les gens de cette façon. Je trouve que ce procédé est révoltant. C'est scandaleux, je suis triste et profondément malheureuse que des gens qui m'aiment bien aient pu penser un instant que je cautionne une telle politique. Il y a des gens qui ont appelé la maison de disques et qui ont fait un amalgame et qui n'ont pas pensé une seconde que c'était un sosie. » Et d'annoncer son intention d'entamer une procédure judiciaire. Le patron du FN, lui, tente de minimiser l'incident par une pirouette méprisante : « Grâce à ce sosie, j'ai connu le nom de Mylène Farmer dont je n'avais jamais entendu parler. Tout ça pour vous dire que ce n'est pas ma tasse de thé ! »

C'est la première fois que la chanteuse exprime avec autant de véhémence sa désapprobation envers un parti politique. Interrogée à plusieurs reprises sur ses positions en la matière, elle s'en était toujours tenue à la prudence : « Je peux avoir des opinions politiques, mais je ne me prononcerai jamais, à part sur des choses très, très importantes, pour lesquelles je pourrais profiter de mon personnage public pour faire avancer des choses, voire influencer des gens[8]. » Un cœur à gauche pour des sentiments de droite ? C'est l'analyse de proches de la chanteuse qui partagerait, selon eux, le même mépris que son manager Le Page pour la gauche caviar : « Bertrand était franchement antimitterrandiste. Il avait une dent particulière contre Jack Lang qui n'a jamais daigné se déplacer à un spectacle de Mylène. » Et notre témoin de soupirer : « Être à droite dans le show-biz, c'est mal vu. Souvenez-vous de l'ostracisme dont furent longtemps victime des chanteurs comme Sardou ou Johnny, de la part d'une soi-disant élite intellectuelle française[9]. »

Mais vogue la star...

Les projecteurs du Palais des Sports sont éteints depuis à peine quelques semaines lorsque Farmer se trouve à nouveau devant l'objectif des caméras de Boutonnat pour la mise en images d'*À quoi je sers*. La sortie du clip est prévue pour le mois de juillet. Chargé d'une symbolique toute particulière décrivant le passage de la vie à trépas, le titre illustre l'étrange torpeur dans laquelle semble se refugier la chanteuse dans la vie réelle : *« Mais mon Dieu de quoi j'ai l'air / Je sers à rien du tout / Et qui peut dire dans cet enfer / Ce qu'on attend de nous, j'avoue / Ne plus savoir à quoi je sers / Sans doute à rien du tout. »*

Une fois encore, Boutonnat a choisi de planter son décor dans la région de Cherbourg. Le clip sera en noir et blanc. On y retrouvera les mêmes aspects dérangeants que dans ses devanciers. Il y ajoute un nouveau fantasme : l'autodestruction.

Bruit sourd de vent glacial. Fleuve sombre, ciel nuageux. Le brouillard envahit tout. Pilotée par un vieux passeur vêtu de noir et comme défiguré par le temps, une pirogue glisse sur l'eau. Valise à la main, Mylène l'attend sur la berge. Elle s'embarque sur la pirogue-cercueil qui lui fera traverser le Styx. Morte, mais de quoi ? Suicide ? Peut-être. La jeune femme a l'air d'autant plus paisible qu'elle arrive au bout de son parcours, comme le précisent les dates 1984-1989. Tous ses anciens amants et amis l'attendent. Reste à savoir quel accueil ils sauront lui réserver...

Ce thème ne correspond pas à une simple pirouette. Il va revenir plus profondément encore dans le montage du clip *Allan* dont les images sont extraites du film consacré à la récente tournée de la star. Boutonnat y greffe son propre imaginaire sur celui d'Edgar Poe : confusion de deux univers illustrée par cette tornade de fondus-enchaînés où un cheval noir piétine le portrait de l'écrivain américain (l'auteur des *Aventures d'Arthur Gordon Pym* a subi moult avanies de son vivant et après sa mort, sa sépulture ayant été souillée à plusieurs reprises). La séquence suivante montre le décor du cimetière où apparaît un moine armé d'un lance-flammes. Son très grave. La respiration de l'incendiaire se mêle à celle, puissante, du cheval hors d'haleine. Voici le cimetière en flammes, brasier lugubre sous les yeux de Farmer. La chanson débute sur des cris de foule. Ces hurlements prennent ici une signification toute différente de l'hystérie propre aux spectacles de la chanteuse. Des visages de spectateurs jaillissent en surimpression au bas du cadre, donnant l'étrange illusion d'un incendie attisé par leur liesse. Or ce sont bel et bien les décors réels du spectacle qui partent en fumée ; Farmer et Boutonnat assistent à cet autodafé qu'ils ont voulu.

La chanson et sa thématique atteignent de plein fouet un public jeune qui se reconnaît dans les névroses et les fantasmes de la chanteuse. Ludovic Sergeat fait partie de ceux-là. En 1997, ce fils de militaire tourangeau n'a pas encore fêté sa quinzième année quand il découvre sa passion pour Mylène Farmer, fasciné par sa « voix envoûtante, ses textes, sa façon d'être à la fois discrète et provocante[10] ». Trois ans plus tard, sa passion n'est pas retombée. Étudiant en gestion, il crée un site dédié à son idole, *À quoi je sers*, emprunté au répertoire de la star : « Elle parlait d'une remise en question. Cela correspondait à mon état d'esprit de l'époque. Les paroles résonnaient en moi. Je me cherchais. C'est compliqué à expliquer. Une démarche suicidaire ? Pas plus que cela. J'avais des problèmes, mais comme tous les adolescents. Peut-être un peu plus, puisque mon père a quitté ma mère en 1989, j'avais alors six ans. Coïncidence de date ? Probablement[11]. »

Juliette Dalbavie, auteur en 1999 d'une maîtrise consacrée aux fans de Farmer, aujourd'hui chercheuse à l'université de Montpellier, a vécu, elle aussi, une passion d'adolescence pour la chanteuse et son répertoire. Elle a toujours considéré que cet épisode l'avait aidée dans sa formation : « Je viens d'un coin de campagne de Haute-Vienne, à quelques kilomètres de Limoges. La découverte de l'univers de Mylène Farmer m'a ouvert un monde d'autant plus inconnu qu'à quatorze ans, on se cherche des repères identitaires, on se construit un personnage. À partir d'une rencontre comme celle de Mylène Farmer, on mélange un idéal et sa propre personnalité. Par ailleurs, ses chansons ont été un fil conducteur pour quantité de lectures et pour la connaissance de peintres, de photographes, de cinéastes, de philosophes... »

Ce parcours initiatique, Jean-Rémy Gaudin-Bridet, originaire de Breil-sur-Roya, dans l'arrière-pays niçois, qu'il quittera à l'âge de quinze ans pour poursuivre ses études à Nice, l'a suivi quelques années plus tôt. Dans la cité azuréenne, l'adolescent vit seul dans un petit studio. Il connaît de « grosses déprimes », au point de songer au suicide. C'est là qu'il découvre Mylène Farmer. Celle-ci l'aurait « extirpé » de cette période noire : « Je me suis d'abord identifié à ses chansons morbides, comme *Désenchantée*. C'était facile d'entrer en communion avec elle. Elle, seule dans son monde ; toi, seul dans le tien. Parfois je pleurais en pensant qu'elle pouvait mourir et me laisser. » Quelques années plus tard, en 1992, cette aventure farmérienne se prolongera, pour le fan, avec la création d'un site internet : le Mylène Farmer International Fan-Club, auquel il se consacrera pendant plus de cinq années.

Mylène l'avait promis : les régions françaises bénéficieront du même spectacle que celui donné quelques mois plus tôt au Palais des Sports, car « il n'est pas question de présenter la moitié de quelque chose ». Pari effectivement tenu par l'artiste, épaulée par les choristes Carole Fredericks et Beckie Bell qui appartiennent à l'écurie de François Feldman.

Au programme, une cinquantaine de villes-étapes de l'Hexagone. Le public s'y déplace en nombre, sans être exclusivement constitué pour autant d'enfants et d'ados. « Tout au plus quelques dizaines[12] », constate par exemple, aux abords des arènes de Fréjus, le reporter de *Var Matin* qui relève en revanche la présence de milliers d'adultes aux origines sociales très diversifiées : étudiants, jeunes BCBG, rockers et même punks ! Sur la qualité du spectacle, les commentaires des journalistes locaux ne se différencient guère de ceux de leurs confrères parisiens. À Marseille, le *Provençal* déplore une déficience de la sono qui rend les textes inaudibles[13] ; à Lyon, le *Progrès* estime que la chanteuse est par trop « desservie par des chorégraphies indigestes », et qu'« elle danse comme France Gall dans les années 60[14] ». Dans la même ville, le critique de *Lyon Figaro* trouve en revanche que Farmer « mène la danse avec une assurance inattendue, magistrale[15] ». Satisfecit partagé par le représentant de *La Montagne* pour lequel le récital offert à Clermont-Ferrand relève de « la grande classe[16] ».

En Suisse où la tournée fait une halte de deux jours, le reporter du *Matin* s'avoue catastrophé dans un article d'une rare virulence : « Les musiciens et choristes sont les artisans d'une cacophonie sonore indescriptible ; les huit danseurs sont les interprètes d'une chorégraphie dont la nullité n'a d'égale que la stupidité. En parfaite garce bien dressée, Mylène Farmer exécute son personnage en public, cultive l'ambiguïté de son être profond (?) sur lequel repose son succès... Produit consommé jusqu'à la lie, il n'en reste rien. Et c'est tant mieux ainsi[17]... » Quelques centaines de kilomètres plus au nord, dans l'enceinte bruxelloise du Forest National, les journalistes belges ne partagent pas du tout cette opinion, et, bien au contraire, de s'enflammer : « En deux heures de temps, Mylène Farmer a prouvé que son succès était amplement mérité, qu'elle était douée pour la danse autant que le chant, que sa présence suffisait à irradier un set cousu de fil d'or. Tout y était somptueux, professionnel, réussi[18]. »

Soixante-dix concerts, des milliers de kilomètres, la tournée se révèle particulièrement éprouvante pour l'artiste et son entourage. On frôle parfois même la catastrophe. Tel jour, des gendarmes interpellent Le Page qui vient d'engager sa Mercedes dans le mauvais sens sur une bretelle d'autoroute.

Plus de peur que de mal : les pandores passent l'éponge. Un autre jour, le manager redresse de justesse alors que son véhicule vient d'accrocher un talus ; Farmer est alors folle de rage : « Si tu veux te suicider, fais-le sans nous[19] ! » Moment d'inattention dû à une trop grande fatigue ? Somnolence soudaine ? Probablement les deux, suggère l'un des anciens amis du manager. Selon lui, qui partagea durant plusieurs années la vie de patachon très « show-biz » de ce milieu, Bertrand pouvait boire « trois ou quatre bouteilles de champagne chaque soir » et avaler quelques cachets pour l'aider ensuite à dormir. « Quelques heures seulement, car il se levait très tôt, le matin, comme si de rien n'était. Il déployait vraiment l'énergie du désespoir[20]. » Mylène aurait-elle connu elle aussi des moments de faiblesse ? Devant mon scepticisme, mon interlocuteur me rappelle les récentes confidences de l'ancien ami de la chanteuse, le photographe Christophe Mourthé. Ce dernier a laissé entendre au magazine *VSD* que certaines soirées en compagnie de Bertrand et de Mylène « étaient largement arrosées de Dom Pérignon et d'autres choses[21] ». « Substances illicites » comme disent les services spécialisés ? Mourthé n'est pas le premier à en parler. Avant lui, Françoise Sagan, Jean-Paul Sartre ou plus récemment Johnny Hallyday[22] ont reconnu en avoir fait usage, comme beaucoup d'artistes, d'écrivains, de musiciens et non des moindres. Compte tenu de tels précédents, le mieux était, comme tout bon auteur d'investigation, de poser franchement la question à l'intéressée. Je l'ai fait par courrier en août 2004. La réponse n'a pas tardé : Mylène Farmer y affirme à son tour par écrit que les faits rapportés étaient « parfaitement diffamatoires[23] » et que l'allégation dont je faisais état devait être considérée comme « insultante » à son égard. Mon intention n'a jamais été de diffamer ou d'insulter qui que ce soit — pourquoi le ferais-je au demeurant ? Rumeurs sans fondement donc, fermement démenties par l'intéressée. Loin d'avoir été inutile, mon travail d'enquêteur aura conduit la chanteuse à exprimer cette prise de position dépourvue d'ambiguïté, en rupture avec son personnage affiché d'éternelle provocatrice.

Et la ronde des récitals de continuer. Farmer se produit à Reims devant — selon un témoin — plus de trois mille fans « à la limite de l'hystérie ». C'est peu dire que le public se montre une nouvelle fois ravi tandis que la presse locale, elle, enrage : « En dépit de la ferveur des groupies, cette prestation fut particulièrement glacée, sans âme, tandis qu'un décor de tombes alimentait une atmosphère morbide, sépulcrale, sinistre. Cet avatar de comédie musicale fleurait pourtant le beau paquet-cadeau trop bien enveloppé pour être crédible. Y a-t-il eu un soupçon de sincérité dans ce produit complètement préfabriqué qui s'apparentait à un enterrement de première classe ? D'ailleurs, Mylène était-elle bien là ? N'avons-nous pas été victimes d'une hallucination collective et d'une apparition dans ce climat d'outre-tombe[24] ? » s'interroge sans complaisance le reporter de *L'Union.* Une froideur qui s'explique un peu, car il n'a pu obtenir ni interview ni photo du spectacle : « Ainsi en ont décidé l'artiste et le producteur de la tournée, Thierry Suc, qui ont réservé l'exclusivité des droits à une agence nationale… »

L'information n'est pas infondée. Dans chacune des villes-étapes, des vigiles aux larges épaules veillent au grain. Un soir de novembre, un journaliste tourangeau de *La Nouvelle République* sera le témoin direct de l'une de leurs interventions musclées : « Deux fans, à vingt mètres de la scène, et un flash ridicule ont voulu photographier l'artiste, mais la pellicule leur a été promptement arrachée[25]. »

Consignes identiques pour les cerbères qui doivent assurer la sécurité lors du retour attendu de la chanteuse à Paris. En décembre, au Palais omnisport de Bercy, Farmer offre, comme déjà mentionné, deux ultimes récitals, point final et apothéose de sa tournée marathon. Défi de taille : Mylène est en effet la première artiste française à essuyer les plâtres de cette immense salle. Un challenge propre à séduire la chanteuse aussi bien que son infatigable manager : « Mylène appelle un jour Le Page. Elle veut qu'un taxi les emmène remonter les Champs-Élysées pour contempler les colonnes Morice sur lesquelles s'étalent les affiches du spectacle. Cela avait coûté 100 000 francs pour la nuit. Ils sont passés devant toutes les colonnes en limousine noire. Un moment, Bertrand, satisfait, s'est tourné vers Mylène en constatant : "Mon nom apparaît en plus gros que celui de Boutonnat !" Mylène a beaucoup ri. » Pourquoi la star s'en serait-elle privée, elle que plusieurs milliers de spectateurs se déplaceront pour applaudir ?

Lorsque ces applaudissements se fondent en intense clameur, son émotion ne semble pas feinte. Elle saute aux yeux quand la chanteuse interprète *Je voudrais tant que tu comprennes*, une chanson empruntée à Marie Laforêt : « Là, j'ai senti les larmes me monter aux yeux. Au début, j'ai refusé de les laisser couler, puis j'ai fini par admettre que cette fausse pudeur n'était que lâcheté devant un public qui demandait des émotions vraies[26]. » Déclaration qu'on peut interpréter comme une réponse de la star aux remarques acerbes de la presse sur la prestation déshumanisée de précédents spectacles parisiens.

Il en faudra davantage pour convaincre la critique, toujours aussi circonspecte. Les jours suivants, des plumes ironiques traitent Mylène de « Marquise de Sade », d'autres de « clip-torridienne ». *Libération* profite même de l'occasion pour autopsier à sa manière la « stratégie » du duo Farmer/Boutonnat : « Phase star system (c'est le nom). Elle a été patiemment, méthodiquement élaborée et a trouvé, en mai 1989, une première consécration scénique dans un Palais des Sports dompté (au fouet ?) avec un aplomb sidérant ; le malaise existentiel, composante basique de l'œuvre, est pudiquement inhibé : pas de voyeurisme interlope dans une grande surface. » Et l'auteur de cette diatribe, Gilles Renault, de porter l'estocade : « Mylène Farmer, marquise de Merteuil dérisoirement scandaleuse, a effectué un cycle (commercialement) parfait, l'exemplaire illustration d'un dérapage en tous points contrôlé. Mais quelle peut être désormais la solution ?

Sinon retourner à la case départ, comme tendrait à le prouver l'(involontairement) autoparodique et pertinent (jusqu'au navrant) *À quoi je sers*. Pour la première fois, la machine a des ratés, à l'instar de la vidéo apathique qui s'achève sur les (h)éros des clips antérieurs. Fin du chapitre[27]. »

Farmer s'était jurée de ne jamais répondre aux attaques de la presse, mais, dérogeant à ses propres principes, la voici qui se prend à dire ses vérités à elle, voire à donner des leçons de déontologie : « Après Bercy, j'ai lu certains articles qui, manifestement, étaient écrits pour blesser ou même pour flatter l'ego de leurs auteurs. D'autres n'avaient pas vu le concert et s'autorisaient des commentaires qui n'avaient pas lieu d'être. On peut ne pas m'aimer, c'est une évidence, mais mentir, dire que je ne chantais pas en direct, relève à mes yeux de la faute professionnelle[28]. »

Bercy ferme ses portes ; l'album *live* du concert, lui, se trouve déjà dans les bacs des disquaires. La prise de son en a été effectuée lors des deux récitals donnés quelques mois plus tôt à Bruxelles devant quarante mille spectateurs. Deux soirées que Boutonnat, associé à François Hanss, a filmées avec force moyens. Commercialisé en septembre 1990 sous le titre inhabituellement sobre de *Mylène Farmer en concert*, présenté comme une performance technique, ce *live* suscite toutefois quelques doutes sur les conditions réelles du tournage. Il faudra attendre 1998 et l'opportune découverte d'une vidéo amateur pour comprendre qu'en fait, la réalisation est le résultat d'un patchwork d'images prises au cours de plusieurs soirées avec et sans le public. Cette *vidéo bootleg*, dont je me suis procuré une copie, est vendue à un prix prohibitif aux fans de Farmer, à l'initiative d'un proche de Bertrand Le Page ; elle propose des images d'une médiocre qualité sur les coulisses d'un concert dont elle retrace — c'est tout son intérêt — avec une apparente fidélité l'ambiance et les secrets de fabrication.

Première image : des techniciens prennent l'apéritif dans la cour du Forest National, salle de spectacle bruxelloise.

Quelques danseuses les rejoignent, visiblement réjouies de retrouver l'équipe de la tournée. On découvre ensuite le *catering*, c'est-à-dire les cuisinières qui préparent les repas pour le staff. Un nouveau plan nous montre brièvement une partie des répétitions d'*Ainsi soit je...*, où Farmer apparaît en costume de ville, puis celles de *Sans contrefaçon* et de *Libertine*. Le vidéaste s'attarde alors sur une console. Un magnétophone professionnel est posé dessus. S'agit-il des enregistrements des effets sonores qui ponctuent le spectacle, ou de ceux de certaines interprétations en vue de quelque play-back ? L'objectif du Caméscope revient sur la scène. Plusieurs musiciens accordent leurs instruments. Panoramique du côté de la salle vide où l'on découvre Laurent Boutonnat en pleine conversation avec François Hanss, son assistant. Les deux hommes fixent l'emplacement des caméras qui filmeront le spectacle. Des coulisses, une voix s'adresse à un cadreur équipé d'un *steady-cam* (appareil en forme de U servant à stabiliser la caméra) : « Ça tourne, tu vas doucement… » L'essai se déroule maintenant sous la direction de Boutonnat, un autre technicien jouant la doublure-lumière de Farmer. Le réalisateur lui dispense des indications à la volée : « Si tu es là…, c'est pas grave », puis il s'adresse aux cadreurs des caméras fixes et à celui chargé de diriger la *louma* (caméra actionnée par un bras métallique). Devant une salle vide, le tournage du concert commence avec l'intro de *Plus grandir.* Musiciens, danseurs, tout le monde est en place. *Sans logique* sera filmée de la même façon. Trois caméras s'activent pour prendre Farmer sous toutes les coutures. Montage final habile : présent à l'introduction de *Sans logique*, le public disparaît lorsque les lumières de la salle s'éteignent. Quand elles se rallument, Mylène et ses danseurs s'exécutent sur la scène, séquence filmée en réalité sans le public — juste quelques ajouts d'ambiance sonore. La bande son est aussi particulièrement travaillée. Ainsi additionne-t-on une rythmique qui ne figure pas dans l'enregistrement *live* du CD. Même genre d'astuce pour le refrain de *Sans logique*. Installées sur des rails parallèles devant la scène, deux caméras vont et viennent, donnant l'impression que tout est filmé en une seule et unique prise. Tour de force technique, puisque le reportage amateur montre que les gestes spontanés de la chanteuse devant la salle vide sont parfaitement identiques à ceux que révèlent les images du *live* officiel.

Le mise en boîte de *Sans logique* est à peine achevée qu'on découvre Farmer debout au milieu des techniciens de la régie-son dans une salle par ailleurs déserte. Autant d'images qu'on peut assimiler à la séquence « délire » de ce tournage du tournage. Micro en main, la chanteuse y plaisante avec une voix enfantine et un accent arabe : « Et maintenant je vais vous chanter *Maman a tort*. En arabe ! Maman elle a tort (avec l'accent plus ou moins marocain) *(rires)*. C'est bô, l'amour ! *(rires)*... Y vooous ? » Après ces facéties, l'enregistrement de la chanson commence en l'absence de Farmer. Une bande play-back est lancée. Caméra à l'épaule, Boutonnat, vêtu d'un simple T-shirt, s'attarde sur le batteur, puis se rapproche lentement de la choriste Beckie Bell. Ces plans de coupe seront rajoutés lors du final cut. Leur succède, toujours sans public, l'enregistrement de *Déshabillez-moi*... Les images piratées soulignent la longue patience des cadreurs et des techniciens chargés des lumières. Des caméras sont disposées sur scène et devant Farmer que filme également la *louma* située au-dessus de sa tête. On utilisera ce premier plan dans le montage définitif. Quatre techniciens accroupis en file indienne tentent de « déstabiliser » l'interprète pour la mettre en joie. De là à en déduire que ses rires et ses sourires dans le film officiel, pendant toute la durée de la chanson, ne sont peut-être pas si spontanés, mais peut-être le fruit d'une série de gags destinés à provoquer la bonne humeur de la chanteuse...

Le tournage se poursuit avec *Puisque* tel que nous le dévoile le reportage amateur. Sur scène, plusieurs techniciens installent le nouveau décor. Le vidéaste a rejoint la salle vide pour se rapprocher de Boutonnat, particulièrement songeur. Après avoir ébouriffé son épaisse chevelure, le réalisateur lance quelques consignes à un cadreur. Le technicien acquiesce. Le vidéaste, lui, revient vers la scène où la seconde choriste, Carole Frédéricks, semble de méchante humeur. Pendant ce temps, Mylène patiente dans les coulisses, vêtue d'un nouveau costume. Elle s'entretient sur le ton de la plaisanterie avec des techniciens visiblement ravis.

Le moteur des caméras tourne encore avec *Pourvu qu'elles soient douces*, selon la formule habituelle : trois appareils de prise de vues, des voix identiques à celles de l'album, une musique couvrant la voix de la chanteuse. Farmer joue le jeu, fixant attentivement la salle vide, alors qu'on entend les bruyantes manifestations pré-enregistrées de spectateurs invisibles. L'illusion sera parfaite lors du montage final du film.

Pour quelles raisons Boutonnat a-t-il ainsi tenu à enregistrer le tournage de ce vrai-faux concert ? Pour mieux diriger Mylène ? Pour de simples raisons techniques ? Cette dernière explication paraît la plus vraisemblable. Difficile, voire impossible au réalisateur d'effectuer l'enregistrement intégral d'un concert avec les moyens traditionnels du cinéma — le changement de bobines, par exemple, en aurait forcément limité la durée. Bien sûr, il aurait pu filmer plusieurs soirées, mais c'était courir le risque de faux plans, les mouvements sur scène de la chanteuse variant d'une salle de spectacle à l'autre. En optant pour la « politique de la salle vide », Boutonnat se donne les moyens d'une unité parfaite au montage. Petits arrangements avec le ciel qui n'ôteront rien à la qualité intrinsèque d'*En concert*. Y manquent toutefois plusieurs morceaux du répertoire. Volonté artistique ou souci commercial ? La réponse sera vite apportée avec la sortie d'une cassette sobrement intitulée : *Clips, volume III*.

Mais, entre-temps, rien n'ira plus entre la star et Bertrand Le Page, son incorrigible manager…

10

La Belle et le Corbeau

Farmer avait prévenu : elle supportait de moins en moins ses frasques, mais Le Page n'aurait jamais imaginé que la dernière en date serait celle de trop. En ce début d'année 1990, l'éditeur-mentor s'avoue sonné par la nouvelle de son éviction. Nuitamment, celle qu'il suppose être Mylène aurait glissé sous la porte de son appartement du boulevard de Dixmude, près de la porte Maillot, une lettre de rupture se terminant par : « Je t'aime comme personne. »

L'entreprenant manager avait pourtant cru faire pour le mieux en organisant une fête digne de ce nom en l'honneur de l'héroïne de Bercy : dîner dans l'enceinte de l'École des Beaux-Arts, à Saint-Germain-des-Prés, en présence de cinq cents convives appartenant au gratin du show-biz et de la presse. Soirée d'autant plus « magnifique » que Farmer et lui devaient y recevoir une très rare récompense sous la forme d'un disque de diamant certifié pour les ventes phénoménales de l'album *Ainsi soit je...*, diffusé à 1,7 million d'exemplaires, une première pour une artiste française ! C'est précisément à ce moment tant attendu que tout va « foirer », comme Le Page l'admettra plus tard : « Je voulais quelque chose de très star, de très solennel aussi, mais Alain Lévy, le patron de Polydor, n'a pas joué le jeu. Il lui a remis le disque alors que tout le monde avait le nez plongé dans son assiette. Il n'y avait aucune scénographie, aucune magie. Je ne pouvais pas accepter ça. Alors j'ai hurlé... et la soirée a tourné à l'horreur[1] ! » On ne saurait mieux dire, puisque Le Page a déjà empoigné une chaise Napoléon III pour en briser quelques autres. Visage décomposé de Farmer. Celui de Boutonnat se fige, plein de sévérité. Le réalisateur esquisse un pas de deux afin d'éviter quelques éclats de bois. Outrée, la chanteuse menace son manager de quitter la salle s'il ne se calme pas sur-le-champ. Mais le mal est déjà fait : de nombreux invités prennent le chemin de la sortie.

Le lendemain, Le Page n'est guère étonné de recevoir un télégramme qu'il interprète comme un signe amical : « Si tu as besoin de moi, je suis là. Signé : Mylène. » Le voici tout à la fois reconnaissant et déçu : « Cette fille est extraordinaire d'humanité, même si, à ce moment-là, j'aurais tant aimé la voir. » La rencontre se déroulera quelques jours plus tard dans le cadre du restaurant d'un palace parisien. Rien ne semble plus être comme avant entre les deux amis. Mylène réitère ses reproches à Le Page, lequel, de son côté, n'en démord pas : « Je ne regrette rien, tu ne méritais pas de recevoir ce prix dans ces conditions ! » Il quitte la table en espérant que son interlocutrice va le retenir. Mais Farmer n'en fait rien. Son avenir est déjà scellé. « Un mois après, elle m'a appelé : "On arrête de travailler ensemble ; ton comportement est devenu impossible." » Bertrand imagine un simple mouvement d'humeur, mais la suite lui donnera tort. À preuve, la missive qui annonce sans fioritures la fin de leur association.

Le coup est d'autant plus rude que rien, il le sait, ne pourra faire revenir Farmer sur sa décision. Rien de plus familier que la force de caractère et le tempérament entier de celle qu'il n'hésitera bientôt pas à comparer à une « mygale » — « Le mec, il sait qu'il va y passer » — avant de conclure sur un ton théâtral : « Mylène m'a tué[2] ! »

Étrange naïveté de la part d'un homme d'affaires réputé pour sa poigne et qui évolue avec aisance dans un milieu où les cadeaux sont rares. « Malgré son élégance naturelle, Bertrand cognait parfois très fort et savait se montrer une parfaite langue de pute[3] ! » me confie avec son franc-parler coutumier la chanteuse et comédienne Lio dont l'éditeur va relancer la carrière au milieu des années 1990. Langue vipérine ou non, l'ex-« créateur » de la rousse flamboyante souffrira beaucoup, au moral comme au physique, de sa brutale mise à l'écart. Lente descente aux enfers sur fond d'un mal irréversible : depuis 1988, Le Page est au courant de sa séropositivité.

Quoi qu'il en soit, ce scandale de trop sera l'occasion de se séparer d'un manager omniprésent. Et Mylène est désormais capable de gérer elle-même ses intérêts. « Si Mylène s'est permise de le virer, c'est parce qu'elle avait d'abord compris et intégré le système Le Page, et qu'elle se sentait dorénavant capable de gérer elle-même ses intérêts. Par ailleurs, elle n'a probablement pas décidé toute seule de s'en séparer ; il lui fallait l'accord de Laurent, qui ne demandait que ça, supportant de moins en moins les excès de Bertrand auquel il préférait le sérieux de Thierry Suc », me confie un proche du trio. Selon lui, l'aspect financier de leurs relations n'aurait pas forcément joué un rôle négligeable : « Le Page percevait alors 25 % sur tous les concerts, disques, etc., soit autant que l'interprète elle-même. Ce n'est donc pas un hasard si Farmer a créé à la même époque ses propres sociétés de production et d'édition musicale : Requiem Publishing et Stuffed Monkey, dont les résultats se révéleront rapidement juteux. »

Après la bataille, la trêve. Pendant plusieurs mois, Farmer, épuisée par une année de travail particulièrement éprouvante, s'éloigne des projecteurs. Elle trouve refuge dans la littérature et la peinture, écumant galeries d'art et musées qui se transformeront bientôt en sources d'inspiration : « J'ai une fascination pour les abstractions de Michaux et les toiles surréalistes de Max Ernst. Je retrouve l'enfance, la magie du secret et de l'indéfini à travers leurs œuvres. J'aime aussi passionnément la peinture d'Egon Schiele. J'aurais pu être son modèle. Lorsque je me regarde dans un miroir, j'ai l'impression d'être une de ses rousses écorchées. Il a tout compris, jusque dans la manière de signer ses toiles. Il y a sans cesse, en lui, un mélange de vie et de mort, comme s'il avait été conscient qu'il disparaîtrait à vingt-huit ans. La peinture synthétise la vraie folie, l'exaltation la plus intime[4]. »

Ces nourritures intellectuelles n'interdisent pas les petits plaisirs de la vie quotidienne, et, parmi eux, ceux du shopping : « J'ai une grande passion pour les vêtements. Et plus grande encore pour les chaussures ! J'en ai une vingtaine de paires (toutes avec des talons plats, parce que je ne sais pas marcher avec des talons hauts), mais, si je m'écoutais, j'en aurais cinquante[5]. » Si on ne la voit qu'exceptionnellement dans les lieux à la mode que fréquente le show-business, Mylène cultive des relations amicales issues pour la plupart du milieu artistique : costumières, photographes, scénaristes ou réalisateurs, parmi lesquels Nicole Garcia avec laquelle elle envisage un temps un projet destiné à la scène.

Vient le moment de gestation d'un futur album dont la jeune femme aspire une nouvelle fois à écrire les textes. C'est chose faite à l'automne 1990, lorsque débutent les enregistrements de *L'Autre*, réalisés dans les studios Mega. Boutonnat, lui, s'envole pour Budapest. Objectif : repérer les décors de ses deux prochains clips, *Désenchantée* et *Regrets*, extraits du futur album et dont les musiques sont déjà prêtes.

Dans la capitale hongroise, à la recherche du jeune héros qui partagera l'affiche avec Farmer, le réalisateur assiste à un casting dans plusieurs établissements scolaires pour la mise en images de *Désenchantée.* Son choix s'arrête sur un garçon de neuf ans, Adil Med Mejrhirrou, élève de l'École française de Budapest. D'autres jeunes sont également recrutés par le biais de centres spécialisés dans l'insertion d'adolescents difficiles. « On voulait des enfants aux visages impressionnants de gravité, et c'est vrai que les pays de l'Est, pour ça, c'est fabuleux ! » Cette seconde sélection sera effectuée par l'équipe de Mafilm Europa, une société de production hongroise qui fera également appel à des comédiens professionnels. Parmi elles : Erika Francz Jánofné, engagée pour interpréter le rôle d'une kapo androgyne et sadique en charge d'un camp de travail.

Le clip débute, on s'en doutait, par l'arrivée de la détenue Farmer dans ce camp enneigé. Avant d'en savoir un peu plus sur le sort qui l'attend, elle devra patienter. D'autres prisonniers la dévisagent sans aménité. Cheveux drus et courts d'un roux doré de mangue mûre, mitaines, casquette, galoches et vieux cache-nez de tricot, la nouvelle arrivante leur sourit mais n'obtient, en guise de réponse, qu'une volée de pierres. Son supplice n'est pas terminé. Un jeune codétenu s'approche pour lui infliger un ultime coup de pied avant de lui dérober sa coiffe. Fin du premier acte, la chanson commence : *« Nager dans les eaux troubles des lendemains, attendre ici la fin... »*

Séquence numéro deux : nous sommes dans un dortoir sombre où pénètrent péniblement quelques rais de lumière tendus comme des lames. Notre héroïne se lie d'amitié avec le garçon qui s'était acharné sur elle quelques heures plus tôt. Le lendemain, après avoir passé leur journée à charrier des sacs de ciment, les forçats se retrouvent à la cantine. Sous un crucifix, ils guettent une soupe indigeste servie par une cantinière monstrueuse. Des enfants mutilés avalent comme ils peuvent leur brouet insipide. Sans appétit, Farmer porte la cuiller à ses lèvres, mais ce qu'elle y aperçoit la terrifie : c'est le cafard qui courait quelques minutes plus tôt sur la table. Elle le recrache, mais son voisin, affamé, le saisit prestement pour n'en faire qu'une bouchée. Excédée, la captive se lève, renverse le contenu de son assiette sur la table, se dirige d'un pas décidé vers la matonne. Les deux femmes s'invectivent avant — vieille obsession — d'en venir aux mains. Faisant mine de retourner à sa place, Farmer désobéit. Juchée sur une table, elle exhorte les autres détenus à la révolte. Les vitres se brisent, des détenus dansent sur les tables. On jette au sol les gamelles encore remplies de nourriture. À plusieurs reprises Mylène lève les bras au ciel comme si elle incitait la foule d'un concert à taper plus fort, à entrer dans son jeu. Détruire la prison-usine ne suffit pas, anéantissons aussi les serviteurs de l'oppression ! Les images se succèdent avec une rare violence : gardiens tombés de leur mirador et battus à mort, coups de feu, corps qui basculent, crucifix du réfectoire réduit en poussière. Sortons de l'enfer : Mylène entraîne tout son monde vers une vaste étendue glacée. Enfin libres, les détenus courent à perdre haleine. Les rythmes de la chanson s'estompent pour laisser place à un silence inquiétant. Progressivement, la troupe ralentit le pas. Cette route ne mène nulle part. Amertume et désenchantement : les jeunes révoltés se dispersent vers un futur improbable.

Dans *Désenchantée*, l'influence du cinéma russe se révèle une nouvelle fois. Après l'hommage rendu au cinéma de montage de Eisenstein et à l'écriture théorisée par André Bazin, Boutonnat s'inspire d'un cinéaste méconnu, Alexandre Dorjenko, dont il transpose les images dans son propre univers en leur conférant une force nouvelle. Un exemple parmi d'autres : celui du décor de la « prison-usine » qui rappelle celui de *Ivan*, film tourné en 1932. Mêmes éléments pour la dernière séquence du clip au cours de laquelle une foule d'individus armés s'enfuit à travers une vaste étendue enneigée, perdue dans l'horizon glacé. Notons par ailleurs une autre source d'inspiration fort probable du duo Boutonnat-Farmer : l'œuvre de Cioran, pleine de la souffrance d'exister et de cette vaine quête du bonheur qui ne peut s'achever que dans le désenchantement… Pourquoi avoir retenu un thème aussi peu commercial ? Farmer l'assume et s'en explique : « C'est ce qui me terrifie dans la vie de tous les jours : on n'a pas le choix. Si l'espoir fait vivre, comme on dit pour se rassurer, je sais qu'il n'y a pas d'espoir. »

Dans ses futurs entretiens, Farmer fera fréquemment référence à Cioran, présenté comme un auteur « qui parle si bien des "inconvénients d'être" et qui, par son cynisme, arrive même parfois à nous faire rire. J'aime son autodérision. Tout ce qu'il exprime est bien au-delà du désespoir, c'est si justement formulé, cruellement drôle, si bien écrit. Il a enlevé toute poésie, tout romantisme à la "dépression", à l'"anéantissement de l'être", ce qui rend tout plus violent encore. C'est aussi un homme très séduisant. » Si l'on en croit un de ses amis, ancien professeur de sémiologie et de sémantique à la

Sorbonne, ce portrait flatteur n'aurait pas été du goût du maître franco-roumain…

À rebours de sa tonalité violente et désespérée, le tournage du clip va se dérouler dans des conditions plutôt conviviales. Malgré la barrière de la langue, Farmer se déclare en tout cas ravie de ses échanges avec ses jeunes partenaires hongrois : « J'ai été fascinée par la spontanéité de leur jeu. » L'un d'eux, handicapé, lui laissera un souvenir réconfortant : « Son éducatrice m'a affirmée qu'après quatre jours de tournage, il avait fait autant de progrès qu'en l'espace de six mois. » Remarque sincère ? Probablement, tant il est vrai que ce thème de l'enfance malheureuse, souvent violente, fait partie des obsessions farmériennes depuis le tout début de sa carrière : « L'enfance, je crois que je ne voudrais jamais la quitter. Et je crois qu'elle ne me quittera jamais non plus. Voilà pourquoi, même si tout me semble sans espoir, je continuerai d'être en quête de quelque chose… De l'innocence retrouvée, peut-être[6] ? »

Dès leur diffusion en mars 1991, tant le clip que le single *Désenchantée* connaissent un succès foudroyant[7]. En moins de huit jours, la chanson se classe à la douzième place du Top 50. « Un clip à vous foudroyer net, tant les images de Laurent Boutonnat nous frappent en plein plexus », souligne *France-Soir*, tandis que *L'Humanité* ironise sur la portée politique du texte à la veille du dixième anniversaire de l'arrivée des socialistes aux affaires : « Un tube à rendre nerveux les éléphants du PS. “Dix ans qu'on sème”, proclament les ténors de la rue de Solférino. Qu'a-t-on récolté, sinon une jeunesse sacrifiée sur l'autel des ambitions politiciennes ? rétorque, amère, la chanteuse au look de petit marquis du show-biz, laquelle ne nous avait pas habitués à tant de clairvoyance d'esprit. » *Désenchantée* apparaît dès lors comme le lourd constat d'une artiste désorientée, qui n'en peut mais : *« Tout est chaos. À côté. Tous mes idéaux : des mots abîmés… Je cherche une âme, qui pourra m'aider… Je suis d'une génération Désenchantée, Désenchantée. »*

Si Farmer admet appartenir à une génération désabusée, elle ne souhaite toutefois pas se voir promue porte-parole : « Je dirais que cette génération n'a plus grand-chose à perdre, n'a plus grand espoir. Ou l'on se révolte, ou l'on pousse un cri. Mais il s'agit ici d'un portrait narcissique ; cela n'engage que moi[8]. »

Pour amplifier ce nouveau succès, Polydor fait publier dans la foulée l'album *L'Autre.* Pochette insolite : la chanteuse pose, un corbeau juché sur l'épaule. Contraste inquiétant entre la noirceur de l'oiseau et la pâleur du visage de l'artiste, accentuée par le casque de cheveux d'un roux orangé. Ce nouveau look, elle en a confié le soin au coiffeur des stars, Jean-Marc Maniatis, qui va réussir à la rendre plus tout à fait la même, ni tout à fait une autre. « J'ai voulu me changer de tête sans me transformer[9] », confirmera d'ailleurs Farmer, plus explicite sur la présence du corbeau dont elle se défend d'avoir voulu faire un nouvel hommage à Edgar Poe : « Je me méfie des justifications a posteriori d'un artiste. Simplement, le corbeau s'est imposé à cause de son aspect paradoxal. Considéré comme un oiseau de mauvais augure, il est, dans ce cas, protecteur. D'ailleurs, en Afrique noire, c'est le symbole de cet animal. Et dans la Genèse, Noé ne l'utilise-t-il pas comme un messager[10] ? » Moins réservée que dans les autres, elle se livre à travers cet album. « J'ai choisi de dévoiler mon moi intime beaucoup plus impudiquement que dans mes albums précédents où je me masquais derrière le jeu ou la provocation[11]. »

Doublé réussi pour la maison de disques : en trois semaines, l'album rejoint le single à la première place des ventes (plus d'un million d'exemplaires). Visiblement, le public apprécie l'évolution de cette chanteuse qui donne le sentiment de se dévoiler davantage dans un univers où ses consœurs n'osent s'aventurer : désespoir, folie, silence, solitude. Mais quel est donc l'*Autre* qui donne son titre à l'album ? « Je ne peux pas lui donner de définition très précise. *L'Autre* suggère tellement de choses ! Cela peut être l'autre moi ; l'autre, le compagnon. J'ai pris ce mot pour évoquer beaucoup de choses dont certaines ne sont pas visibles et planent au-dessus de nous. Pour ce qui est de la chanson, elle parle de la présence très volatile de quelqu'un ! C'est quelqu'un en particulier pour moi, mais qui n'a pas de nom, qui n'a pas de chair[12]. »

Plusieurs autres titres retiennent l'attention. Parmi eux : *Agnus dei* (agneau de Dieu), mélopée obsédante signée Boutonnat sur laquelle Farmer, soumise, s'apprête à souffrir corps et âme — thème cher à Georges Bataille, un des auteurs préférés du couple : *« De mutilation en génuflexion / excommuniée, j'ai les pieds et les poings liés / De mutilation en convulsion / Moi, l'impie, je suis saignée aux quatre veines... »*

Les autres titres marquants ? Farmer en fournira aimablement une sorte d'explication de texte : « Laurent a complètement développé et refait *Psychiatric.* » La nouvelle version est encore plus clinique : « C'est un univers qui me fascine... Du moins cette imagerie de la psychiatrie. C'est passionnant parce que bouleversant et incompréhensible[13]. » *Il n'y a pas d'ailleurs* ? « Le titre explique, je crois, la pensée de la chanson. Oui, ma foi, il n'y a pas d'ailleurs. C'est dur de penser et d'accepter cela. Toute chose naît et meurt, et c'est partout pareil ! Tout se termine par la même chose... » *Beyond My Control* ? « C'est une histoire d'amour qui se termine dans le sang... Car c'est plus facile de garder les personnes comme ça... » Au passage, elle rappelle que *Beyond My Control* est également une célèbre réplique de John Malkovich dans *Les Liaisons dangereuses*, le film du Britannique Stephen Frears d'après Choderlos de Laclos. *Nous souviendrons-nous ?* « J'ai essayé d'évoquer la vérité des choses et d'être honnête avec moi par rapport à des personnes que j'ai pu rencontrer et avec qui j'ai pu partager des choses. Cela peut être le public et mille autres choses. Là, c'est véritablement *l'Autre*[14] ! »

Omniprésente sur les ondes, archiprésente dans les pages des magazines, seuls manquent à Farmer les étals des libraires. C'est bientôt chose faite : Patrick Milo vient de rédiger pour les éditions Albin Michel le premier livre consacré à la chanteuse. Une biographie non autorisée — en bon français : non hagiographique — dont Farmer réussira à empêcher la diffusion par voie judiciaire une semaine seulement après sa parution, reprochant à l'auteur une trop grande liberté de ton. Il a aussi reproduit certaines photos qu'elle déteste : « J'ai trouvé inadmissible que l'on se serve de mon image ainsi sans rien me demander[15]. » Maigre consolation pour l'écrivain condamné : son ouvrage va devenir une véritable pièce de collection pour les fans dont certains n'hésiteront pas à débourser encore aujourd'hui plus de cent euros pour se le procurer…

Convaincue depuis belle lurette qu'on n'est jamais mieux servi que par soi-même, Farmer tire à sa manière la leçon de l'incident. C'est dans cet état d'esprit qu'elle sollicite, au cours des mois suivants, Philippe Séguy, journaliste à *Point de vue-Images du monde*, pour la rédaction d'un essai, *Ainsi soit-elle*, retraçant avec emphase les plus beaux moments de sa carrière, illustré en outre de portraits inédits de Mylène pris pendant le tournage du clip *Désenchantée.* « La préparation du livre a duré assez longtemps, se souvient Séguy. Les corrections ont été réalisées chez une amie, Sylvie Devilette. Boutonnat effectuait une première lecture et passait ensuite les feuillets à Mylène en lui soulignant certains passages du doigt. » L'essayiste a-t-il le sentiment d'avoir été manipulé par Farmer, avide d'un contre-feu à l'ouvrage de Milo ? Il s'en tire par une pirouette : « Notre livre a paru à l'heure où il devait paraître[16]… » Hasard ? Au printemps 2003, la sortie d'une nouvelle biographie, signée cette fois par Jean-Claude Perrier[17], sera « polluée » de la même façon par la parution d'un essai philosophique plutôt hermétique, d'une centaine de pages, signé par Mylène avec des dessins d'elle en prime : *Lisa-Loup et le Conteur*[18]. Malgré le succès de librairie (plus de cinquante mille exemplaires vendus), la critique se montrera plutôt réservée vis-à vis de Farmer écrivain. Dans *Voici,* Frédéric Beigbeder, pourtant fan, égratigne la star avant que *Le Figaro Magazine* ne la qualifie de « Baudelaire de variétés[19] » et que le *Nouvel Observateur* ne compare l'ouvrage à du « Caca transgénique[20] ». Pour le magazine *Platine*, c'est un « conte naïf copié sur Paulo Coelho[21] »...

En septembre 1991, *Désenchantée* à peine sorti, le deuxième single extrait de l'album *L'Autre* voit le jour : il s'agit de *Regrets* que Farmer interprète — c'est une première — en duo avec Jean-Louis Murat, auteur-compositeur auvergnat dont elle a apprécié une précédente production intitulée *Cheyenne Autumn*. Après un début de gloire et une chanson symbole, *Suicidez-vous, le peuple est mort*, composée un an avant l'arrivée de la gauche aux affaires, le chanteur, natif de Murat-le-Quaire (Puy-de-Dôme), a regagné ses monts d'Auvergne. C'est là qu'il reçoit un premier courrier de Farmer avec qui il entretiendra pendant une année une correspondance amicale et littéraire. Jusqu'au jour de leur rencontre : « Je l'attendais, je l'espérais et elle ne m'a pas déçue. » « Je me suis demandée si Jean-Louis n'était pas mon double. Comme si nous étions du même sang[22] », racontera plus tard la chanteuse.

Comme à l'habitude, on garde le secret le plus rigoureux sur le tournage, déjà réalisé en Hongrie, au mois de février, dans la foulée de celui de *Désenchantée*. Pour la mise en images de la chanson, Boutonnat a choisi le décor d'un cimetière juif désaffecté depuis la Seconde Guerre mondiale. Farmer y signe la complainte poétique qu'adresse un amoureux à sa bien-aimée disparue : *« Debout la tête ivre, deux rêves suspendus, je bois à nos amours infirmes / Viens ne sois plus sage, après tout qu'importe, je sais la menace des amours mortes / Je me fous des saisons ; viens, je t'emmène là où dorment ceux qui s'aiment... »*

Une fois n'est pas coutume, Boutonnat renonce à transcender la chanson, il se contente de la transposer en y ajoutant son esthétique personnelle — en l'occurrence, une stylisation d'un noir et blanc peu contrasté et surexposé. Un homme rend une courte visite à sa défunte femme. Il vient la persuader de pérenniser leur amour malgré la mort. En vain. L'intégralité du clip se place dans cet au-delà à la géographie limitée : rails de chemins de fer issus du brouillard conduisant aux portes d'un vieux cimetière isolé ; tombes enneigées, détruites, envahies par les ronces. L'homme attend, assis sur une tombe qu'on imagine être celle de la jeune femme. À sa main, un bouquet de roses entouré de fougères. Les mains de Mylène, qui interprète bien entendu le fantôme féminin, se posent sur les yeux de Murat. Lui est amour, elle est la mort. Comme un cadeau inespéré, l'homme peut à peine voir sa bien-aimée, la sentir, la toucher, lui tendre enfin ce bouquet qu'il aurait sans doute déposé sur sa sépulture. Dans un éclat de rire que répercute une série d'échos, elle le prend par la main, le fait basculer dans ce monde onirique où la notion du temps est abolie. La fin du clip se transforme en une longue et belle contemplation de ces retrouvailles platoniques. Dissimulé derrière des branchages, sur une tombe isolée, Murat s'est endormi sur les jambes de Mylène Farmer : un peu comme l'amour se reposant sur la mort, sa compagne, les deux êtres nappés de brouillard se cachent pour s'aimer. Lorsque tout est dit, que les amants se sont regardés dans les yeux et qu'il ne leur reste plus qu'à échanger un baiser, Mylène, sa silhouette de spectre, rend le bouquet puis disparaît dans le brouillard. Il ne reste plus à l'amoureux déçu qu'à ressortir du cimetière et à repartir en tramway, ivre des souvenirs d'une éphémère union.

Onirique, *Regrets* n'en obéit pas moins aux règles du cinéma classique. Contrairement aux clips traditionnels où l'emploi d'effets visuels est bien souvent gratuit, ils prennent ici un sens particulier. Le ralenti, par exemple, intervient en parfaite cohérence avec l'histoire. Tout ce qui a trait au réel, à la vie propre du héros, est filmé à vitesse normale : descente du train, mais aussi séparation, tous événements situés dans le temps. Ce qui relève en revanche de l'ordre du rêve, de l'espoir ou des regrets, est filmé à vitesse plus lente. Chacun des nombreux fondus-enchaînés revêt de même une signification propre, comme dans le cinéma classique ces transitions d'une image à l'autre équivalent chaque fois à une ellipse, un

« saut dans le temps ». Seule la fin révèle un montage sans fondus, le film se redéployant ainsi dans l'espace et le temps réels. Dans le court générique, ce n'est pas innocemment que le nom de la chanteuse apparaît en haut à gauche de l'écran, hissé vers le ciel et du côté du cimetière. Ce n'est pas non plus par pur souci de composition de l'image que celui du chanteur reste planté au bas de l'écran à droite, comme si ce dernier gardait les pieds sur terre. Ensuite le titre du clip, *Regrets*, jaillit au centre de l'image au même endroit que le wagon émergeant simultanément de la fumée et qui désigne le plus simplement du monde les sentiments qu'il transporte : des regrets. Regrets de n'avoir pas eu le temps de tout vivre, de ne pas avoir pu courir dans la neige, rire, danser et se reposer l'un sur l'autre.

Dans la même veine, le clip fourmille de détails révélant une cohérence implacable. L'apparition d'un daim solitaire au moment de l'entrée de l'homme dans le cimetière évoque pour tout cinéphile, même adulte, le *Bambi* de Walt Disney. Dans le célèbre dessin animé, le jeune daim perdait sa mère ; errant dans la neige, il était recueilli par son propre père, seul survivant parmi ses deux parents. Fils symbolique des deux protagonistes de *Regrets*, de la mère morte et du père venant le recueillir, l'apparition du daim n'est pas gratuite ; elle « fait sens ».

Dix années ou presque après le tournage de *Regrets*, au cours de l'été 2000, les circonstances ont amené Jodel Saint-Marc à découvrir le vieux cimetière juif de Budapest. Jeune réalisateur, il est le concepteur et l'administrateur du site internet créé cette même année et consacré à l'œuvre cinématographique de Boutonnat. Pour lui, une visite sur les lieux de tournage d'un clip à l'ambiance aussi particulière s'imposait. Malgré un accès difficile, l'endroit, apprend-il, reste ouvert à de rares visiteurs. Non loin de là, un autre lieu de repos éternel : le cimetière catholique de la ville, entouré d'une haute muraille que longe une avenue déserte. Certains indices lui rappellent un décor familier à ses yeux : des rails de tramway, une rue rectiligne prolongée vers l'infini, des poteaux télégraphiques pyramidaux et blancs sur lesquels débutait le clip... La rue lui paraît encore plus interminable qu'il ne l'avait imaginée. Un, deux kilomètres, sans âme qui vive. Enfin parvenu devant l'entrée de l'usine, il distingue un haut portail encadré de deux larges colonnes de pierre. Un château auquel on ne pourrait accéder qu'après qu'eut été abaissé le pont-levis. Plus aucun doute : le tramway emprunté par Jean-Louis Murat s'est bien arrêté ici, et ce portail noir est bel et bien celui qui retenait Mylène Farmer en février 1991. La magie n'a pas du tout disparu ; il la sent même accentuée par l'étrange sérénité qui l'entoure. La route asphaltée s'arrête là ; seuls les rails semblent indiquer la direction de la banlieue est de Budapest. Après avoir franchi le portail, Jodel découvre des tombeaux d'une hauteur impressionnante. Ils sont couverts d'inscriptions en langue hébraïque. Il poursuit sa déambulation lorsqu'un chien de garde montre soudain les crocs. Le cimetière n'est pas totalement abandonné. Une vieille voiture blanche est garée sous un porche. Une jeune fille apparaît à la fenêtre d'une habitation voisine. Elle lui lance une question en hongrois. Impossible de comprendre. D'un geste de la main, elle lui fait signe de patienter. Puis la voici plantée devant le visiteur, ravie de lui ouvrir le haut portail. À gestes hésitants, le Français tente bien de lui poser quelques questions. Ses parents sont les gardiens des lieux, mais elle était absente au cours de l'hiver 1991, lors du tournage du film. Caméras et appareils photo sont bien sûr interdits dans le cimetière, précise-t-elle.

La visite commence ; l'endroit est envahi de ronces. Devant le visiteur, un imposant monument entr'aperçu dans le clip. Des textes hébreux y sont gravés. La plupart des stèles sont abattues les unes sur les autres, d'autres entièrement enveloppées d'herbes sauvages. Le toit de certains caveaux s'est effondré au-dessus de trous béants. Le temps a effacé toutes les inscriptions. Les rares allées sont encombrées elles aussi de stèles couchées, cassées. Il fait étonnamment frais parmi la végétation touffue qui a pris possession des lieux. La majeure partie des pierres ont été gravées au siècle dernier ; les plus récentes portent pour date l'année 1945. Il y a aussi cette pierre tombale gravée à la main, de couleur rouge, puis cette autre sur laquelle s'était assis Murat lorsqu'il attendait sa bien-aimée. On imagine les coulisses du tournage : les repérages de Boutonnat, les travellings latéraux, la neige recouvrant les arbres, les pierres et les ronces.

Nous voici rendus à l'extrémité du cimetière. Là, le décor change étrangement. Les arbres se font rares ; ils ont laissé la place à une étendue vide bordée de tombes blanches, anonymes, bizarrement alignées. Impression de présences silencieuses. D'épouvante, aussi. C'est ici qu'a été tourné le plan où l'on voit Murat marcher au ralenti à la rencontre de Farmer. Jodel se souvient alors de la biche entrevue au début du film. La tombe sur laquelle s'allongeaient les amants demeure en revanche introuvable. Une pièce de décor fabriquée pour l'occasion, probablement ?

La visite aura duré plus d'une heure. Près du portail, la fille de la gardienne attend comme si elle avait pressenti le retour du promeneur. Sans un regard, elle referme l'énorme battant et le laisse seul avec ses impressions au sortir de ce lieu étrange, perdu au milieu de nulle part.[23]

Et dire qu'en avril 1991, *L'Autre* allait pulvériser une fois de plus les records de ventes avec ses 1,8 million d'exemplaires écoulés ! Sacré pied de nez aux détracteurs de Farmer, définitivement installée au rang de star de la variété française ! Mais la gloire, ça se paie : Mylène commence à en bien connaître les avantages, mais aussi certains inconvénients. Elle n'avait encore jamais imaginé le pire.

11

Le « fou » de Mylène

« Je veux la voir, donnez-moi son adresse personnelle, j'ai un cadeau pour elle... » Ce jeudi 31 octobre 1991, dans le hall de la société de disques Polydor, rue Cavallotti, dans le XVIIIe arrondissement, Jean-François Pigaglio a bien du mal à persuader le grand jeune homme qui lui fait face que Mylène Farmer ne se trouve pas dans l'immeuble. Le réceptionniste a l'habitude de ces visites de fans sollicitant qui un autographe, qui un rendez-vous. La plupart du temps, il parvient à les convaincre de rebrousser chemin. Les admirateurs repartent en cachant tant bien que mal leur déception. Mais, cette fois-ci, c'est différent : « Je m'appelle Laurent B., je lui ai écrit plusieurs lettres, il faut que je la rencontre[1] », s'obstine le visiteur exaspéré. Comprend-il que la partie est perdue ? Son calme recouvré, Laurent exhibe un livre coincé sous son bras, griffonne fébrilement quelques mots sur la page de garde. « Remettez-le-lui de ma part : elle comprendra », lance-t-il, apparemment résigné, au réceptionniste, avant de gagner la sortie.

Une heure plus tard, au volant de son véhicule, le fan roule sur l'autoroute de l'Est. Direction : Épinal. Comme pour dissiper sa déception, Laurent chantonne une des récentes créations de son idole. Il les connaît toutes par cœur, depuis cette année 1988 où il a découvert Mylène. Un véritable coup de foudre. Lui qui avait tout de même vingt-quatre ans s'est mis alors, comme un ado, à collectionner disques, posters et magazines. Des lettres, il en a envoyé des dizaines à la star. Pour lui dire qu'il l'aimait, qu'il achetait tous ses albums, qu'il voulait la rencontrer à tout prix. De longues semaines, Laurent a guetté un signe, une réponse, un rendez-vous, le cœur bercé d'espoirs, l'esprit grisé d'illusions. Avant la chanteuse, Laurent n'a connu qu'une seule passion dans la vie : les forteresses militaires. Elles sont nombreuses dans la région, vestiges des grandes batailles du passé.

Enfin arrivé à destination, Laurent rejoint directement la maison familiale, sans dire mot de son escapade parisienne. Le sachant dépressif, ses parents ne lui posent pas davantage de questions. Cela fait sept semaines que le garçon a mis entre parenthèses son travail de postier, à Nancy, pour bénéficier d'un congé-maladie.

Les jours qui suivent, l'humeur de Laurent a changé. Presque joyeux, il annonce à son père son départ pour le fort vosgien d'Uxegney où doivent se dérouler les commémorations de l'armistice du 11 novembre 1918. Depuis près de deux ans, le jeune postier participe, en compagnie d'autres bénévoles, à la restauration du fortin. Sur place, plusieurs notables locaux l'ont déjà félicité pour le travail accompli.

Mais la rémission est de courte durée. C'est maintenant ou jamais : il faut passer à l'acte. Tôt dans la matinée de ce 12 novembre, vêtu d'un blouson sombre, Laurent s'engouffre dans sa voiture. Défilent à nouveau les kilomètres qui le séparent de Paris. Il est 15 heures lorsqu'il se gare à proximité de l'immeuble de Polydor. Sans hésiter, le postier se dirige vers la porte vitrée du hall d'entrée. Jean-François Pigaglio reconnaît-il le visiteur ? Si tel est le cas, B. ne lui laisse pas l'occasion de l'éconduire une seconde fois : après avoir armé le fusil qu'il dissimulait sous son blouson, il fait feu sur le réceptionniste, qui s'écroule ; touché au cœur, Jean-François Pigaglio succombera quelques heures plus tard au Val-de-Grâce. Sans un regard pour sa victime, le tireur fou poursuit son chemin, grimpe dans les étages à la recherche de nouvelles victimes. Deux jeunes femmes s'affolent en apercevant le fusil pointé dans leur direction ; heureusement, par miracle, l'arme s'enraye. Décontenancé, Laurent prend la fuite. Quelques gardiens de la paix se précipitent à ses trousses. La course-poursuite s'engage dans l'immeuble où le forcené tente de se cacher. Il a abandonné dans un couloir le fusil désormais inutile : un engin de guerre acheté quelques années plus tôt par correspondance. C'est dans un bureau que les policiers finissent par découvrir le postier, hagard. Il ne résiste pas.

Confié aux fonctionnaires de la 2e division de Police judiciaire, Laurent B. tente de justifier son geste : la chanteuse n'a jamais voulu répondre à ses lettres enflammées, à ses poèmes ni à ses chansons. De façon plus générale, il en voulait aux employés de la maison de disques, coupables de ne pas l'avoir laissé rencontrer son idole : « Je suis sûr qu'on ne les lui faisait pas parvenir [ses lettres]. On se moquait de moi. J'étais prêt à faire un carnage... », confie-t-il, hébété, aux enquêteurs. On le place en observation à l'hôpital psychiatrique de Perray-Vaucluse, dans l'Essonne[2].

Apprenant les circonstances du drame, Farmer se dit bouleversée. L'affaire va continuer à faire grand bruit pendant plusieurs semaines. Du pain bénit pour les détracteurs de la chanteuse qui accentuent leur procès en sorcellerie, accusant la star d'afficher une trop grande distance, voire du mépris envers ses admirateurs. Dans le cas contraire, sans doute la trouverait-on coupable d'une familiarité excessive... Elle refusera néanmoins l'embauche de gardes du corps : « On m'a proposé de me protéger, j'ai refusé. Dans ces cas-là, on ne pense pas à soi, à ce qui aurait pu vous arriver, mais à la famille en deuil, à cet homme qui est mort et qui n'y était pour rien. Devant un tel drame, on ne sait trouver les mots... On culpabilise, forcément. Cette mort est tellement injuste[3]... »

Ironie du sort : un mois après la tragédie de la rue Cavallotti, Farmer commence le tournage de *Je t'aime, mélancolie*, troisième extrait de son album *L'Autre*. Pour ces quatre journées de tournage, l'équipe habituelle de Boutonnat a investi le studio de Stains, en banlieue parisienne. Décor de cette nouvelle production : un ring où la chanteuse apparaîtra vêtue d'une guêpière signée Jean Paul Gaultier, ceinture cloutée, porte-jarretelles en latex, culotte noire et, bien entendu, gants de boxe. Afin de donner corps à ce combat vraiment singulier, Mylène, toujours consciencieuse, se plie à un entraînement intensif de six jours. De quoi rendre les coups assénés par son partenaire, un boxeur professionnel venu de Yougoslavie. Pour tourner ces scènes de rixes, deux jours seront nécessaires, et deux autres pour filmer au millimètre près la chorégraphie — Farmer met en branle un corps de ballet de dix danseuses habillées de noir ou de gris, couleurs de la peine, comme dit la chanson, mais aussi couleurs de l'hiver, saison préférée de l'interprète : « C'est tellement moins vulgaire que le soleil, les vacances, les maillots de bain[4]. » Particulièrement étudiées, les teintes choisies font ressortir au mieux les cheveux flamboyants de l'héroïne, contrastant avec son visage de porcelaine.

Aux antipodes des deux clips précédents, *Je t'aime mélancolie* renoue avec une certaine simplicité. En toile de fond, une histoire où chacun est à même de retrouver la dualité morale et métaphysique entre Bien et Mal, Dieu et le Diable. En avril 1992, Farmer et Boutonnat ont choisi d'extraire, en guise de conclusion à l'album, le single *Beyond My Control (Sous mon contrôle)*, ténébreuse histoire d'amour dans laquelle se perdent le désir et la passion.

Dans les studios de cinéma, tout le monde travaille d'arrachepied : ni cris, ni crise. Pas la moindre fausse note. Dans ce décor dépouillé à l'extrême, une équipe réduite au maximum s'exécute. Parmi elle, la tignasse rousse de Farmer attire naturellement tous les regards. Ambiance intimiste sur le plateau : de peur de déranger, on ose à peine respirer. La photographe Marianne Rosensthiel « shoote » les trois plans essentiels du tournage : Farmer sur un bûcher, immolée ; le jeu d'amour mortel entre Mylène et un acteur, Frédéric Lagache, déjà présent sur d'autres clips ; et une dernière scène qui fera appel à des loups. Les ébats sont filmés crûment, avec superposition de séquences de carnassiers dévorant une proie sanglante. Sur ce rebutant mélange d'os et de chair sanguinolente Mylène

Farmer, vêtue d'une tunique blanche, tel l'Ange salvateur, vient embrasser à pleine bouche son amant cannibale, tandis que s'échappe un flot d'hémoglobine. Images par trop osées ? C'est le sentiment des programmateurs de télévision qui refuseront de diffuser ce massacre à des heures de grande écoute. Trop de violence et trop de sexe, estime pour sa part le CSA, le Conseil supérieur de l'audiovisuel. « Ce vidéo-clip est extrêmement sanglant ; c'est du Mylène Farmer à la puissance 100 », souligne de son côté Michael Gentille, responsable des programmes de M6. Dans ces conditions, la diffusion sera limitée aux tranches matinales de sa chaîne, donc à un public généraliste et non pas seulement adolescent, voire enfantin. Le programmateur se défend de toute velléité de censure en rappelant sa responsabilité de diffuseur : « Certaines violences peuvent être prises au premier degré. Le tragique fait divers qui a eu pour cadre la maison Polydor le prouve bien. » Réticences partagées par Michel Drucker qui refusera, lui, de diffuser le clip dans son émission Stars 90.

Beyond My Control apparaît à beaucoup comme le prétexte à montrer des images où le salace le dispute à l'obsessionnel. Replaçons néanmoins ce nouveau projet dans l'évolution artistique personnelle de Boutonnat. De *Regrets*, clip au montage discursif, enrichi de musiques additionnelles, à *Beyond My Control*, succession d'images sans lien nécessaire sur fond noir, suite de tableaux vivants sans action cohérente, Boutonnat se plie au format et à la technique narrative qu'appellent les nouveaux comportements du téléspectateur. « Zapping » oblige, le vidéo-clip ne peut plus prétendre capter tout du long l'attention. Voici le réalisateur renvoyé à sa mission initiale : mettre la chanson en valeur. C'est dans cette perspective que Boutonnat se doit d'adapter sa grammaire cinématographique : un clip à la trame narrative réduite au plus simple, aux plans courts et dépouillés, aux antipodes des films archi-recherchés qu'il popularisa dans les années 80. *Regrets* acceptait encore certaines lenteurs ; *Je t'aime mélancolie* ne veut plus qu'un bruitage omniprésent. Ainsi sombre, corps et biens, le principe du « remix » qui faisait la chanson différente, surtout plus longue que dans sa version discographique. Logique, Boutonnat n'utilise donc plus en clip que les single[5]. À cet égard, *Beyond My Control* signe la fin d'une époque, celle des scénarios ultra-sophistiqués. Mais le cinéaste n'en continue pas moins à veiller à la singularité de son œuvre.

Attardons-nous, par exemple, sur la scène centrale du combat de boxe. Les deux protagonistes se jouent des règles ; comme une parabole filmée de la nouvelle manière de travailler de Boutonnat, ils transgressent tous deux les limites imposées : « coups bas » sanctionnés par un arbitre qui finira lui aussi au tapis. L'autorité absente, les principes réglementaires du Noble Art disparaissent avec elle. Mettons les gants de boxe de côté afin que les arts martiaux prennent le relais. Le duel s'achève en vengeance personnelle, où l'on voit l'homme envoyé par-dessus les filets : hors limites. Ces scènes de combat se déroulent sur le ring tout comme la chorégraphie. Montage alterné oblige, l'interprète souffre en se battant avant de sourire en dansant et chantant, sans qu'aucune de ces deux attitudes contraires ne soit datée chronologiquement. On a bien affaire ici à un montage post-moderne de vidéo-clip qui fait la part belle à la sensation brute, sans discours ni recherche du sens. On entendait bien le public bruisser depuis les vestiaires, à l'introduction du clip, mais il disparaît de l'espace qui entoure le ring. Cet espace est d'ailleurs plongé dans l'obscurité ; on ne remarque qu'une grande toile de fond nuageuse en arrière-plan.

Influencés peut-être par les paroles de la chanson, certains liront le clip comme la métaphore d'un duel entre la chanteuse et la critique : *« Une sauvage née vaut bien d'être estimée, elle fait souvent la nique aux « trop bien cultivés [...] Pour plaire aux jaloux il faut être ignorée. »* Un rapport avec la réalité du métier que Boutonnat accentue en « professionnalisant » son casting : un authentique boxeur poids-léger yougoslave et un arbitre français réputé, Gérard Boutonet.

Je t'aime mélancolie effleure plusieurs thèmes sans en traiter vraiment aucun. Là où *Plus grandir* évoquait ouvertement la déchéance physique, *Libertine* la libération sexuelle, *À quoi je sers* le suicide, ce clip apparaît comme beaucoup plus composite. On pense avant tout au duel homme/femme, thématique déjà maniée dans *Libertine* ou *Sans logique*. Tout l'indique : le dispositif du ring où la parité des sexes est rarement respectée ; la tenue de Farmer (une guêpière en cuir ornée de clous soutenant des porte-jarretelles noirs) qui suggère des pratiques sado-masochistes ; l'homme et la femme isolés l'un en face de l'autre sur un espace scénique fermé (le ring). Sont-ils venus là se faire mal par consentement mutuel ? Même en extrapolant beaucoup, cette piste ne mène pas loin par rapport au texte de la chanson. Critique de la critique, alors, comme indiqué précédemment ? Le match de boxe figurerait une prestation artistique ; le public, bruyant mais invisible, représenterait ce « goût du spectateur » censé ne pas compter aux yeux des gens de presse ; l'homme sur le ring, enfin, symboliserait la critique qui perd le match ; quant à la phrase-titre en forme de leitmotiv : *Je t'aime, mélancolie*, sorte d'affirmation du couple Farmer-Boutonnat, elle serait un pied de nez à tous ceux qui ne goûtent pas leur style…

Automne 1992. Voilà plusieurs mois que la chanson trottine dans la tête de Mylène. *Que mon cœur lâche* se penche sur la complexité des relations amoureuses à l'heure du préservatif.

Plongé dans la préparation de son futur long-métrage, *Giorgino*, Boutonnat, en accord avec la chanteuse, délègue la réalisation de ce nouveau titre à Luc Besson, un ami personnel. Carte blanche est donnée à l'auteur du *Grand Bleu*. Et belle réussite, puisque Besson opte pour un traitement humoristique, voire léger, en contrepoint de paroles volontairement dramatisées : *« Amour poison / Collision / La peur s'abat / Sur nos ébats / Toi entre nous / Caoutchouc / Tu t'insinues / Dans nos amours… »*

Voici Mylène Farmer transformée en ange venu sur terre établir un compte rendu des mœurs amoureuses des humains. Dieu lui-même, sorte de P-DG cravaté, suit le périple de son envoyé sur téléviseur. L'ange débarque sur la planète, vêtu d'une robe blanche. Invisible et gai, il souffle avec nonchalance sur une plume noire posée sur le dos de sa main, puis arpente les rues. Observant ce qui l'entoure, il venge une jeune fille injustement giflée par son amant, découvre les baisers, les étreintes. Ses pas le mènent à la porte de la discothèque « V », gardée par un imposant cerbère. Plusieurs clients refoulés de l'établissement se consolent auprès d'une « machine à fantasmes » qui, par le truchement d'un masque à oxygène, leur dévoile leurs désirs les plus fous. Contorsions d'un Michael Jackson plus vrai que nature, si lascives que Jésus lui-même en tombera de sa croix avant de s'écraser sur le chanteur. Prêt à goûter à tous les plaisirs physiques, l'ange translucide vient s'interposer entre deux amants en pleine étreinte. Les ébats du trio terminés, on le retrouve assis, jambes écartées, tirant les bouffées d'une cigarette. Rien de comparable à ce qui l'attend dans la discothèque où il décide de se faufiler sous les traits d'un humain. L'ange réapparaît en effet dans une tenue noire et moulante tellement sexy qu'il en fait vaciller le cerbère de la boîte de nuit. Alors que l'ange s'avance vers lui, une plume blanche se pose sur le dos de la main du vigile.

Intérieur de la discothèque : la guitare électrique sature, les voiles blancs dissimulent des travestis aux amours dépravées. Le nouvel arrivant arpente les allées, effleurant au passage les corps dénudés qui l'entourent. Se dresse une femme aux seins nus qui, couverte d'un voile noir, brandit un masque à oxygène. Aspirant à pleins poumons, elle bascule à son tour dans un vertige qui fait battre son cœur de plus en plus vite. Est-ce l'amour ? la drogue ? l'orgasme ? la mort ? En reflet, le corps dansant d'un homme apparaît dans son cœur. Il explose, maculant de sang l'objectif de la caméra.

L'ange découvre à peine les plaisirs charnels des mortels que Dieu le rappelle déjà à Lui. Et voilà le Maître des Cieux consterné par le spectacle que lui offre son messager ! Avec un sourire qui en dit long, l'ange lui fait éclater au visage une bulle de chewing-gum : c'est tellement meilleur quand c'est interdit…

Même adouci par les images du clip, le nouveau message de Farmer fait débat. D'aucuns l'interprètent comme un hymne à un romantisme un peu fou, dangereux plaidoyer contre l'usage du préservatif. La chanteuse réplique par des déclarations pour le moins alambiquées : « Si je parle d'"amour lâche", je ne dis pas que mettre un préservatif est lâche. Dans la situation actuelle, la conduite à adopter pour se prémunir contre la maladie me paraît aller de soi. Pourtant, je ne crois pas qu'il m'appartienne d'aller dire aux gens : "Mettez ou ne mettez pas de préservatif." Mon rôle d'artiste consiste à communiquer mes émotions. Dans cette chanson, je fais simplement un constat sur l'amour de nos jours. Un amour perverti par la menace de la maladie, par la question du préservatif qui se pose d'emblée dès que l'on ressent un élan vers l'autre. En clair, je dis que chacun doit prendre ses responsabilités devant la maladie. Chacun est en effet confronté à cette réalité, et je trouve ça triste. »

Que mon cœur lâche propulsé en tête des hit-parades, Farmer, avide de reconnaissance internationale, en enregistre aussitôt une version anglaise, *My Heart Is Slashed*, bientôt intégrée dans l'album *Dance Remixes*, au score envié de plus de quatre millions d'exemplaires vendus ! « Psychanalyse de conte de fées », pestent certains en détournant à son propos le fameux titre de Bettelheim. Mylène se moque d'autant plus de ces critiques qu'elle prépare ses débuts au grand écran. Elle en rêve depuis l'enfance. Un film qu'on présente déjà comme l'un des événements de l'année 1994, fruit d'une longue, très longue gestation…

12

Un hiver slovaque

Laurent Boutonnat a fêté depuis peu son seizième anniversaire quand il achève le synopsis de *Giorgino* : une dizaine de feuillets. En cette année 1978, tout y est déjà : structure du film, psychologie des personnages, ainsi qu'il l'expliquera dans un très riche entretien resté à ce jour inédit. « Le premier *Giorgino* était une histoire très simple, une histoire d'amour entre un homme et une femme : un huis clos dans une maison. Appelons ça un film de terreur psychologique. Pendant tout le récit, l'homme passait de l'amour fou et du désir pour sa femme à une peur panique. Tout ce qu'il aimait chez elle devenait objet de terreur. Le film finissait par un drame terrible, on ne savait jamais si cette femme devenait vraiment monstrueuse ou si c'était lui qui devenait fou[1]. »

Faute de moyens à la hauteur d'une telle ambition, Boutonnat laisse reposer son texte pendant neuf longues années. Jusqu'à sa rencontre en 1988 avec Gilles Laurent qui participe à l'écriture du clip *Pourvu qu'elles soient douces*. Cet ami comédien va patiemment réécrire l'histoire en lui conférant une cohérence supérieure. En voici la trame :

Octobre 1918, après quatre ans passés au front, le jeune médecin Giorgio Volli part à la recherche d'enfants handicapés dont il s'occupait avant la guerre. Hélas, l'orphelinat a été évacué vers la montagne, dans un village peuplé uniquement de femmes, car tous les hommes, sauf le curé, se battent contre les Turcs à Gallipoli, dans le détroit des Dardanelles.

Maison perdue à l'orée des bois : Giorgio y découvre l'épouse du médecin qui vient de se pendre, et sa fille Catherine. On accuse cette dernière d'avoir noyé les enfants dans les marais glacés. Selon elle, ils auraient été dévorés par des loups invisibles (des loups, comme dans *Je t'aime mélancolie* et *Tristana*) qui hurlent, à moins que ce ne soit le vent.

Même s'il développe une intrigue originale, Boutonnat recrée tout naturellement dans *Giorgino* — diminutif de Giorgio — l'univers étrange qui lui est familier dans une étrange partie de cache-cache avec la folie et la mort. À mi-chemin du conte de Grimm, dont il garde la cruauté et la noirceur, et de l'opéra romantique dont il illustre l'amour impossible, le scénario est enfin terminé. Enthousiaste, un producteur se dit prêt à financer le projet. Mais le temps passe et l'homme tergiverse. Boutonnat s'en émeut : « Il me disait : "On va le faire, on va le faire...", et il ne le faisait jamais. Pendant ce temps-là, on élaborait des devis, on effectuait des repérages, et ça traînait toujours. En même temps, il n'y avait pas vraiment urgence — à l'époque, je travaillais avec Mylène, j'avais un boulot fou avec les disques, les clips, les tournées, etc. — et j'acceptais cette situation d'attente en me disant : "Je ferai ça l'année prochaine." Jusqu'au jour où j'ai décidé de rompre les ponts avec ce producteur qui ne voulait pas me lâcher mais qui ne voulait pas non plus produire vraiment ce film. À partir de là, je me suis mis à travailler sur d'autres projets, car on me répétait : "Fais un film plus simple, moins cher, ensuite tu feras le film que tu as vraiment envie de faire[2]..." »

En attendant de réunir les capitaux, Boutonnat se replie donc sur un long métrage moins ambitieux. Un autre ami, réveillant le démon qui sommeille, l'encourage toutefois à reprendre son projet d'adolescent. Convaincu, Boutonnat crée plusieurs sociétés de production, dont Heathcliff S.A, du prénom-patronyme du héros des *Hauts de Hurlevent*. L'argent collecté servira, espère-t-il, à financer *Giorgino*. De fait, grâce à ses clips, les caisses se remplissent. En 1990, enfin, l'affaire est lancée. D'abord des repérages dans le

Massif central, le Vercors et le Jura. Boutonnat s'y fait accompagner par Pierre Guffroy, un des meilleurs décorateurs français de cinéma, récompensé à de multiples reprises : un Oscar pour *Tess*, de Roman Polanski, trois Césars pour *Que la fête commence*, de Tavernier. « Au cours de ces balades, Laurent me parlait de l'atmosphère qu'il souhaitait pour *Giorgino*, se souvient Guffroy. Il ne voulait pas verser dans une sorte de misérabilisme réaliste, il désirait vraiment une ambiance tendue, inquiétante, "pourrie", disait-il. » Certes, mais ce premier périple hexagonal n'enthousiasme guère les deux hommes. Commencent-ils à désespérer ? Voici que se profile le cadre idéal, en Slovaquie orientale : le parc naturel des Tatras, au cœur d'un massif montagneux désertique. « Là-bas, pour les paysages vierges et inquiétants, c'est imparable », souligne Guffroy. À juste raison : six ans plus tard, Luc Besson viendra au même endroit planter les caméras de son *Jeanne d'Arc*.

Pour Boutonnat, la désolation du paysage ne suffit pas. Si l'endroit est parfait, encore faut-il y installer des décors propres à renforcer la dimension fantastique du film : un orphelinat, une église, plusieurs maisons villageoises. De septembre à décembre 1992, Pierre Guffroy s'attelle à la tâche : « J'ai joué avec les disproportions, les décrochements bizarres, les portes secrètes, les matières. Par exemple, il n'est pas si facile de rendre un couloir intéressant, il faut régler certaines proportions entre la largeur, la hauteur et la longueur. Au final, mon couloir est à peu près normal, mais, en fait, vous pénétrez dans une chambre où tous les lits ne sont pas à la même échelle, ce qui permet d'en mettre beaucoup de petits, si bien que la pièce devient vite étrange… Décorateur est un métier de « trompe-son-monde » ! Mais il ne faut pas prévenir les acteurs de ces tricheries, ils entrent sur le décor et, sans s'en rendre compte, adaptent leur jeu qui devient quelque peu différent… Quand ça marche, ça fait plaisir ! Pour l'auberge, j'ai utilisé des différences de niveaux afin de donner l'impression qu'une partie est en sous-sol : alors on sent aussitôt l'humidité, le pourri… Il y a ainsi des petits trucs : par exemple, si vous placez les boutons de porte un peu trop bas, vous commencez inconsciemment à vous interroger[3]... »

Paradoxalement, le froid ne constituera pas un véritable handicap pour le décorateur et son réalisateur. Bien sûr, les peintures se craquelleront parfois sous l'effet du gel, les maquillages ne tiendront pas à 20 degrés au-dessous de zéro, mais Boutonnat saura adapter avec souplesse son tournage aux intempéries.

Tandis que Guffroy s'affaire à la mise en place de ses décors, le réalisateur, lui, parcourt le monde à la recherche de ses comédiens. Première étape : Londres où il espère bien convaincre Hugh Grant d'accepter le rôle-titre. Mais l'acteur britannique a déjà souscrit des engagements envers Mike Newell, le réalisateur de *Quatre Mariages et un enterrement.* Déçu, Boutonnat s'envole pour la Californie dans l'espoir d'y dénicher l'oiseau rare qui donnera vie à son héros. Sur place, une vingtaine de jeunes acteurs du cru se plient docilement aux bout d'essai exigés par le Français. De retour à Paris, son regard s'éclaire en revisionnant le casting : il a enfin trouvé Giorgino sous les traits de Jeff Dahlgren, un apprenti comédien de vingt-neuf ans, impressionnant de sobriété avec son visage de Christ des tranchées : « Alors que les autres acteurs jouaient à l'américaine, au bord des larmes ou en faisant la gueule — lui, rien. Il n'y avait que lui, une espèce de photogénie incroyable. » En apprenant la bonne nouvelle, Dahlgren se dit tout à la fois heureux et incrédule : « J'ai pensé qu'il était complètement barjot de me choisir pour le rôle, mais, en même temps, cela a tout de suite collé entre Laurent, Mylène et moi ; nous étions sur la même longueur d'onde. » Le jeune homme, fils de la vice-présidente de la MGM (Metro Goldwyn Mayer), rêvait bien sûr de faire du cinéma, lui dont les copains de virées nocturnes à Hollywood avaient noms Johnny Depp, Brad Pitt et Gary Oldman.

Pour épauler son héros-titre, le réalisateur fait appel à des comédiens confirmés aussi prestigieux que Frances Barber *(Chambre à part, Samy et Rosy s'envoient en l'air)*, Louise

Fletcher *(Vol au-dessus d'un nid de coucous)*, Joss Ackland *(L'Arme fatale 2, À la poursuite d'Octobre rouge)* et le Français Jean-Pierre Aumont, célèbre depuis le milieu des années 30 avec deux rôles très remarqués, l'un au théâtre, chez Louis Jouvet, dans *La Machine infernale* de Jean Cocteau, l'autre au cinéma dans *Le Lac aux dames*, de Marc Allégret. Après la Seconde Guerre mondiale au cours de laquelle il combattit dans les troupes gaullistes et servit comme aide de camp du général Diego Brosset, chef de la 1re Division des Forces françaises libres, l'acteur, faisant carrière à Hollywood, y incarnera longtemps le parfait *French lover*, avant de revenir en France pour s'y éteindre en janvier 2001, à l'âge de quatre-vingt-dix ans. Dans le rôle du docteur De Grâce, *Giorgino* marquera sa dernière apparition à l'écran.

Au cours de son interminable travail de préparation, Boutonnat avait retenu les noms d'autres comédiens français comme Sophie Tellier, qui, finalement, n'apparaîtra pas au générique. « J'ai été écartée quand ils ont opté pour une distribution internationale. Ça m'a fait un peu de peine et je me suis détachée. J'ai l'impression que Mylène n'a jamais voulu le comprendre. On en a vaguement parlé, mais elle n'a pas dû saisir que c'était important pour moi[4] », confiera avec amertume l'ex-partenaire de Farmer.

Janvier 1993 : le tournage peut enfin commencer. Mais pas dans l'ordre prévu. Les premières scènes auraient dû être tournées dans des paysages enneigés ; or pas un seul flocon n'est tombé depuis plusieurs semaines. Boutonnat doit modifier son planning. Plus tard, ce seront les températures trop basses qui bloqueront à nouveau le tournage. Mais, à chaque fois, Boutonnat s'adapte aux impératifs climatiques. Plusieurs autres lieux de tournage l'attendent : scènes de rues dans deux gros bourgs tchèques ; vues extérieures dans le cadre du monastère bénédictin de Rajhrad, situé non loin de la ville de Zdlochovice ; puis du célèbre village d'Austerlitz, en Moravie. Les techniciens et les comédiens de Boutonnat retiennent leur souffle pendant les glaciales journées du tournage : « On avait les lèvres gelées et quand on touchait nos oreilles, c'était comme si elles allaient se détacher… », raconte l'un d'eux. Malgré sa redingote de velour rubis et son châle noir, Farmer avoue le mal qu'elle a eu à se protéger des températures polaires de l'hiver slovaque. Mais jamais on ne l'aura vue se plaindre ou refuser de travailler. Doit-elle tomber dans la neige ? La voici prête à dix prises successives.

En avril 1993, l'équipe se déplace à Prague. Plusieurs plateaux y ont été retenus dans l'enceinte des studios Barrandov, du nom d'un paléontologue et géologue français du siècle dernier, Joachim Barrande, qui a passé une grande partie de sa vie dans la capitale tchèque. Chaque année, de nombreuses productions étrangères utilisent ces lieux dont elles apprécient, outre les conditions financières avantageuses, la qualité et la rapidité des services. On y monte les décors plus vite que nulle part ailleurs.

Malgré ces conditions de travail favorables, quelques tensions surgissent au sein de l'équipe française. Le photographe de plateau Étienne George, témoin involontaire, évoquera une « ambiance particulière », « pas facile », des « remarques un peu sèches ». Un technicien se souvient quant à lui du « rapport névrotique » qu'entretinrent Boutonnat et Farmer dès le premier tour de manivelle : « On tournait par moins trente degrés dans la neige. Il lui en faisait faire toujours plus, sans jamais la rassurer. En même temps, elle semblait en redemander, comme si elle ne souhaitait rien d'autre qu'être la petite fille qui trépigne. » « Cinquante personnes qui vivent les unes sur les autres pendant cinq mois, c'est très révélateur de l'âme humaine. C'est beaucoup de tricheries, beaucoup de mensonges[5] », assurera de son côté Mylène, admettant dans la foulée avoir été effectivement au centre de plusieurs disputes orageuses avec Boutonnat : « J'ai découvert un autre homme. Il n'y a pas à se demander si c'est en bien ou en mal, mais tout simplement constater que nos rapports ont évolué durant le tournage. C'était avec moi qu'il était certainement le plus dur, mais ça, c'est assez normal. Ce qui était surprenant, c'était de le voir basculer dans une espèce de folie qui me donnait le sentiment d'être là, moi, l'être le plus fragile au monde, face à une machine de guerre ! Mais ne vous y trompez pas : il n'y a pas de rancœur dans ce que je dis, cela ne pouvait pas être autrement. » Sollicité, le réalisateur ne niera pas davantage la réalité des faits : « Dès le début du tournage, mon comportement est devenu incontrôlable. Je ne pensais ni à moi ni aux autres, mais uniquement au film. J'étais devenu quelqu'un d'autre. J'avais l'impression d'être fou, dans un autre monde. J'aurais pu tuer froidement quelqu'un[6] ! »

Boutonnat a-t-il senti que son ambitieux projet allait lui échapper ? Subissait-il trop de pressions ? Le fait est que, malgré ce durcissement de leurs rapports, Farmer sera restée d'un bout à l'autre son plus fervent supporter. Rien d'étonnant à cela. Comme Laurent, Mylène aime le travail bien fait et, en bonne cavalière, ne craint pas l'obstacle. Elle se sera installée petit à petit dans la peau du personnage de Catherine, jeune fille mystérieuse qui sombre peu à peu dans la démence malgré l'amour de Giorgio. Pour les besoins de la mise en scène, Farmer se laisse ainsi pousser les cheveux. Plus : avant le début du tournage, elle visite avec assiduité un service spécialisé parisien. « J'ai pu assister à quelques entretiens entre ce qu'on appelle des "malades" et leurs psychiatres, sachant que Catherine basculait dans une "folie" ou plutôt un retrait d'avec la "réalité". Durant de longues heures, j'ai surtout observé la gestuelle particulière de ces personnes très habitées. J'ai été notamment frappée par les mouvements de leurs mains et de leurs doigts qu'ils tiennent toujours écartés, et par la tête qu'ils ont souvent baissée. Des attitudes que j'ai tenté de reproduire dans le film. »

Ces visites ne manqueront pas de l'interpeller sur son propre univers : « Catherine m'a séduite par sa fragilité, son étrangeté, par cette violence sourde, enfantine, qui émane d'elle. Mal armée pour se défendre, elle exprime ses émotions brutalement, simplement, sans passer par le tamis de la réflexion. Je me sens moi-même proche de cette animalité, de cette réponse immédiate et instinctive à toute agression extérieure. D'ailleurs, au cours du tournage, je me suis demandé si c'était Mylène qui nourrissait Catherine, ou l'inverse. J'avais le sentiment que la frontière entre le normal et la folie est très mince[7]… »

Travail couronné de succès ? Après les premières projections de *Giorgino*, plusieurs critiques vont saluer la performance de Farmer. Selon eux, la chanteuse-actrice a su faire passer cette « folie », de façon « intense et subtile », à travers des gestes et des regards à peine esquissés. Comme elle, l'Américain Jeff Dahlgren, autre révélation du film, avouera avoir été fasciné par l'univers de son personnage, pas très éloigné de ses propres angoisses existentielles : « Comme chez Giorgino, il y a du désespoir en moi. Je suis désabusé parce que j'aimerais faire quelque chose de ma vie. Souvent, je pense que l'existence est un combat perdu d'avance. Alors j'envisage la mort, je l'attends comme une liberté, la paix enfin trouvée. Je ne veux encourager personne au suicide, surtout pas. Mais j'y pense, parfois, comme à une délivrance[8]… »

Dans la capitale tchèque, Farmer trouve chaque soir refuge à l'hôtel Panorama où elle dispose d'une chambre « rudimentaire » : « Rien à voir avec le célèbre Europa, ce temple de l'Art nouveau, couronné de nymphes dorées, que l'on peut admirer place Wenceslas. » Dans ses moments de détente, elle aime à déambuler dans la ville au fil des rues et ruelles dont l'atmosphère prolonge celle du film : « L'une et l'autre inspiraient la même nostalgie poétique. Ils me semblaient habités des mêmes anges et des mêmes démons. Le pont Charles reliait les deux rives de ma vie tout comme il relie depuis des siècles Màla Strana — le Petit Côté — à la vieille ville. Il a tout de suite pris beaucoup d'importance pour moi. […] Je m'y posais souvent comme sur un fil, pour rêver. […] J'avais l'impression que toute la magie de Prague venait se concentrer, se condenser là. Et cette présence de l'eau… Douce, sensuelle, le symbole même de la vie ! »

Étrangement, ses balades la ramènent chaque fois vers les quais où elle finit même par se créer une sorte de rituel autour du fleuve : « J'avais pris l'habitude d'aller m'installer au café Lavka, sur l'autre rive, au pied du pont Charles. J'y passais des heures, au ras de l'eau, à regarder voguer les cygnes et changer la lumière. À mesure que le soir tombait, tout se métamorphosait. Mon café se faisait boîte de nuit, et les abords de la rivière s'embrumaient, se diluaient. C'est le moment où l'on perçoit le mieux la complexité et l'intensité de la ville. On s'attend à voir passer des fantômes sans tête, on sent que les légendes se mettent à vivre, et, en même temps, les gens dans les cafés et les bars à bière se retrouvent et discutent avec une vitalité et une chaleur incroyables[9]. »

Rompant avec sa discrétion habituelle, Boutonnat se montre particulièrement volubile sur le tournage, tout à la fois chaleureux et précis dans ses indications. Tâche souvent malaisée, car il doit tenir compte de la personnalité de chacun : « Il y a des acteurs plus emmerdants que les autres… » L'allusion vise ici Joss Ackland et Frances Barber avec lesquels ce ne fut « pas simple tous les jours », du propre aveu du réalisateur. « Ce sont des gens difficiles, mais pas dans le mauvais sens du mot. C'est-à-dire qu'ils ont besoin de discuter. Tout le temps. Et pour une raison : c'est que je pense qu'ils se font leur propre mise en scène du rôle. Or, en général, ils ont tout faux, parce qu'un acteur se fait toujours une fausse représentation de lui-même et de son rôle. Je pense que les acteurs ne peuvent pas vraiment percevoir — même s'ils pensent le percevoir — ce qu'ils sont et ce qu'ils vont être dans un film. Alors se mettre en scène tout le temps, s'imaginer… Joss Ackland, par exemple : pour moi, ç'a toujours été dans ce film un curé de campagne simple et plein de bon sens. Et je pense qu'il a toujours pensé — et il le pense encore — qu'il était un mec vachement intelligent, vachement intellectuel, très "pasteur protestant", alors que, dans ce rôle, ce qui me séduisait, c'était son côté bonhomme, un peu à côté de la plaque, mais touchant, humain[10]. »

À l'inverse, Boutonnat certifie que tout s'est bien passé avec les autres comédiens : « Par exemple, Louise Fletcher, dans le rôle de l'aubergiste, est extraordinaire. Cette femme qui a une carrière, qui pourrait faire chier, et caetera, est un bonheur pour un réalisateur ! Elle se laisse guider, elle se laisse complètement aller, elle ne discute pas, elle propose des choses… et souvent c'est très juste. » Satisfecit également pour Jean-Pierre Aumont, le père de Catherine (Mylène Farmer), dont l'âge avancé — quatre-vingt-deux ans — mérite toutes les prévenances. Entre chaque prise, une assistante veille à recouvrir ses épaules d'une épaisse couverture de laine.

Dans la perspective d'une carrière internationale, Boutonnat a tourné son film entièrement en anglais. Au vu des origines anglo-saxonnes de sa distribution, l'obstacle n'a rien d'infranchissable. Nuances, toutefois : maniant avec aisance la langue de Shakespeare, Aumont devra néanmoins être doublé, selon Boutonnat, à cause de son fort accent français. Mais il n'est pas le seul : « Vous avez Louise Fletcher avec un accent américain, les femmes du village avec un accent anglais, Jeff avec un accent américain, Mylène avec un accent *mid-atlantic*, comme on dit, c'est-à-dire un peu américain et un peu anglais, vous voyez, on ne sait plus… » Solution vite trouvée : la présence d'un coach, Louise Vincent, chargée d'homogénéiser tous ces accents.

Juillet 1993 : le tournage est enfin achevé. De retour en France, Boutonnat commence le long travail de post-production : étalonnage, montage, doublage et mixage dont il confiera la responsabilité à deux vieux complices, Jean Goudier et Thierry Rogen. Au printemps suivant, satisfait, il profite du festival de Cannes pour annoncer la sortie de son film. Date prévue : septembre. Sur la Croisette, plusieurs panneaux publicitaires annoncent la couleur… C'est le cas de le dire, avec ces photos de la chevelure de Farmer flamboyant dans un bois enneigé ! Le magazine *Studio,* sous la plume de Jean-Pierre Lavoignat, se dit déjà prêt à parier que *Giorgino* « sera l'un des événements de l'année-cinéma 1994 ».

Le critique ignore alors que son impatience sera à la hauteur de sa déception…

13

Le mauvais coup de Grâce

« Trop long ! » En ce jour de mai 1994, le verdict des responsables de la société de distribution AMLF tombe comme un couperet. Boutonnat n'ignorait pourtant pas que la durée exceptionnelle de *Giorgino* — plus de quatre heures — risquait de poser problème, mais qui ne tente rien... Après avoir défendu bec et ongles l'intégrité de son œuvre, il se replie sur des positions préparées à l'avance en ramenant son trop long-métrage à trois heures et quinze minutes. Trois heures tout court, même, en fin de compte.

Regrettera-t-il d'avoir amputé son œuvre ? Probablement. Certaines séquences devaient en effet renforcer le mystère sur l'ambiguïté sexuelle des héros.

Les amputations successives ne seront pas sans conséquences sur le devenir du film. Pour l'heure, elles contraignent AMLF à repousser d'un mois l'exploitation commerciale : initialement fixée au 24 août 1994, la sortie sera finalement arrêtée au 5 octobre. Là encore, la chance ne sera pas du côté du réalisateur, confronté à une rude concurrence avec les sorties, la même semaine, de trois divertissements à gros budgets : *Léon*, de Luc Besson ; *Pulp Fiction* et *Forrest Gump*, des Américains Quentin Tarantino et Robert Zemeckis...

Entre-temps, une première réunion de la commission de censure laisse entendre au réalisateur que son film sera probablement interdit aux mineurs : « Le film se déroule dans une atmosphère sinistre, à la limite parfois du cauchemar, et certaines scènes (exemple : les fous dans un asile sombre et malpropre) peuvent impressionner les enfants. Trop de fous, de malades, de morts évoquées… dans un décor glacé[1]. » Impressions négatives confirmées à l'issue d'une seconde projection devant l'ensemble des membres de cette même commission, qui justifieront leur avis en ces termes : « Malgré la qualité du tournage, des images et de nombreux acteurs, le film comporte trop de scènes violentes — telles que celles dans l'hôpital psychiatrique, pour hommes au début, puis pour femmes à la fin, ou dans le village avec les vieilles femmes avinées et agressives — de nature à perturber de jeunes enfants. Par ailleurs, le climat général assez morbide ne contrebalance pas l'effet de ces scènes[2]. »

Le film peut enfin sortir. Afin d'en assurer la promotion, et conscients de l'enjeu, Farmer et Boutonnat multiplient leurs apparitions en duo dans les médias. Des prestations TV diversement appréciées. « Boutonnat a l'air épuisé, un rien hagard, et Mylène, brisée, apeurée, comme si elle n'avait pas encore quitté la peau de Catherine Degrâce et l'ambiance glauque du film[3] », constate la journaliste Caroline Bee. Sentiment partagé par Bertrand Le Page, l'ancien manager de la chanteuse, en délicatesse avec son ex-protégée et qui n'hésite pas à enfoncer le clou : « La promotion a été volontairement trop discrète ; elle n'a vraiment commencé que deux semaines avant la sortie, et personne n'a vraiment su que le film sortait enfin. C'est évident que Mylène et Laurent étaient isolés, entourés de gens incapables de leur dire en face ce qu'il fallait faire, incapables de les prévenir du danger[4]… »

Les critiques, eux, entendent juger sur pièce. Comme d'habitude, leurs comptes rendus feront preuve de la plus grande diversité. Certains reniflent l'objet rare : « C'est une sorte de monument qui ne ressemble à rien d'autre, un film mystérieux, fantastique, et qui, si on se laisse prendre à son charme, est très concluant », salue le chroniqueur Rémo Forlani sur RTL. Dans la même tonalité, Vincent Josse, sur France Inter, évoque une œuvre atypique : « Il ne ressemble pas aux films que font traditionnellement les jeunes auteurs.

Visiblement, Laurent Boutonnat n'a pas eu envie de parler de son ego ou de son moi, mais de nous raconter une belle histoire, comme quand on était petit, qu'on se mettait au lit et qu'on écoutait nos parents ouvrir un livre... »

Analyse diamétralement opposée dans *Les Cahiers du cinéma* : « *Giorgino* n'a d'autre prétention que de flatter l'ego artistique de son auteur[5]. » D'autres avis encore : « Un livre d'images cinématographiques qui oscille constamment entre malaise et magie. » Ou, au contraire : « Il y a eu le naufrage du *Titanic* (1 490 morts). Il y a eu le séisme des Philippines (1 621 morts). Aujourd'hui, il y a *Giorgino* (30 morts), un film-catastrophe mais qui, sans le vouloir, pourrait bien être culte dans vingt-cinq ans[6]. »

Pour *Première* : « Tout cela dit, on ne peut que constater qu'après avoir révolutionné le clip, Laurent Boutonnat reste un pionnier. De chantre de l'imprononçable et de l'impalpable, il devient aujourd'hui le premier réalisateur de l'infilmable : rien, mais longtemps[7]. » On relève avec une quasi-unanimité la longueur excessive du film, sa mise en scène souvent trop simple et impersonnelle. Ce qu'explicite Christophe d'Yvoire dans les colonnes de *Studio* : « Poussé par une force de conviction qui transpire littéralement à l'écran, ce film-fleuve de près de trois heures, fabriqué dans le plus grand secret, suscite un grand appétit sans toutefois, hélas, parvenir à l'assouvir complètement. Après nous avoir offert une première heure magnifique, le film s'essouffle peu à peu jusqu'au point de s'enliser sur la fin. Véritable cinéaste homme-orchestre (il est à la fois scénariste, réalisateur, producteur, cadreur et compositeur de son film), Laurent Boutonnat a sans doute été étrangement victime de la multiplicité de ses talents. En maîtrisant ainsi toutes les commandes créatives, il s'est privé du recul indispensable qui lui aurait permis de conserver le sens de la perspective. Or, c'est précisément ce qui manque cruellement à *Giorgino* » — et cette plume avertie d'expliquer que s'il parvient brillamment à créer une atmosphère et à imposer son sens du rythme, le cinéaste pèche trop souvent par manque de discernement.

L'attaque se prolonge dans les règles : « L'intrigue perd peu à peu de son intensité et des personnages secondaires trop envahissants finissent par brouiller la pureté du propos. On aurait souhaité qu'il se concentre plus à fond sur les liens singuliers qui unissent ses deux héros et qu'il accorde plus de place au personnage de Catherine, auquel on n'a guère le temps de s'attacher. Laurent Boutonnat prouve ici l'évidence de son talent, mais il a manqué de lucité pour vraiment réussir son film. Giorgino ressemble à ces enfants fragilisés par des parents trop possessifs et qui, de ce fait, se retrouvent empêchés d'exprimer toutes leurs qualités. »

En gros, ce premier film ne mériterait ni le mépris ni le désintérêt. À condition, toutefois, « que le spectateur saisisse un fil conducteur et que l'écheveau ne soit point trop embrouillé », comme le précise, magnanime, Thomas Sotinel dans *le Monde*. Selon lui, Boutonnat n'aurait pas dû se contenter de stéréotypes : « Dépaysement, solitude, paysages vierges et troublants, il y avait un climat et matière à réussite. Encore fallait-il ménager des surprises et d'authentiques frissons[8]. » Sentiment analogue au *Canard enchaîné* pour qui « Laurent Boutonnat nous a tricoté un film fort beau, mais pompeux, touffu, long au point qu'il n'en finit pas de finir. » L'héroïne, elle, s'en sort avec les honneurs : « Jeff Dahlgren hésite entre James Dean et Matt Dillon. Seule Mylène Farmer, petit oiseau pathétique, tire son épingle de ce film un tantinet racoleur[9]. »

Cet éloge mis à part, Farmer est contrariée au plus haut point par les critiques. Elle y voit une « sanction inhumaine » et remarque, déçue : « Plusieurs années difficiles à surmonter, et tout se volatilise en deux jours[10]. » Le pis reste pourtant à venir, *Giorgino* se transformant en cuisant échec commercial. À peine 60 000 entrées dans la capitale en trois semaines : 1 307 894 francs de recettes-guichet pour un film qui aurait coûté « entre 55 et 80 millions[11] », selon une confidence de Boutonnat au magazine *Première*. À l'automne de la même année, le film est bien diffusé sur Canal Plus, conformément aux termes du contrat liant la chaîne cryptée aux producteurs.

Mais Boutonnat, l'orgueil blessé, refuse toute exploitation sur les autres chaînes et sous quelque forme commerciale que ce soit, cassettes vidéo ou DVD.

Giorgino méritait-il autant de mépris ? Nous ne le pensons pas. Plusieurs aspects de l'œuvre devraient être regardés de plus près. Le film ne se résume pas à un long clip de trois heures. Certes, il recycle bon nombre d'ingrédients des vidéos précédentes signées Boutonnat. On y retrouve, c'est vrai, la même dynamique, le même regard sur le monde, la même ambiance oppressante d'amour et de mort intimement liés. La présence de Farmer et son rôle quasiment muet entretiennent, n'en doutons pas, cette idée de clips prolongés. Mais n'oublions pas pour autant que le film joue sur des arrière-plans psychanalytiques et des doubles-lectures bibliques, que son réalisateur y développe de surcroît une symbolique complexe enrichie de nombreuses citations extraites de ses propres clips. Le tout mis en perspective tout au long d'une histoire tragique qui transporte le spectateur dans un univers fantastique devenu plutôt rare au cinéma. On y retrouve aussi certaines influences littéraires, certaines réminiscences de cinéma d'auteur. Formellement, le film s'inspire pour une bonne part de l'imagerie de la littérature du XVIIIe siècle. Cinématographiquement, ses références sont plus floues, même si la séquence de l'exode, avec sa procession funéraire, fait songer au réalisateur russe Andreï Tarkovski. Bergman et Luis Buñuel sont également mis à contribution avec leur volonté de mettre en avant la dimension religieuse pour mieux la stigmatiser. Pensons au plan final de *Giorgino*, lorsque le cheval noir pénètre dans l'enceinte de l'église pour se détourner d'un Christ décapité, puis s'abreuver dans le bénitier.

Bref, réduire *Giorgino* à la vision de Mylène Farmer courant dans la neige, le pouce dans la bouche, ne nous convainc guère…

Incomprise, l'œuvre de Boutonnat le sera, en tout cas, d'une large fraction de ses plus proches collaborateurs. À commencer par Gilles Laurent, le coscénariste, qui avouera s'être trouvé devant un film dont il « ne savait pas quoi penser[12] ». Le chef opérateur du film, Jean-Pierre Sauvaire, évoquera quant à lui ses relations avec Boutonnat comme une « rupture émotionnelle ». Pour lui avoir fait part de leurs doutes sur le résultat du montage, d'autres proches se brouilleront avec le cinéaste. Entre autres Thierry Rogen, responsable du mixage de *Giorgino*, qui se fâchera avec Boutonnat, suite à un « minidrame » intervenu quelques mois tard à Los Angeles où Farmer, pour revenir à elle, a décidé, au début de l'hiver 1994, de s'installer…

14

Crabes et tourteaux

L'« exil » américain de Farmer va durer plus d'un an. Cette absence prolongée, la chanteuse la mettra à profit pour se « régénérer » et de se « ressourcer », selon ses propres expressions. Dans le monde du show-biz, on murmure qu'elle ne reviendra pas de sitôt. La jeune femme aspire à nourrir sa vie d'une façon différente : « Je suis partie de Paris pour avoir une sorte de perte d'identité. À Los Angeles, personne ne me connaît. En me promenant dans la rue en toute liberté, j'ai réveillé des sens que je croyais avoir oubliés. J'étais atrophiée. Je suis allée là-bas parce que j'avais à la fois besoin d'atmosphère urbaine et d'espace. Île déserte et cocotiers ne me conviennent guère[1]. » Et cette écorchée vive savoure d'autant mieux son anonymat qu'elle se proclame en phase avec l'esprit californien : « Ils n'ont pas ce jugement si facile que l'on a chez nous ; ces regards qui vous dérangent parce qu'ils vous examinent de trop près ou vous considèrent comme anormale[2]. »

La chanteuse séjourne dans un luxueux hôtel de Hollywood : le Sunset Marquis, sur Alta Loma Road, à une encablure des studios Universal, du théâtre Manns et du musée Getty. Elle occupe une villa avec parc, jacuzzi, salle de sport et piscine privée. De l'extérieur, ce lieu de villégiature, volontiers fréquenté par d'autres célébrités françaises et américaines comme Johnny Hallyday ou Steven Spielberg, ressemble à une forteresse : caméras et vigiles veillent à la tranquillité des riches résidents dont chaque nuit est facturée aux alentours de 650 €.

Les occupations quotidiennes de Farmer sont nombreuses et variées. La chanteuse en profite ainsi pour passer son permis de conduire, pour fréquenter les salles de cinéma. En ce début d'année 1995, les écrans californiens proposent *The Americain Président* (*Le Président et Miss Wade*) avec Michael Douglas, mais, en se trompant dans l'horaire des séances, Farmer n'assiste qu'à la seconde moitié de la projection. La Française se fait aussi de nouveaux amis ; parmi eux, son professeur d'anglais, également compositeur de rap. Coup de foudre professionnel, selon son ami l'ingénieur du son Thierry Rogen : « Elle est venue avec les bandes de ce gars et m'a demandé si je voulais qu'on le produise ensemble. On a fait l'album en un mois, mais il n'est pas sorti, je ne sais trop pourquoi. C'était super sympa, on aurait dit une sorte d'Eminem avant l'heure, avec des fonds de rap assez mélodiques, grâce à l'intervention de Mylène qui y avait mis son grain de sel[3]. »

Il sera également beaucoup question de musique avec Jeff Dahlgren, le héros de *Giorgino*, fréquemment aperçu la guitare en bandoulière en compagnie de la Française. Cette dernière a troqué depuis peu sa rousseur emblématique pour une chevelure blonde : changement révélé par un paparazzi dont le cliché, publié dans *Voici*[4] , fera sortir Farmer de ses gonds. Juste colère, puisque la justice lui donnera raison en condamnant, à l'automne 2000, l'hebdomadaire à révélations pour « préjudice moral et patrimonial ». Consolation pour les fans : la troisième de couverture d'*Anamorphosée* sur laquelle la chanteuse tiendra à remercier le guitariste ami « pour sa présence, son talent et sa gentillesse ».

Contrairement à ce qui sera écrit, Farmer n'a pas pris ses distances avec le réalisateur malheureux de *Giorgino*. Bien au contraire, Boutonnat rejoint régulièrement son égérie à Hollywood pour la préparation de leur quatrième album : *Anamorphosée,* nom inspiré par ces images déformées que donnent les miroirs courbes. Il en composera la musique et en assurera les arrangements. Un disque aux sonorités plus rock et aux inspirations moins sombres qu'auparavant, laissent entendre les premières rumeurs.

Au printemps, le duo retrouve chaque jour le studio Record One et A&M pour l'enregistrement des douze titres prévus. L'endroit est légendaire, et pour cause : Charlie Chaplin en avait fait l'acquisition en 1917 afin de pouvoir tourner ses propres productions en toute indépendance. C'est là, face au coucher de soleil donnant sur l'avenue de La Brea et sur sa maison entourée d'arbres fruitiers, qu'il réalisa ses chefs-d'œuvre : *The Kid* (1921), *La Ruée vers l'or* (1925), *Les Lumières de la ville* (1931) et *Le Dictateur* (1940)[5]. Des empreintes de ses pas sont d'ailleurs encore visibles devant le numéro 3 de l'avenue, pieusement préservées par la municipalité de Los Angeles qui a classé le site « monument culturel ». Les nouveaux propriétaires en sont des musiciens de renom : Herb Alpert et Jerry Moss, qui y ont installé leur maison de disques baptisée de leurs initiales, A&M. Ces studios prestigieux auront attiré au fil des ans les plus grands artistes anglo-américains : Bruce Springsteen, Cat Stevens, Joe Cocker, Supertramp, etc. Meccano commercialo-musical : en 1989, A&M et ses filiales rejoindront PolyGram, la société de production phonographique de Mylène Farmer, elle-même intégrée onze ans plus tard au groupe Universal Music.

Mylène s'implique beaucoup dans la production de son nouvel opus. Si la plupart des musiciens sont américains, la chanteuse a fait venir de Paris ses techniciens-son habituels. L'équipe est dirigée par Thierry Rogen qui va bientôt céder sa place à Bertrand Châtenet suite aux tensions déjà évoquées, sur lesquelles l'ingénieur n'a jamais souhaité s'étendre mais qu'on soupçonne liées à la présence de Boutonnat. « J'ai eu une rupture franche avec Laurent, pas avec Mylène[6] », résume en tout cas l'intéressé.

Extrait du futur album prévue pour l'automne suivant, le premier « single » est intitulé *XXL*. Des paroles faciles et efficaces : « *On a besoin d'amour / Besoin d'un amour XXL.* » Cette fois encore, la vidéo ne sera pas réalisée par Boutonnat, mais par Marcus Nispel, réalisateur allemand installé de longue date en Californie. De toute évidence, Farmer ressent le besoin d'un nouveau regard extérieur. En accord avec la chanteuse, Nispel choisit comme décor une orangeraie de la région de Fillmore, à une heure de route de Los Angeles. Là, pendant trois jours, Mylène campera une étonnante figure de proue à l'avant d'une antique locomotive à vapeur qui crache son feu anthracite. L'idée d'utiliser cette impressionnante masse de ferraille a été suggérée par Farmer à la suite d'une projection du film de Richard Attenborough, *Chaplin* : le grand comédien aura décidément hanté d'un bout à l'autre la création d'*Anamorphosée* ! C'est en revanche à Nispel que revient l'idée de harnacher la chanteuse sur le tablier de la locomotive, visage d'ange et bras grands ouverts. Durant le tournage, Farmer, ornée de longs voiles blancs par Thierry Mugler, devra parfois braver les éléments pendant quatre heures d'affilée, par une température frôlant les quarante degrés. Autour d'elle, une équipe de techniciens américains dont la jeune femme apprécie le professionnalisme : « Ce sont des gens qui sont très investis dans leur travail, n'ayant pas peur du succès et qui même le revendiquent. Il n'y a pas de mélange entre le sentiment et la fonction. Alors parfois c'est désagréable, mais parfois c'est agréable parce que c'est efficace et que ça va vite[7]. »

Connu pour son esthétique qui se résume le plus souvent à une scène forte martelée sous des angles différents, Nispel va reproduire dans *XXL* le même schéma qu'il a appliqué avec Elton John, pilote de dirigeable dans *Believe* (1995), ou avec Janet Jackson chantant sur l'aile d'un avion dans *Runaway* (1995). En noir et blanc, l'image du clip est d'une beauté irréprochable. Bourrée de symboles, aussi : par exemple celui de la lettre X qui revient dans plusieurs titres d'*Anamorphosée (XXL, L'instant X, l'ax + b)*. Nispel l'illustre de façon habile : une voyageuse qui croise les bras en attendant vainement son amoureux ; des signaux et sémaphores ferroviaires ; Farmer qui dissimule son visage à l'aide de ses mains disposées en croix. Mi-femme mi-train, la chanteuse s'incarne en déesse des mal-aimés, tous ces voyageurs en costume d'époque installés sur les banquettes, indifférents les uns aux autres quand Farmer, elle, chante l'amour.

Adieu catin, libertine, garçon manqué, vénus callipyge, désabusée ? Pas si sûr. Même si elle se déclare « anamorphosée », son nouvel album fait alterner ballades éthérées à la troisième personne *(Mylène s'en fout)*, humeurs gainsbouriennes *(Vertige)* et morceaux de guitare troublés d'ésotérisme *(XXL, Tomber 7 fois, Eaunanisme)*. Dans *Méfie-toi*, enfin, Mylène parle par métaphores de ses errances passées, liées à la problématique du désir et de son accomplissement.

Longtemps en proie aux angoisses métaphysiques de la mort et de l'au-delà, Farmer semble quitter les cieux souterrains pour l'illumination. C'est du moins elle qui l'affirme : « Le manque de spiritualité est probablement dangereux. Je pense qu'il faut élever l'esprit, changer les comportements, faire le don de soi, mais sans forcément célébrer un dieu ou une religion[8]. » De nouvelles réflexions inspirées, elle ne s'en cache pas, par plusieurs lectures dont celle du *Livre tibétain de la vie et de la mort,* de Sogyal Rimpoché : « Un vrai détonateur. En le lisant, j'étais émue jusqu'aux larmes, car auparavant la mort m'obsédait. L'idée qu'un être disparaisse me donnait un vertige qui m'attirait vers le bas. Je me dis aujourd'hui que la vie n'est pas vaine. Qu'il y a peut-être un passage. Un au-delà qui justifie notre combat. » Ce n'est pas tant le bouddhisme qui l'attire, ajoute-t-elle, que les mots, les images, le réconfort, « l'idée que, pour apprivoiser la vie, il faut d'abord accepter la mort[9] ».

Mue par une curiosité analogue, la chanteuse avait tenu, quelques mois auparavant, à participer à l'émission de France 2, *Déjà le retour*, animée par Jean-Luc Delarue. Et demandé au présentateur d'inviter Marie de Hennezel, l'auteur du livre à succès *La Mort intime.* Bonne surprise, à en croire cette dernière : « Oui, vraiment, car je ne pensais pas que mon ouvrage l'avait aidée à ce point. » Tout aussi ravie, Farmer prolongera cette rencontre par des conversations moins médiatiques avec Hennezel, qui se souvient : « Nous nous sommes revues quelque temps. À déjeuner dans un restaurant. C'était très agréable ; c'est quelqu'un de très intéressant. Et puis elle m'invitera aussi chaque fois qu'elle donnera un concert à Bercy[10]. »

Second extrait de l'album, *L'Instant X*, « clippé » à nouveau par Marcus Nispel. L'Allemand délaisse à présent les grands espaces californiens pour un décor new-yorkais de fin du monde. Dans un appartement de Manhattan, il va filmer une Farmer dénudée dans un bain de mousse, symbole de l'orgasme ou à tout le moins du bien-être. Bientôt recouverts par un amas de bulles qui se transforme en raz de marée blanchâtre sur la ville, deux souliers d'enfant traînent sur le sol. Au milieu de l'apocalypse annoncée, Mylène sourit, détachée, croit-on, du malheur qui s'abat sur l'humanité. C'est alors la statue de la Liberté et des célèbres Twin Towers qui sont submergées par un océan blanc d'où émerge une main qui finira elle aussi dans les flots. Fin de notre monde ? Pas tout à fait, car quand le clip s'achève, quelques rescapés surgissent, frêles silhouettes qui s'éloignent vers le soleil couchant.

Regard cynique et désabusé sur le genre humain, assurent certains. Farmer s'en défend. À preuve, le titre emprunté à la poésie japonaise (les *haïku*), *Tomber 7 fois*, dont elle a écrit le texte et composé la musique aux résonances chargées d'espérance : *« Il faut se battre pour ses rêves / Et si tu tombes 7 fois / Toujours se relever 8. »* Une ligne de conduite que la star dit s'appliquer à elle-même : « Je ne me donne pas le droit de tomber, en tout cas pas plus bas que terre. Par ailleurs, j'ai toujours cette volonté de relever la tête, comme l'illustre cette image de résurrection, cette envie de repartir[11]. » Qui, mieux que des enfants, pourrait symboliser cet avenir radieux auquel elle aspire ? Ainsi peut-on interpréter la présence à ses côtés des petits chanteurs de la chorale du lycée français de Los Angeles, établissement qui compta jadis parmi ses élèves deux futures étoiles, les actrices Jodie Foster et Shannen Doherty. Désormais, un peu d'espoir vient donc atténuer les cauchemars farmériens. Guitares incivisives et musiques toniques indiquent un futur moins sombre, et les mots de Mylène, une amertume moins dévorante, même si « c'est plus difficile de parler d'espérance que de partager le dégoût[12] ».

Septembre 1995 : Farmer retrouve la France pour la promotion d'*Anamorphosée* dont la pochette a été réalisée par Herb Ritts, le photographe attitré de stars hollywoodiennes aussi différentes que Michele Pfeiffer, Tom Cruise, Anjelica Huston, Al Pacino, Clint Eastwood, Michael Jackson ou Madona. Le cliché sépia, retenu, fait d'ailleurs irrésistiblement penser à la sulfureuse interprète de *Like A Prayer* : Vénus sans visage, Farmer y pose lascivement, vêtue d'un soutien-gorge et d'un slip de cuir noir. Ce choix n'est évidemment pas innocent : « Ritts pouvait m'emmener vers une certaine sensualité sans me donner l'impression d'être dénudée. Ses photos me montrent plus "femme" ; c'est un mot qui ne me fait plus peur et que j'accepte totalement[13]. »

Fin de problèmes liés à un lointain passé ? « Je pense que j'étais malade de mon enfance. Jusqu'à l'âge de dix ans, c'est le noir total dans mes souvenirs. Un gouffre. Par la suite, mes problèmes n'ont fait que s'amplifier. La fracture s'est élargie. J'étais devenue une étrangère à mes propres yeux. En même temps, ces problèmes m'enivraient. Un cercle vicieux. J'étais en pleine ambiguïté. Et c'est de cela que j'ai joué. Les clips que je tournais augmentaient mon trouble. Or, même si je l'ai chanté, même si cet univers me fascine toujours, je ne suis ni une libertine, ni une catin. [...] Sur le chemin de l'équilibre, je bascule encore vers l'angoisse. Je ne me suis jamais trouvée jolie, et cela ne change — malheureusement — pas. Je me suis toujours trouvée trop maigre ! Cela me hante depuis des années et me hante toujours. Je préfère l'image de la femme qui a des formes. Mon nez non plus n'est pas ce que je préfère en moi... Mais la bonne évolution, dans tout cela, est que j'ai pris le parti de m'accepter telle que je suis. Je cesse de me concentrer sur moi-même et mes idées sombres[14]. »

Pour faire accepter ce changement de cap aux fans et aux groupies, la maison de production ne regarde pas à la dépense. À la mi-octobre, une campagne publicitaire sans précédent est mise en œuvre : 60 spots télévisés diffusés régulièrement sur toutes les chaînes françaises, alors que les radios matraquent depuis un mois le single *XXL*. Polydor va jusqu'à sortir *Anamorphosée* en tirage limité dans un packaging de luxe : une sorte de grand livre dans lequel on a glissé des photos inédites de Ritts. Les fans sont ravis ; certains critiques musicaux, beaucoup moins.

Dans *L'Événement du jeudi*, Patrice Delbourg se montre le plus féroce : « Un megalo packaging, format boîte de dragées, genre Cecil B. De Mille pour vieux maniaques, présente Mylène fermière dans différentes poses de lingerie fine issue du catalogue de La Redoute[15]. » Les textes et les musiques des chansons ne rencontrent pas davantage d'indulgence chez le critique grincheux : « La voix, inaudible, sans grâce, est noyée dans un magma de flonflons aptes à causer de l'aérophagie à un régiment de harkis en plein ramadan [*Nda* : On peut trouver assez peu plaisante cette présentation négative des anciens soldats musulmans de l'armée française dont bon nombre connurent le sort que l'on sait]. La musique de Laurent Boutonnat, par ailleurs réalisateur des fantasmes clipés de la dame, est d'une rare indigence. Cette mise en scène du néant serait somme toute attendrissante dans son volontarisme si elle ne traduisait une hypertrophie du moi chez cette pathétique rosière popote, dotée d'autant de mystère qu'un paquet de biscottes. À fuir toutes affaires cessantes[16]. »

Certaines critiques ressemblent à des coups de fouet. D'autres peuvent être ressenties comme de véritables règlements de comptes. Il en va ainsi de cette lettre ouverte adressée à Farmer, en octobre 1995, par un reporter de l'hebdomadaire belge *Télé Moustique*, vexé de s'être vu opposer une fin de non-recevoir alors qu'il avait formulé une demande d'entretien : « Après une retraite cinématographique ratée, raison avouée de cette obsession du trésor de guerre (l'argent, c'est pour le film de Laurent !), voici ta dernière peau de banane : *Anamorphosée*. Malgré les studios américains et les photos de Herb Ritts, tu ne réussis pas à rendre une virginité à ton monde intérieur qui résonne à l'infini des échos de son propre vide. Tu continues à agiter des démons que tu n'as jamais invités à la table de ton âme bourgeoise. Le malaise est galvaudé par une écriture bâclée et une interprétation de mauvaise comédienne qui est incapable de nuance. Non, Mylène, décidément le désespoir n'est pas glamoureux, contrairement à ce que pensent ceux qui ne savent pas ce que c'est et qui s'imaginent des nuits blanches et romantiques[17]. »

Cette chronique au vitriol, sobrement signée « RL », n'est pas du goût des fans belges de la chanteuse. Les voici qui dénoncent le procédé avec virulence : « Nous étions en droit d'attendre une critique (favorable ou non) de l'ouvrage, rédigée de manière objective et en termes corrects. À la place, nous avons eu droit à une dédicace dont le but à peine dissimulé était non pas de nous informer sur la qualité bonne ou mauvaise de l'album, mais, justement, de déprécier l'artiste sans aucun respect pour son travail. Finalement, dans votre lettre ouverte aussi acharnée qu'inutile, Mylène et *Moustique* seront tout de même d'accord sur un point : celui de léser le lecteur. Dommage[18]. »

Quoi qu'il en soit, la presse n'empêche pas *Anamorphosée* de se classer rapidement en deuxième position des ventes (500 000 exemplaires), à peine distancée par le tube *D'Eux*, de la Canadienne Céline Dion. Après ce retour gagnant au pays, le duo Farmer-Boutonnat envisage pour le printemps suivant une grande tournée hexagonale. Mais, entre-temps, au mois de mars, Mylène s'envole à nouveau pour l'Amérique où elle va tourner le clip *California* sous la direction d'Abel Ferrara, auteur de *The King of New York* et de *Bad Lieutenant*.

Un réalisateur dont elle a adoré, deux ans plus tôt, *Snakes Eyes*, avec Madonna et Harvey Keitel. Pas facile à convaincre, d'ailleurs : la chanteuse a dû batailler plusieurs mois avant d'obtenir son accord : « Je l'ai appelé pendant plusieurs mois, souvent à trois heures du matin, puis je me suis rendue à New York où nous avons continué à converser. Il m'a demandé ce que je voulais faire, ce que j'exprimais dans ma chanson. Je lui ai dit que je souhaitais jouer une prostituée. Il m'a alors demandé de travailler sur le scénario et de lui proposer des idées. Puis il m'a proposé les siennes[19]. »

Pour la mise en images de *California*, Ferrara propose de dédoubler son héroïne : la première Mylène sera l'épouse effacée d'un membre de la jet-set ; l'autre se prostituera sur Hollywood boulevard, vêtue de cuissardes rouges, d'une veste en faux léopard et de sous-vêtements noirs. Tout irait bien dans le meilleur des mondes si Mylène n°1 n'avait pris la place de Mylène n°2 liquidée pour de mystérieuses raisons dans un motel par un Black belliqueux. En résumé, disent la chanson et le court-métrage, les femmes aiment à se transformer à l'occasion en objet sexuel, mais elles ont tout de même leur fierté. À preuve : la Mylène survivante vengera l'honneur du sexe dit faible en poignardant son maquereau dans une débauche de destruction très *Basic Instinct.* « C'était mon idée. Elle me trottait dans la tête depuis longtemps. La liberté, pour moi, ça peut être une pute qui fait le trottoir sur Hollywood boulevard. Je voulais en savoir plus long avant de tourner. Je les ai rencontrées. Certaines m'ont dit qu'elles prenaient un vrai plaisir à faire ce métier. [...] J'avoue moi aussi que j'y ai pris du plaisir. On a tous en nous un côté vulgaire qu'on refoule. Le sexe fait partie intégrante de notre vie. Moi, j'accepte cette violence. *Histoire de l'œil,* de Georges Bataille, est un de mes livres préférés. Ça ne veut rien dire. J'adore aussi lire Sade. Pourtant, je hais la torture. Simplement, je refuse de me censurer[20]. » Faut-il voir là une métaphore de sa carrière pour laquelle Farmer finalement s'expose — se vend — mais, au fond, sans jamais rien révéler d'elle ? Et de préciser : « Quand j'écris mes textes, je livre beaucoup plus de moi que vous croyez. Il suffit de savoir écouter[21]. »

C'est le même univers érotique, dans une tonalité techno-cyber, que Farmer présentera bientôt aux spectateurs de sa nouvelle tournée. Une douzaine de dates ont été retenues pour couvrir les grandes villes de l'Hexagone. Le spectacle sera « énorme », l'une des plus grosses tournées européennes du moment, annonce l'entourage de la chanteuse : chorégraphies et lumières hyper-sophistiquées, écran géant articulé de plusieurs tonnes, échafaudages, élévateurs, etc.

Les répétitions ont commencé plusieurs semaines plus tôt à Los Angeles avec danseurs et musiciens. Les premiers ont été recrutés à New York, à l'occasion d'un casting, sous l'œil averti de la chanteuse et de son producteur ; les seconds sont eux aussi essentiellement américains : Brian Ray et Jeff Dahlgren à la guitare, Jerry Watts à la basse, Abraham Laboriel à la batterie, et Susie Davis qui partagera ses claviers avec le Français Yvan Cassar, directeur musica[22]. Pour sa préparation physique, Farmer fera appel une nouvelle fois à Hervé Lewis qui l'entraînera surtout à l'endurance : au programme, un zeste de course à pied, des massages, plus un régime alimentaire à base de sucres lents.

Le coup d'envoi est donné à Toulon le 26 mai 1996. Pour régler la gigantesque machinerie dans l'enceinte varoise du Zénith-Oméga, l'une des plus belles salles de France, quarante tonnes de matériel acheminées par neuf semi-remorques. Une équipe est déjà à pied d'œuvre depuis dix jours afin d'assurer le « filage » qui se déroule tous les soirs sous l'œil vigilant de la chanteuse. Laquelle n'hésite jamais à s'autodéfinir comme une authentique *control-freak* (une maniaque du contrôle) : « Contrôler, c'est être aussi exigeant avec soi-même qu'avec les autres ; contrôler ce n'est pas ignorer ni ne pas respecter le talent des autres. Je fais ce métier depuis dix-huit ans. J'ai très vite compris qu'il fallait se méfier, car il y a toujours détournement : détournement de mes intentions, détournement de mes propos[23]... »

Si cette déclaration a le mérite de la clarté, elle ne manque toutefois pas d'interpeller : l'une des constantes de Farmer n'est-elle pas précisément de se réinventer — culturellement, musicalement, iconographiquement — en détournant œuvres littéraires, picturales et modes ? N'est-elle pas passée de l'image de la femme-enfant à celle du chevalier d'Éon, puis à celle de la punkette chic, pour finir en icône glacée ? Passages obligés, dirons-nous, dans la carrière d'une artiste qui se doit d'évoluer pour le plus grand plaisir d'un public reconnaissant.

Entassés sur les gradins et dans la fosse aux groupies, plus de cinq mille fans font le déplacement à Toulon. Leurs cris accueillent la chanteuse quand les lumières s'éteignent, annonçant le début du show. Suspense habilement entretenu : c'est d'abord la silhouette de Farmer qui apparaît et disparaît sur un écran géant au rythme tonitruant et syncopé des percussions. Ongles et paupières d'argent, cheveux savamment relevés en chignon, quelques mèches du centre en épis faussement désordonnés, sous-vêtements blancs, l'artiste fait son entrée dans un nuage de fumigènes, portée vers le devant de la scène par un tapis roulant alors qu'une tenue de plastique transparente descend du ciel. À leur tour, comme jaillis des entrailles de la Terre, les musiciens font surface, toutes guitares dehors : *« Plus loin, plus haut, je vertige de vivre »*, chante Farmer, soutenue par les choristes Carole Rowley et Esther Dobong'na Essienne.

Vertige achevé, Farmer disparaît à nouveau sous la scène pour mieux revenir, l'instant d'après, avec un *California* déluré. Impossible de ne pas penser à Madonna chez qui la chanteuse française a de toute évidence puisé l'ambiance peep-show de *Girlie Show*. Même coloration sexy lorsque les huit danseurs musclés ondulent et se « strip-teasent » dans d'immenses bulles de Plexiglas sur *Que mon cœur lâche*. Place au satin noir lorsque la chanteuse s'approche sur le quai qui défie les premiers rangs, bras tendus : *« L'ami c'est lui... » (L'Autre)*. Sous les hurlements des groupies, elle tourne ses hauts talons en direction des coulisses. Pendant sa brève absence, les danseurs se livrent à force acrobaties. Lovée dans un immense fauteuil fin de siècle pourpre et jaune, Mylène revient pour une *Libertine* en maillot chair, gants roses et bottes argentées, impératrice décadente entourée de sa cour de danseurs vêtus de noir. (« J'éprouve un réel plaisir à porter toutes ces tenues de scène, et un réel plaisir à m'offrir. Se donner en public ne veut pas dire se jeter en pâture. Une foule anonyme peut être oppressante, car ses réactions sont incompréhensibles. Mais, sur scène, je la désire[24]. »)

La neige tombe sur le plateau, c'est *l'Instant X*, avec guitares déchaînées — dont celle de Jeff Dahlgren — et batteur en folie. La foule répète le refrain de *Papa Noël*... Douceur et sensualité encore lorsque, perchée sur une araignée géante « maltèque » pendue au bout de son fil, tissant sa toile baroque, Farmer susurre les paroles d'*Alice* avant de se poser en douceur sur les planches où l'accueillent les danseurs masqués.

Tableau suivant, nouvelle métamorphose : l'égérie rousse revisite ses anciens standards, tel *Sans contrefaçon*, cuisiné cette fois à la sauce drag-queen. Les danseurs portent short brillant et perruques colorées, costumes psychédéliques façon années 70 — clin d'œil appuyé à son public gay dont Mylène a conscience d'être devenue l'une des icônes sans pour autant s'en prévaloir ouvertement : « Mon public, c'est celui de Tintin, il va de 7 à 77 ans. Composé d'honorable sexagénaires, de bambins et de nombreux homosexuels des deux sexes. » À *Plus grandir*, rangée au magasin des accessoires pour cause d'ancrage dans une enfance fantasmagorique, elle préfère *Mylène s'en fout* et l'interprète à genoux dans le halo des projecteurs, déambulant sur scène en petite fille qui câline sa peluche. Elle scande : *« Des améthystes, Mylène s'en fout, l'éclat du chic, Mylène s'en fout. »*

La star ne s'adresse à la salle qu'avec parcimonie : quelques « Bonsoir ! », « Vous allez bien ? », « Merci ! » et « Je vous aime tous très fort. » En revanche, elle n'omet pas de dispenser quelques jolis sourires et de semer çà et là quelques moments d'émotion. Notamment à l'entame de la chanson *Rêver.* Les vers — *J'irai cracher sur vos tombeaux...* — s'inspirent en droite ligne du roman de Boris Vian, *J'irai cracher sur vos tombes.* Ils arrachent des cris déchirants à quelques fans éperdus d'amour. Sur l'écran, le gros plan laisse deviner des larmes, et la foule reprend le refrain en chœur lorsque Mylène s'excuse de ne pouvoir finir la chanson.

Mais, déjà, *Désenchantée* met le feu à la salle. Sous le charme, les fans des premiers rangs, mains levées, cherchent à la toucher. Sonne ensuite l'heure d'une chanson dédiée à son père : *Je laisse le vent emporter tout.* La voix de la chanteuse y est accompagnée à la guitare sèche. Faux départ sur *Tomber 7 fois* : les lumières explosent, elle en longue robe noire Paco Rabanne, les guitares à fond. C'est la dernière station avant l'arrêt, les feux de *XXL.* Mylène s'élève sur sa « proue » de locomotive, allégorie de l'acte sexuel. La salle en délire ne s'y trompe pas : elle célèbre la belle pour cette ultime prière. Conformément au rituel, on lui lance des peluches enfantines qui contrastent fort avec l'ambiance imprégnée d'érotisme du show. Quelques briquets s'allument durant les passages mélodramatiques où tout n'est que jeux de miroirs. De temps à autre, une voix hurle : « Mylène, on t'aime ! » La chanteuse ne parvient pas à terminer ses phrases. Les gorges se nouent, des larmes roulent sur les joues des fans. La musique s'arrête. Encouragements du public. « Vous allez me manquer », lâche la vedette, soulagée et heureuse.

David Martiano, l'un des danseurs, n'en revient pas de cette ferveur suscitée par la chanteuse : « Aux States, nous n'avons pas ce genre de public. Les gens sont plus sages. C'est fou, de voir tout ce monde reprendre les chansons par cœur et esquisser les gestes des chorégraphies en même temps que nous ! »

Ce triomphe, Farmer et son équipe ont l'intention de le fêter comme il se doit, c'est à dire au restaurant le Lido, sur la plage du Mourillon, réputé pour ses spécialités de la mer. Dans un cadre maritime, une cinquantaine de techniciens et musiciens entourent la star aux cheveux roux. Mais, vers les quatre heures du matin, le regard de Mylène se voile : elle vient de découvrir la présence de deux tourteaux et de quelques étrilles dans le vivier de l'établissement. Ce spectacle lui déchire tellement le cœur qu'elle en appelle à la compassion de Jean-Claude et Bert, les propriétaires du Lido, pour leur suggérer aimablement de libérer les crustacés. « Pour moi, c'est un symbole ! » Les deux associés ne peuvent que s'incliner. « Et l'on a vu Mylène Farmer, suivie par ses musiciens, ses choristes, ses danseurs, ses électriciens, ses régisseurs et les quelques dizaines de fans qui l'attendaient sur la plage, se diriger vers la mer avec tout le contenu du vivier, lequel sera déposé le plus au large possible », se souvient un témoin présent.

Les récitals, *sold-out* dans toutes les villes traversées, se suivent et se ressemblent : moments magiques dans un univers léché mais un rien désincarné, même si, cette fois, comme l'atteste la version vidéo, Farmer parle à son public…

Au début de juin, Farmer retrouve l'immense salle parisienne de Bercy, bourrée à craquer deux soirs de suite. Trente mille fans, dont elle a su se faire si patiemment désirer, hurlent son nom, suppliant qu'elle revienne encore. Dans le carré VIP's, on note la présence d'Alain Chamfort et de Johnny Hallyday coiffé d'un casque de cheveux dorés. L'idole des jeunes apprécie le spectacle car « Mylène Farmer est la seule artiste française qui ose monter des spectacles à l'américaine, comme je les conçois[25]… », m'a-t-il confié. Johnny sait également que sa cadette reste l'une des rares artistes françaises capables de remplir, comme lui, plusieurs soirs de suite, les quinze mille places du palais omnisports. À peine le rocker admet-il que, musicalement parlant, la voix de tête de Farmer est trop souvent étouffée à son goût. Les tubes exceptés, seuls les vrais de vrai parmi les fans sont effectivement capables de discerner les paroles. Volonté délibérée des ingénieurs du son qui entourent la chanteuse ? Pour Laurent Buisson et Xavier Gendron, ses techniciens façade et retour, ce n'est pas un secret : la puissance vocale de Farmer n'a rien de celle d'un Pavarotti ou d'un Joe Cocker. Le niveau sonore très élevé s'expliquerait aussi par le choix de l'orchestration, volontairement très rock, et par le niveau sonore ambiant, fruit de l'enthousiasme débordant des fans. Il oblige à monter le niveau pour passer « au-dessus ». Et le duo d'ingénieurs d'expliquer : « Dans ce contexte, il faut faire ressortir avec justesse une voix dont le timbre est doux et qui, à l'inverse de celle d'un chanteur rock, ne joue pas sur l'énergie et la dynamique. Pour corser le tout, on a aussi sur scène un des batteurs, Abraham Laboriel Jr, l'un des plus puissants qu'on ait été amenés à entendre ! » Comment résoudre la quadrature de ce cercle-là ? Buisson et Gendron ont trouvé la solution : « Grâce à de nouvelles technologies d'une part, et, d'autre part, grâce à des aménagement particuliers sur la console et sur scène. Nous avons eu l'occasion de travailler avec des chanteurs comme Daho, Voulzy, qui ont des voix légères. Cela nous a permis de nous confronter à ce type de mixage et d'élaborer une méthode de travail adaptée qui porte simultanément sur différents niveaux de la chaîne audio. »

Huit jours plus tard, Farmer se produit à Bruxelles dans une chaleur étouffante. De nouvelles vedettes ont fait le déplacement à Forest National afin d'applaudir son show : Chamfort, encore lui, Maurane, Duvall, Swan. Toutes salueront le professionnalisme de la chanteuse… et toutes compatiront lorsque la flamboyante rousse sentira glisser, dans *Papa Noël*, son pantalon sur ses hanches. Mylène aura beau dénicher un coin de scène moins exposé à la lumière pour venir à bout du vêtement récalcitrant, son show, réglé au millimètre près, ne lui offrira d'autre solution que de retirer le morceau de tissu rebelle…

Hormis cet incident technique, le reporter du *Soir* ne relève guère de surprises au regard du spectacle « remarquable » qu'il avait eu l'occasion de découvrir quelques jours plus tôt à Bercy. Comme souvent, la critique, plutôt élogieuse, s'interroge quand même sur les « vraies fausses larmes » que les fans irradiés ramassent avec ferveur à la fin de la ballade *Rêver.* « À chaque fois, l'assistance termine la chanson, portée par les excuses de l'idole. Des larmes info-intox de la part de celle qui a toujours voulu être d'abord comédienne ? » Invitée au mois d'octobre suivant sur le plateau de l'émission *Les Enfants de la guerre,* destinée à soutenir l'initiative de Pavarotti en faveur de l'association caritative War Child, Farmer y interprétera la même chanson, produisant la même quantité de liquide lacrymal. Cette fois, c'est au tour d'une journaliste du *Monde* d'écarter toute complaisance : « Si une larme peut être artistique, c'est bien celle que l'on a vue rouler en boucle sur la joue veloutée de la chanteuse Mylène Farmer, préposée au clip de promotion de l'émission. Coiffée d'une choucroute, soigneusement dévêtue dans une robe de sirène argentée décolletée jusqu'au ras des fesses, la jeune femme poussait la chansonnette, paroles inaudibles de petit chat écorché, quand, telle une paillette de diamant, la larme s'est échappée de son œil frangé de faux cils touffus comme des balais-brosses. Judicieuse petite larme ! Larme unique et si discrète, à peine visible, mais si présente… Une larme qui ne casse pas la voix, mais se donne si pathétiquement à voir, juste là pour dire : "Regardez comme je suis courageuse, moi, si submergée d'émotions, de continuer à chanter ici pour vous alors que tous les malheurs de la planète m'envahissent d'émotions…" Larme réelle ou larme de glycérine, comme dans les feuilletons pour ménagères de moins de cinquante ans ? La question sans doute n'est guère charitable, mais s'imposait déjà avant même que ne commence ce grand numéro de charity business auquel nous étions conviés[26]. »

Farmer démentira bien entendu de façon catégorique tout calcul de sa part : « C'est une réaction incontrôlable à ce qui se passe entre le public et moi. Une sorte d'alchimie. La scène est un moment hors du commun. Les émotions que j'y ressens me nourrissent. J'en ai besoin[27]. »

Le 15 juin, à Lyon, la voici confrontée à un autre genre d'émotion devant neuf mille spectateurs effarés. Ce soir-là, sur la scène de la Halle Tony-Garnier, la chanteuse est sur le point d'achever son récital. Après avoir interprété le dernier rappel — *XXL* —, elle revient sur scène pour la troisième fois, saluer le public. Ses danseurs l'accompagnent. Fatigue ? Élan trop fougueux ? C'est tout à coup la bousculade entre David Martiano et la star, tous deux entraînés dans la fosse d'orchestre. Choc terrible, mais déjà plusieurs gardes du corps se sont rués sur le lieu du drame. Le danseur se relève sans une égratignure, mais le corps apparemment sans vie de Mylène lui fait craindre le pire. La blessée est transportée d'urgence à l'hôpital Édouard-Herriot. Dans le même temps, les pompiers, appelés sur place, sont poliment éconduits. Selon les soldats du feu, Farmer était bel et bien inconsciente. Aux urgences, en tout cas, un interne diagnostique : fracture ouverte du poignet et ecchymoses. L'affaire contraindra la blessée à séjourner une petite semaine dans l'établissement hospitalier. Elle quittera Édouard-Herriot pour une longue rééducation, puis une phase de convalescence : mauvais coup pour son producteur, contraint d'annuler la suite de la tournée et de mettre au chômage technique les quatre-vingt-cinq personnes travaillant sur le spectacle.

La chanteuse poursuit sa convalescence au mois d'août suivant à Los Angeles où l'attend l'équipe de tournage d'un nouveau du clip… *Comme j'ai mal !* Titre prémonitoire pour une Mylène Farmer bientôt contrainte de faire face à une nouvelle tragédie.

15

« Que je sois tombe ou trésor... »

Ce jour d'octobre 1996, la nouvelle atteint Mylène de plein fouet : son frère aîné, Jean-Loup, vient de décéder des suites d'un accident de la circulation. Cet homme de trente-six ans venait de quitter son domicile privé de Saint-Cloud, où il vivait avec Carole, sa compagne, et Clémence, leur petite fille de trois ans. Un peu plus tard, la chanteuse apprend que son frère circulait à rollers au moment du drame. Version que me confirme leur mère, Marguerite Gautier : « Jean-Loup venait de terminer le mixage de plusieurs CD qu'il s'apprêtait à déposer chez un de ses copains. Roulait-il trop vite sur ses rollers ? À un carrefour, il a été heurté par une voiture conduite par un très jeune homme qui a aussitôt prévenu les secours. Après les premiers constats, ces derniers n'ont trouvé aucun papier sur lui. Et pour cause : Jean-Loup était parti sans carte d'identité. Après plusieurs heures d'attente, sa femme s'était couchée sans s'inquiéter outre mesure. Du moins jusqu'à trois heures du matin où, réveillée, elle s'est aperçue que Jean-Loup n'était toujours pas rentré. Malgré l'heure tardive, elle a tenu à téléphoner chez l'ami où il était censé se rendre. Ce dernier lui a répondu : "Mais je n'ai pas vu Jean-Loup !" C'est à partir de ce moment-là qu'elle a téléphoné à droite et à gauche : pompiers, police, hôpitaux, et c'est là qu'on a fini par lui dire qu'il se trouvait à la morgue de l'hôpital Foch de Suresnes[1]. » Transporté aux urgences de l'établissement hospitalier, Jean-Loup a en effet succombé à ses blessures durant le trajet.

Les obsèques se déroulent le jeudi suivant à l'église de Garches, dans les Hauts-de-Seine. Les cheveux relevés, vêtue de pourpre et de noir, Mylène garde les yeux rivés sur le cercueil de son aîné, le visage fermé sur sa souffrance. Comme si cette dernière ne suffisait pas, la famille Gautier doit faire face à la calomnie dans les jours qui suivent. Un hebdomadaire à la réputation sulfureuse publiera des allégations sans fondement qui, bien entendu, ne font qu'aviver la douleur de Mylène et des membres de sa famille, anéantis par la disparition de ce fils et de ce frère auquel la chanteuse dédicacera, à l'automne suivant, son nouvel album, *Innamoramento.*

Après la disparition de son père en 1986, ce second drame intime ne restera pas sans conséquences pour Mylène. Son désir avoué d'une existence plus sereine apparaît en filigrane dans plusieurs entretiens successifs. Aux abords de la trentaine, la jeune femme laisse ainsi entendre publiquement qu'elle ne refuse plus le projet de devenir mère : « Jusqu'à il y a encore très peu de temps, cette idée de me prolonger à travers un être me terrifiait. J'ai toujours eu très peur de retrouver en cet enfant des facettes de moi-même que je n'aimais pas. J'ai toujours eu l'impression que je ne saurais pas l'aimer. Je ne me sentais ni la force ni l'espoir ni la capacité d'élever des enfants. Mais, à présent, la prolongation de moi m'est enfin devenue tolérable. Aujourd'hui, effectivement, je crois que j'aimerais avoir un enfant[2]. »

En attendant de réaliser son vœu, Farmer est à l'honneur pour la seconde fois, début 1997, lors des 12e Victoires de la Musique. *Anamorphosée* a battu tous les records avec plus d'un million d'exemplaires : mieux que Hallyday ou Julien Clerc ! Au mois de mai suivant, le triomphe de Bercy est retranscrit sur un double CD *live* qu'accompagne une vidéo de Boutonnat et François Hanss. L'album renferme vingt titres et une surprise : le chanteur algérien Khaled, venu rejoindre la chanteuse un soir sur scène pour un duo surprenant de *La Poupée qui fait non*, l'increvable succès de Michel

Polnareff, sur un rythme raï-dance. « C'est une idée commune ; nous avions envie de chanter ensemble. Nous aimons tous les deux Polnareff. Personnellement, je crois que c'est la première chanson que j'aie apprise », assure l'interprète de *Didi*, plutôt ravi de sa collaboration avec Farmer : « Elle est trop délirante. On a rigolé comme des fous ! » Bonne humeur que confirme l'ingénieur du son Thierry Rogen, de retour en grâce dans l'équipe de Farmer. Il est vrai que l'enregistrement a été réalisé dans ses studios Mega, en l'absence de Boutonnat : « Ça été très rapide ; Mylène et Khaled se sont vus quatre heures en tout et pour tout ! »

Comme les précédents, l'album va naviguer pendant plusieurs mois entre la onzième et la troisième place des meilleures ventes, à peine concurrencé par l'irruption de Nathalie Cardone. Celle-ci présente la version repatinée d'un hymne à la gloire du révolutionnaire argentin Ernesto Guevera, mort en 1967 en Bolivie : *Hasta Siempre*, dont l'arrangement est signé Laurent Boutonnat...

Béarnaise d'origine mi-andalouse mi-sicilienne, Cardone a été comédienne avant de devenir chanteuse. Elle a débuté au cinéma en 1988 dans *Drôle d'endroit pour une rencontre*, de François Dupeyron, avec Catherine Deneuve et Gérard Depardieu, et conquis son public dans *La Fille des collines*, de Robin Davis, et *La Petite Voleuse*, de Claude Miller. Malgré une nomination aux Césars, sa carrière a du mal à décoller. Au moment où la jeune femme commence à désespérer, elle fait, par l'intermédiaire d'une amie commune, la connaissance de Boutonnat, alors en quête d'une interprète hispanophile. Le vidéaste cherche-t-il alors à remplacer Farmer qui écume divers pays du monde, d'Irlande en Italie et en Russie ?

Cardone estime que « leur histoire » n'est pas son affaire : « Le projet de *Hasta siempre* existait déjà depuis quelque temps déjà, mais Laurent tâtonnait. Après notre rencontre, cela s'est fait très vite et très humainement, sans calcul ni de sa part ni de la mienne[3]. » Afin d'illustrer cette composition écrite en 1965 par Carlos Puebla, le réalisateur et sa protégée s'envolent pour Cuba où la chanson, remixée par Boutonnat, connaîtra bientôt un énorme succès. Le clip y est réalisé en cinq jours avec une marge d'improvisation qu'apprécie Cardone : « Laurent filmait quand je ne le savais pas ; c'est quand vous vous lâchez que vous croyez qu'il ne tourne plus, c'est là que ça l'intéresse. En fin de compte, un bon film ne tient pas qu'au jeu des acteurs, mais bel et bien au travail du réalisateur. Je ne me suis pas rendu compte, sur le moment, de ce que mon jeu allait rendre. Je croyais que Laurent était passé à côté de moi, qu'il ne voyait pas qui j'étais. En fait, en regardant le résultat, j'ai été extasiée. Je n'ai jamais été aussi bien filmée[4] ! »

À ces plans tournés dans l'île, Boutonnat intégrera quelques images d'archives du « Che », comme il l'avait fait dans *Tristana* avec celles de Lénine. La séquence finale n'est pas sans rappeler celle de *Désenchantée* : une femme guidant un peuple vers un horizon incertain. « L'action se déroule dans une école qui ressemble étrangement à celle de La Higuera, poursuit Nathalie Cardone. Par la magie des techniques, le Che est là, agonisant. C'est une sorte de passation de pouvoirs. La femme repart de cet endroit, un bébé accroché à son sein et une mitraillette dans le dos. Les hommes détournent le regard, seules les autres femmes se lèvent, la rejoignent et se retrouvent, au final, pour danser une *santería*. L'héroïne a triomphé[5]. »

C'est un triomphe d'un autre genre qui attend Farmer en janvier 1999. Depuis plusieurs mois, en association avec l'infatigable Boutonnat, la chanteuse travaille à l'enregistrement de son cinquième album : *Innamoramento* — l'amour naissant, en italien — dont la sortie est prévue pour le mois d'avril suivant. Entre-temps, un *single* inaugure le futur opus : *L'Âme-stram-gram*, aux paroles résolument érotiques : *« En moi, en moi toi que j'aime /Dis-moi, dis-moi quand ça n'va pas / Immisce et glisse l'abdomen /Dans l'orifice à moi... »* À en croire son interprète, le choix de ce premier extrait, fruit du hasard, n'est pas forcément représentatif des morceaux à suivre : « Ça s'est trouvé comme ça, Laurent a posé une rythmique, et j'avoue que j'avais très envie de quelque chose, justement, de rythmique, voire d'un petit peu plus léger. »

Sur la pochette de l'album, Farmer apparaîtra juchée sur une cage à requins immergée dans l'océan. Prise à Miami par Marino Parisotto Vay, la photo, de par la volonté délibérée de l'interprète, va laisser le champ libre à diverses interprétations : « On voit une cage, on voit une silhouette au-dessus, on peut penser à l'oiseau. Maintenant, peu m'importe d'ailleurs si c'est un oiseau ou non ; l'idée est qu'on puisse voir effectivement cette porte entrouverte et cette cage entourée d'eau qui peut être menaçante ou qui peut être paisible, on ne sait pas bien... Personnellement, j'y vois une sorte d'envol et de chute, comme l'amour qui peut vous porter vers le haut et vers le bas. » Autant dire que l'album déclinera, au travers de ses treize titres, tout le spectre du sentiment amoureux : qu'il soit naissant, perdu ou passionné. Clins d'œil littéraires, une fois encore : Saint-Exupéry pour *Dessine-moi un mouton*, ou Primo Levi dont l'ouvrage *Si c'est un homme* inspire *Souviens-toi du jour*, qui aborde le devoir de mémoire à propos de l'Holocauste. À une nuance de taille près, toutefois : « Là où la chanson de Mylène est pleine d'espoir, résolument tournée vers la potentialité de l'être humain à surpasser sa haine — *Si c'est un homme/lui parler d'amour à volonté* —, le témoignage de Primo Levi est, quant à lui, exactement contraire : il démontre que les camps de concentration réussissent à bestialiser l'homme. C'est là toute la puissance de la tragédie du livre que Mylène "déflore" en en prenant le contre-pied[6]. »

Comme à l'habitude, le livret accompagnateur se veut particulièrement soigné. De nombreux collages illustrent les textes. Au pied de l'un d'eux, une seconde énigme sous forme de signature : celle du peintre autrichien Egon Schiele dont Farmer affirme partager l'univers écorché : « Il y a sans cesse chez lui un mélange de vie et de mort, comme s'il avait toujours su qu'il mourrait jeune. La peinture, c'est l'exaltation la plus intime, la vraie folie. J'ai connu quelque chose qui se rapproche de cette exaltation lorsque je suis montée sur scène pour la première fois. Ça a été la plus belle expérience de ma vie, mais aussi la plus déstabilisante[7]. » L'identification avec l'un des maîtres de l'expressionnisme s'arrête-t-elle là ? On peut se poser la question lorsque l'on sait que les modèles de Schiele ont fréquemment été des rousses provocantes et mélancoliques...

Pour la promotion de sa production, l'artiste accepte de participer à plusieurs émissions de radio dont elle recevra la plupart du temps les animateurs dans un des salons cossus du Royal Monceau, à un jet de pierre de sa nouvelle résidence. Côté télévision, elle choisira de n'accorder que deux prestations : à Lynda Lacoste pour MCM et à Paul Amar. Mais au journaliste de Paris Première interloqué, elle déclarera avoir certes passé un bon moment, mais pour la dernière fois, car elle refusera à l'avenir une interview aussi longue (cinquante minutes)...

La star accorde pourtant encore deux longs entretiens à la presse écrite : *Vogue* et *Elle*, à cause du photographe des vedettes, Jean-Marie Périer, dont elle a fait la connaissance quelques années plus tôt à Los Angeles. Cette rencontre, le fils du célèbre acteur François Périer s'en souvient comme d'un moment privilégié : « Elle m'avait prévenue d'emblée : j'ai horreur de poser pour des photos, et lorsqu'il y a un appareil, je deviens un peu parano. En fait, dans la vie, elle est complètement différente, beaucoup plus tournée vers les autres que la plupart des artistes que j'ai rencontrés au cours de ma carrière[8]. » Le jour dit, Périer et Farmer se retrouvent dans un studio parisien. Attentif aux appréhensions de son modèle, l'homme d'images lui propose d'utiliser dans un premier temps des films Polaroïd qui lui permettront de visualiser sur-le-champ le résultat de son travail. « On fait une première photo, je la sors du châssis et la lui tends. Mylène pose l'épreuve sur une table et se penche pour la regarder de près. À ma grande surprise, elle reste dans cette position quatre bonnes minutes, sans dire un mot. Nul n'ose parler. J'ai l'impression d'avoir douze ans et de passer un examen de dissertation devant un professeur pointilleux. Puis elle se relève en dodelinant de la tête et dit doucement : "Non." Et elle déchire la photo. Ce manège se reproduit une quinzaine de fois, sans agressivité aucune. Elle n'accuse personne. À l'entendre, je ne suis coupable de rien. Simplement, c'est "Non !" Tout à coup, la seizième lui convient. Elle sort donc du studio pour changer de tenue. Je regarde la photo à mon tour avec insistance pour tâcher de comprendre ce qu'elle a de mieux que les autres[9]. » En définitive, poursuit Périer, une quinzaine d'épreuves seront jetées au rebut, les trois clichés retenus restant en revanche épinglés sur un mur comme autant de trophées : « Elle en a effectivement déchiré pas mal, et ça m'a plutôt fait marrer. Bien sûr, elle avait un droit de regard sur les images, et je n'ai pas pensé contester son exigence, c'était normal : c'est elle qui apparaît sur la photo. Mon seul regret est de ne pas l'avoir revue plus souvent par la suite. Je le regrette, car j'aime beaucoup cette femme[10]. »

Garder la maîtrise de son image, tout est dans cette représentation que veut bien donner Mylène Farmer d'elle-même. Chaque pose apparaît comme le fruit d'une longue réflexion. L'artiste refuse tous les clichés où on la voit souriante, « vivante ». Elle choisit en d'autres termes de livrer un aspect bien particulier de sa personne, et un seul. Résultat garanti : l'ensemble du public garde en tête une image bien précise : celle de la star parfaite et diaphane, telle qu'elle l'a voulue. Ces photos — où l'artiste paraît parfois inhumaine, tant elle est surexposée — restant de surcroît très rares, créent chez les fans une frustration. Le résultat un peu pervers de toute l'affaire est que les admirateurs finiraient par se damner pour une photo un peu plus naturelle, plus quotidienne...

Elle est déjà en place dans les kiosques depuis plusieurs jours quand Farmer apprend la terrible nouvelle : Bertrand Le Page a mis fin à ses jours à l'âge de quarante-six ans. Comme la plupart des proches de l'ex-manager, la chanteuse l'a appris par le carnet des décès de *Libération* du vendredi 9 avril 1999. Rédigée par un ami journaliste de Le Page, l'annonce débute et se termine ainsi : « Votre route a peut-être un jour croisé la sienne… Merci d'avoir une pensée pour lui et pour ceux qui l'ont aimé[11]. » Celui que nous appellerons Tristan fait partie de ceux-ci. Alors âgé de vingt-deux ans, c'est en 1992 qu'il a fait la connaissance de l'éditeur dont il a partagé l'intimité parisienne durant une demi-douzaine d'années. De retour dans le Sud-Est, sa région natale, le jeune homme avait conservé des liens étroits avec Le Page, notamment par le truchement de longues conversations téléphoniques nocturnes. Les circonstances de la brutale disparition de son ami ne l'ont guère surpris : « Dans un premier temps, j'ai pensé qu'il avait avalé deux boîtes d'un médicament qui aurait entraîné une hémorragie interne, puis j'ai appris qu'il avait préféré se tirer une balle dans la tête. C'est alors que je me suis souvenu qu'il s'était rendu un jour à New York où les armes sont en vente libre. L'idée d'en finir est née à ce moment-là. Je lui disais : “Je respecte ton choix, mais il y a des manières très douces de partir.” Il me répondait : “D'accord pour avaler des médicaments, mais, si je me rate, j'ai peur de rester dans un fauteuil.” Par la suite, au cours de soirées passées ensemble à son domicile parisien du boulevard de Dixmude, je l'ai vu jouer avec ce revolver et je n'étais guère rassuré, surtout lorsqu'il avait bien bu. Dès que le nom de Mylène tombait dans la conversation, il devenait comme fou, répétant sans arrêt : “Je vais aller la tuer, je vais aller la tuer !…” Et il commençait à tirer dans tous les sens. Un jour, devant les réclamations des voisins, son propriétaire l'a contraint à quitter l'appartement, ce qu'il a fait pour s'installer avenue Hoche[12]. »

Ce changement de décor n'aura pas d'effets positifs sur l'état dépressif de Le Page, chaque nouvelle production farmérienne étant reçue par lui comme une souffrance supplémentaire : « Un jour de l'année 1996, je l'ai vu s'effondrer en larmes au vu de l'affiche 4x3 du concert de Bercy. Puis il s'est repris : “Bon, on oublie, on revient à Lio !” » Depuis sa séparation d'avec Mylène, Bertrand s'occupait, on s'en souvient, des intérêts de l'interprète de *Banana Split*. Il travaillait également comme conseiller artistique pour AB, dirigée par Jean-Luc Azoulay, l'heureux producteur du *Club Dorothée* et de la série à succès, *Hélène et les garçons*. Un temps, il essaya de la même façon de donner sa chance à Pascale Chambry, ex-animatrice de l'émission *Vitamine*, diffusée sur TF1. Sans plus de succès. Entre excès, échecs professionnels et dépression, le cœur n'y était plus.

D'où sa décision de s'exiler en 1998 à Hyères, sur la Côte d'Azur. Sa façon à lui de dire adieu à Paris et au show-biz. Persuadé de posséder des dons médiumniques, il envisagea alors d'installer un cabinet de cartomancie dans la cité varoise. Dans un premier temps, Bertrand est accueilli chez un ami antiquaire hyérois : « Un type adorable, mais qui ne pouvait s'empêcher de le présenter chaque fois à ses amis comme le Pygmalion de Farmer[13] », complète un autre ami de Le Page, Julien, lequel rejoignait régulièrement les deux amis sur la Côte. Malgré son accueillant cadre de vie de remplacement, le moral de Le Page reste au plus bas. Le projet de cabinet de voyance n'aboutira jamais, comme le désespéré l'expliquera à Tristan deux mois avant sa disparition. Ce sera leur ultime entretien téléphonique : « Il venait d'apprendre la date de sortie d'*Innamoramento* par l'indiscrétion d'un intime de Mylène dont il était tombé fou amoureux. Pour moi, il n'a pas choisi par hasard la date de son grand départ ; il l'a sciemment fait coïncider avec cette publication. »

Le rapprochement des deux événements est effectivement troublant, mais Le Page n'avait-il pas programmé depuis longtemps sa disparition ? Tristan me le confirme : « Lorsque nous nous sommes rencontrés, il m'avait dit qu'il se donnait encore sept ans à vivre. Certes, sa rupture d'avec Mylène n'a pas été un facteur négligeable dans sa décision, mais il y avait aussi et surtout sa séropositivité. Il n'aurait jamais supporté la déchéance physique. C'est dans ce contexte qu'il avait décidé de liquider son affaire d'édition musicale, revendue pour sept millions de francs. Il savait que son train de vie nécessitait un million de francs par an : d'où cette perspective des sept années[14]. » *Innamoramento*, prétexte à un suicide prémédité à date fixe ? Nul n'en aura jamais le cœur net.

Les obsèques de Le Page se déroulent le 9 avril dans le nouveau cimetière de Saint-Malo. Quelques rares amis du manager ont tenu à faire le déplacement. Parmi eux, la chanteuse Jackie Quartz, arrivée dans une voiture bleue. Ni Farmer ni Boutonnat n'y assistent, la chanteuse a toutefois annulé un entretien prévu ce jour-là sur RTL. Le prêtre qui conduit l'office funéraire rappelle à son assistance le dernier souhait du défunt sous la forme d'une citation empruntée à Paul Valéry. En forme d'épitaphe, Le Page désirait voir inscrit sur sa pierre tombale : « Il dépend de celui qui passe que je sois tombe ou trésor, que je parle ou me taise : Ami, n'entre pas sans désir… »

Mylène s'abstiendra d'évoquer publiquement la mémoire de son ancien manager, ce que de nombreux amis du disparu reprocheront à la chanteuse. C'est ainsi le cas de Pascale Chambry : « J'ai interprété son silence comme un ultime abandon ; lui rendre hommage sur les plateaux télé, à la radio, aurait été une belle façon de lui dire au revoir. Certes, il n'est pas question de faire de l'ombre à cette femme et à cette artiste, mais il me semble totalement injuste d'oublier que Bertrand fut à l'origine de sa carrière, de son style, de son mystère. Il la protégeait de tout, lui était plus que dévoué, et savait comment jouer avec les journalistes. À cette époque, il était heureux, je crois[15]. »

Une autre chanteuse, Ysa Ferrer, sera profondément bouleversée par la disparition de Le Page, au point de lui dédier l'un de ses titres : *Mourir pour elles*[16]. Les paroles en apparaissent lourdes de sens : *« Tu as donné de ta personne / À trop de gens qui en jouaient / Et puis un jour ils t'abandonnent / À tes remords, à tes excès / […] Tu t'es laissé bafouer / Tu t'es laissé trahir / Ils t'ont laissé pleurer / Ils t'ont laissé mourir… »*

Mylène fut-elle si indifférente à la disparition de Le Page ? Rien n'est moins sûr, si l'on en croit les exégètes farmériens qui, eux, verront dans l'une de ses futures compositions un hommage à l'ami disparu. Il s'agit de *Pas de doute*, dont les vers peuvent effectivement être lus comme une dédicace : *« Tout n'est qu'une vaine mise en scène / Tes faux départs sont toujours les mêmes / D'être tendu n'ajoute rien au problème / Tous tes ébats sont stériles et même / Après tout demain peut-être différent / Quitte à faire vite / Je prends les devants. »*

Sans vouloir faire parler les morts, Le Page n'aurait-il pas été d'accord pour dire que le *show must go on* ?

C'est ce qui survient en tout cas. Deux semaines après sa sortie, *Innamoramento* fait déjà partie des meilleures ventes, coiffé d'une tête par *Hors Saison* de Francis Cabrel, double disque de platine avec plus de 600 000 exemplaires vendus. Ravie, Farmer s'apprête à s'envoler pour la Chine où l'attend le réalisateur du prochain clip de la chanson *L'Âme-stram-gram* : Ching Siu Tung. Au scénario original suggéré par la chanteuse, cet originaire de Hong Kong apportera ses modifications et ses propres « fantômes », comme elle dit — allusion au long métrage en trois parties mis en scène par Ching et intitulé *Histoire de fantômes chinois*. L'équipe est rapidement à pied d'œuvre et, au long des cinq jours de tournage, n'hésite jamais à mouiller sa chemise, de l'aveu même de Farmer : « Nous avons travaillé énormément, vingt heures parfois, sans interruption. Les conditions atmosphériques étaient difficiles. J'avais un changement permanent de costumes. Mais c'était passionnant et c'est le plus important. »

D'après l'un des meilleurs analystes du répertoire farmérien, Mathias Goudeau, Mylène a décidé de toute évidence de se doter d'une nouvelle image avec cette production : « Loin de l'univers torturé que lui compose souvent l'imagerie de Laurent Boutonnat, elle propose là un clip clair et coloré, évanescent et aérien[17] » Un autre connaisseur, lui, s'amusera à décortiquer le texte de *L'Âme-stram-gram* en y relevant bon nombre de jeux phonétiques aux sonorités érotiques : « fouis » (jouis), « confisse » (con et fesses), « l'essaim » (les seins), « bourrée » (on comprendra tous), « qu'on soit des monts (démon) de Saturne », etc.

Autre tournage, au retour en France : celui de *Je te rends ton amour*, dont elle a confié la réalisation à François Hanss, l'ancien assistant de Boutonnat. À l'instar de son maître, Hanss a peut-être voulu jouer la carte de la provocation avec cette vidéo chargée de symboles audacieux et d'images fortes (Mylène y apparaît par exemple nue, recouverte de sang). Les réactions — était-ce le but recherché ? — ne se font pas attendre : plusieurs scènes de *Je te rends ton amour* choquent des associations catholiques ou s'attirent les foudres du CSA. Jugeant la chanson et le clip par trop violents, les programmateurs des chaînes décident de ne les diffuser qu'après minuit et, pour certaines, pas du tout. Contrariée mais désireuse de ne pas se couper des supports télé, sa piste d'envol principale, Mylène demande à Hanss de couper les scènes litigieuses. La jeune femme décide tout de même de sortir la version intégrale du clip dans le commerce, accompagnée d'un livret de photos signées par Claude Gassian. Un coup commercial ? Point, déclare la chanteuse qui annonce que tous les bénéfices seront reversés au Sidaction. Les militants anti-Sida la remercieront d'autant plus chaleureusement que les ventes dépasseront les 70 000 exemplaires…

Dans la logique d'un enchaînement désormais bien connu — sortie de disque, clips télévisés, récitals —, Farmer entame à la fin du mois de septembre les premiers concerts de sa nouvelle tournée, baptisée Mylenium Tour (jeu de mots sur Mylène et Millénium). Comme les précédentes, la série de récitals à travers une quarantaine de villes (plus de trois cent mille spectateurs attendus) nécessite une logistique impressionnante : treize semi-remorques de décors, de lumières et d'accessoires pour un budget global estimé à vingt millions d'euros…

Coup d'envoi, une fois encore, dans le sud de la France : au Dôme de Marseille, devant des inconditionnels, et, pour certains d'entre eux, des fans au bord de l'extase. La scène est masquée par un voile qui, une fois tombé, découvre une imposante statue entre Vierge Marie et déesse indienne, inspirée d'une peinture surréaliste de Hans Rudi Giger, artiste suisse devenu célèbre depuis qu'il a créé le monstre d'*Alien*, le film de Ridley Scott. Farmer s'est déplacée à deux reprises à Zurich où vit Giger. Mais, à son vif regret, celui-ci n'avait jamais entendu parler d'elle auparavant : « C'était, je l'avoue, assez gênant de ne pas savoir qui elle était... Les stars et les chanteurs qui n'ont qu'un public francophone sont inconnus à cause de la barrière des langues, ici, en Suisse. Mais, à la première écoute d'un de ses albums, j'ai tout de suite vu à quelle femme exceptionnelle j'avais affaire et je me suis réjoui de sa visite à mon musée de Gruyère[18]. » La seconde rencontre se déroule dans l'atelier zurichois de Giger. Mylène y est flanquée de Thierry Suc, son manager, et de Guy-Claude François, le décorateur attitré du metteur en scène de théâtre Ariane Mnouchkine. François présente au Suisse les ébauches réalisées selon les désirs de Farmer : une statue de onze mètres de haut dont certains éléments pourront se mouvoir. « Aussitôt après avoir vu ces dessins, j'étais convaincu que quelque chose de grand allait se passer... », conclut Giger, enthousiaste. Sans attendre, le voici donc au travail.

Mylène l'avait imaginé : l'objet sera fonctionnel. En sortiront des danseurs, un escalier, des fumigènes, des lumières. Et même un double de l'artiste qui, au commencement, apparaît en haut de l'édifice, avant de rejoindre la scène dans une des paumes ouvertes de la statue. « Ambiance très fin de millénaire pour cette célébration d'un rite païen qui vénérerait une déesse lointaine et névrosée[19] », dira une critique. Innovation : chaque soir, Farmer accepte qu'un spectateur la rejoigne sur scène, sous l'œil vigilant, tout de même, de ses gardes du corps : « Dans ces cas-là je pense à autre chose qu'au danger ; plus à un partage[20]. »

La plupart des chansons sont extraites d'*Innamoramento*, entrecoupées d'un rapide pot-pourri de *Pourvu qu'elles soient douces*, de *Maman a tort*, de *Libertine* et de *Sans contrefaçon*. À en croire certains articles de presse, ces refrains familiers auraient gagné à se démarquer plus nettement des chansons du nouvel album. Mais bon, la tournée remporte un tel succès que plusieurs dates devront être ajoutées avant la série de trois récitals prévus en mars 2000 en Russie (deux à Moscou, un à Saint-Pétersbourg).

Les premiers se déroulent dans la prestigieuse salle moscovite de l'Olimpiski. Quarante mille spectateurs, parmi lesquels de nombreux fans de la première heure, réservent un accueil délirant à l'artiste française, sous l'œil vigilant de l'Armée ex-rouge. « En principe, ils n'ont pas le droit de se lever pendant un concert, mais ils l'ont quand même fait pour manifester leur joie en s'approchant même très près de la scène, ce qui fut un des moments assez forts[21] », se souviendra Farmer, qu'on imagine satisfaite.

Avant cette tournée en Russie, l'interprète a tenu à assister en janvier, à Cannes, à la première édition des « NRJ Music Awards », sorte de Victoires interactives de la Musique destinées au jeune public dont les votes déterminent les récompenses. Deux interprètes féminines concurrencent Mylène : Patricia Kaas et Véronique Sanson, nominées l'une et l'autre dans les trois catégories établies. Mais, au grand dam de ses consœurs et rivales, Farmer rafle la mise, remportant les trois trophées : meilleur album, meilleur concert, meilleure artiste femme. Un grand chelem bien mérité, sans doute, mais dans lequel le lobbying de son fan-club aurait pesé d'un poids certain. Des observateurs ont en effet remarqué que, pendant plusieurs semaines, le site du Mylène Farmer International Fan-Club (plus de cinq mille membres), dirigé par Jean-Rémy Gaudin-Bridet, avait proposé un lien avec celui du réseau FM, encourageant les fans à plébisciter la chanteuse par leur vote.

Farmer était-elle « au parfum » des résultats avant leur proclamation ? On peut le penser, puisqu'elle n'hésita pas à débarquer de Los Angeles en jet privé, la veille de la cérémonie, avec une suite de trente personnes. Secret défloré ou pas, la remise des récompenses ne l'empêcha pas de fondre à nouveau en larmes, sur scène, devant les caméras de TF1 qui retransmettait le programme en direct.

Dans la salle, l'incontournable Boutonnat savoura lui aussi ce moment de triomphe, aboutissement d'une double carrière sans la moindre fausse note. Le duo imaginait-il de revenir sur la même scène, un an plus tard, pour fêter un autre succès phénoménal, celui d'une jeune beauté corse alors inconnue ?

16

La petite entreprise

Le petit bonhomme de chanteuse est née en 1984 à Ajaccio et c'est en hommage à leur passion — la planche à voile ! — que ses parents, Joseph et Michelle Jacotet, ont décidé de l'appeler Alizée. Aux prouesses sportives sous le soleil de Méditerranée, la fillette préfèrera toutefois la musique, le dessin et la danse, du jazz au classique en passant par les claquettes. Sa biographie officielle raconte qu'à onze ans elle a remporté un concours consistant à colorier un avion. L'y ayant inscrite par hasard, son père a de quoi s'enorgueillir : l'œuvre juvénile sera reproduite grandeur nature sur un appareil de ligne aussitôt baptisé du prénom de sa fille. Mais ce n'est qu'en 1999 que la vie de cette brunette prend la forme d'un « véritable conte de fées ». Sélectionnée pour *Graines de Star*, le jeu télévisé de M6, Alizée pousse la chansonnette devant des millions de téléspectateurs : une reprise de *Ma prière*, créée par Axelle Red. Triomphe, trophée, et ce n'est pas tout : c'est après la diffusion de l'émission que le tandem Farmer/Boutonnat l'aurait choisie pour interpréter une de ses compositions inédites, *Moi... Lolita.* Selon Alizée, des amis des parents Jacotet seraient intervenus auprès du couple pour *booster* la carrière de leur jeune prodige. L'affaire, en tout cas, est rapidement ficelée : après quelques essais en studio, Farmer et Boutonnat prennent en main la carrière d'Alizée. La suite relève du secret d'État : « On nous a expliqué qu'elle n'était pas disponible pour des raisons personnelles. En réalité, elle préparait son titre et était en contrat exclusif avec Mylène Farmer[1] », dira quelques mois plus tard Laurent Boyer, de *Graines de Star.*

Inspirée du célèbre personnage de Vladimir Nabokov[2], *Moi... Lolita* commence à être diffusée sur les ondes au mois de mai 2000. Mais le titre ne prend vraiment son envol qu'au milieu de l'été, avec le clip réalisé par Boutonnat. On y retrouve Alizée dans la peau d'une jeune et jolie fille qui exhibe sa fausse candeur avec ostentation. Dès la première scène, le ton est donné : un homme d'une vingtaine d'années (Jérôme Devoise) court après une adolescente sur une route de campagne. Le plan, filmé caméra à l'épaule, donne l'impression de la course-poursuite d'un violeur derrière sa victime. Or le garçon finit bien par rattraper Lolita, mais c'est pour lui déclarer timidement sa flamme. En guise de réponse, la chanteuse lui demande « deux cents francs », façon pour Boutonnat de planter son personnage, mi-enfant innocente qui plaît à ses aînés, mi-fillette vénale profitant de l'atout de sa jeunesse. Suite de l'action : Lolita fugue d'un foyer dirigé par une mère tyrannique (Anne-Marie Pisani) en compagnie de sa petite sœur (Liliana). Après avoir traversé des champs d'orge pour attraper le bus qui va les conduire jusqu'à la ville, Lolita et sa cadette se retrouvent devant l'entrée d'une discothèque. L'aînée règle le prix de l'entrée avec le billet reçu du séducteur timide de la première séquence. À l'intérieur de l'établissement, Alizée-Lolita devient l'objet de tous les regards qu'elle aiguise un peu plus grâce par une danse suggestive. Le court-métrage s'achève avec l'arrivée du garçon amoureux, lequel se propose pour raccompagner Lolita et sa sœur.

Une fois n'est pas coutume, Boutonnat colle d'assez près au personnage du roman de Nabokov, lui faisant par exemple reprendre la diction exacte de l'ouvrage lorsqu'il est question du prénom de l'enfant et de ses surnoms : « Lo ou bien Lola, du pareil au même », puis en lui demandant de décomposer à plusieurs reprises son nom : « Lo-li-ta ». Références évidentes à l'un des passages du célèbre roman : « Lolita, lumière de ma vie, feu de mes reins. Mon péché, mon âme. Lo-li-ta : le bout de la langue fait trois petits bonds le long du palais pour venir, à trois, cogner contre les dents. Lo. Li. Ta. Elle était Lo le matin, Lo tout court, un mètre quarante-huit en chaussettes, debout sur un seul pied. Elle était Lola en pantalon. Elle était Dolly à l'école. Elle était Dolorès sur le pointillé des formulaires. Mais, entre mes bras, c'était toujours Lolita[3]. »

La longue scène de la discothèque — 50 % du clip — sert surtout à montrer sous toutes les coutures la nouvelle égérie qui danse sous les yeux des spectateurs présents, métaphore de la jeune chanteuse en quête de popularité. Les rapports ambigus entre Lolita et sa mère, de même qu'avec le jeune homme, sont relégués au second plan, Boutonnat semblant n'être intéressé que par la seule Alizée, laquelle ne fait qu'une avec Lolita... jusqu'à en parler à la première personne. Quant aux signes distinctifs du cinéma « boutonnesque », cherchons-les dans les plans larges en plongée sur les champs d'orge, le lent travelling avant sur une pauvre maisonnette, ou dans la violence que subissent ses héroïnes. Extrapolant légèrement par rapport au texte original, cette vidéo à la narration plutôt schématique mêle des images-symboles du passage à l'âge adulte à partir de poupées de porcelaine à taille humaine évoquées dans le texte.

Bref, en cette année 2000, la conception du clip a évolué chez Boutonnat. À cela, deux raisons. La première est d'ordre personnel : il a toujours considéré *Giorgino* comme l'aboutissement de son univers. La seconde est liée au contexte de l'époque en matière de vidéo-clips : depuis le milieu des années 90, le flux de productions ne permet plus aux chaînes même musicales (MCM, M6 Music, Fun TV, MTV France...), de consacrer dix minutes d'antenne à un seul titre. Boutonnat l'avait d'ailleurs compris dès 1991 lorsqu'il proposait deux versions différentes de *Désenchantée*, la plus courte[4] étant destinée à une diffusion plus large. Mais l'expérience s'arrêtera là : il est déjà difficile à un auteur d'amputer son film en vertu de contraintes commerciales, mais si certaines suppressions en viennent de surcroît à inverser le sens de la chanson et de la version intégrale du film, on nage en pleine absurdité.

Soucieux toutefois de rester plus proche du cinéma que de la télévision, Boutonnat persiste à tourner sur pellicule 35 mm et au format panoramique. En revanche, il cessera de remixer les titres afin de s'en servir comme complément de bande sonore, il supprimera les bruitages et ne composera plus de musiques additionnelles. Façon bien à lui de s'éloigner de sa propre œuvre. De mettre en tout cas un terme à la cohérence de sa production. Notons d'ailleurs que c'est à la même époque que s'achève l'exploitation systématique de ses clips en salle et sur vidéo-cassettes. Désormais, seule la télévision, notamment à travers les chaînes musicales, se fera le médium des clips de la maison Boutonnat.

Le succès de *Moi... Lolita*, lui, est bien là et ne se limite pas à l'Hexagone. Récompensée aux M6 Awards et aux NRJ Music Awards dans la catégorie « Révélation française de l'année 2000 », c'est à la Russie d'offrir à la jeune interprète un trophée lors de la cérémonie des Hit FM Awards. Au même moment, son tube s'apprête à devenir disque d'or aux Pays-Bas, en Allemagne, en Italie, en Espagne et même en Angleterre où il fait une entrée remarquée dans les *charts* britanniques, performance rarement accomplie par un artiste français, les derniers en date étant Vanessa Paradis et son *Joe le taxi* en mars 1988, et, pour remonter dans le temps sur deux décennies, le sulfureux *Je t'aime moi non plus* de Gainsbourg et Birkin en 1969.

Ce rayonnement commercial peu courant de la chanson française incite le ministère des Affaires étrangères à se transformer en maître d'école en proposant sur son site officiel... une véritable explication de texte de *Moi... Lolita.* Jamais relevée dans les médias ni par les associations bien-pensantes, l'initiative peut étonner, émanant d'un organisme officiel. Mais regardons-y de plus près. Les rédacteurs de la fiche « ministérielle » proposent d'abord d'éclairer les astuces de Farmer parolière : « *Lo de vie* : jeu de mots avec l'eau-devie. *Diluviennes* : allusion aux larmes et peut-être au nombre excessif de prétendants. *Hello, helli* : jeu de mots avec L.O., L.I., lettres contenues dans le prénom Lolita. *Bleu de méthylène* : désinfectant ; ici, dans le mot méthylène, il y a le mot m(éth)ylène qui est le nom de l'auteur de la chanson. *Mi-coton, mi-laine* : sans caractère défini ; "mi-laine", allusion directe à l'auteur[5]. »

Après ces brèves explications, passons aux travaux pratiques. À des élèves de niveau cours élémentaire on demande d'épeler son prénom en français, comme fait la jeune interprète : « LOLITA, L-O-L-I-T-A... » Aux plus âgés on propose de créer un dialogue avec les membres de phrase suivants : *Attends ! Attends ! / T'as pas 200 F ? / je voudrais savoir si tu... / Non, ce n'est pas la peine, je te les rendrai.*

L'exercice suivant utilise le clip comme support. Il suggère aux jeunes spectateurs d'en identifier les différents personnages et les lieux, puis de répondre aux questions suivantes : « Quelles sont les caractéristiques du personnage de Lolita ? Quelles réactions Lolita provoque-t-elle chez les autres ? À partir du texte, quelle est, selon vous, la conception de la vie de Lolita ? Comment comprenez-vous les phrases : *Quand je rêve aux loups / c'est Lola qui saigne et je suis un phénomène.* »

Le dernier exercice, prolongement du précédent, est à réaliser, paraît-il, en « petits groupes ». Chacun devra dire ce qu'il pense de l'attitude de Lolita, de la mère, du jeune homme amoureux, et répondre à la question : « Est-ce qu'il serait (était) possible pour vous de sortir comme Lolita ? » Il faudra ensuite imaginer, en le jouant, le dialogue entre la mère et la fille, et celui du jeune homme amoureux avec l'héroïne sur le modèle des phrases suivantes : *j'aime ton / ta / tes*, ou *j'habite, je vois, j'entends, je suis, j'aime, je veux.*

En France et à l'étranger, le lancement de la jeune Corse s'accompagne de la même stratégie marketing parfaitement huilée : seules neuf photos envoyées aux médias, et aucun passage télé ni aucune interview avant plusieurs mois. Le but est clair : créer l'attente, la demande avant même la sortie d'un premier album. Ce sera bientôt chose faite avec *Gourmandises*, offert au public en novembre 2000. Sur des musiques de Boutonnat, Farmer y signe des textes qui abordent de nombreux thèmes touchant à l'adolescence : les rêves, l'amour, l'inquiétude de l'avenir, l'émancipation, etc. Histoires vécues, à en croire l'apprentie star : « Je me suis confiée à Mylène comme je l'aurais fait avec ma meilleure amie. » De son côté, Farmer surenchérit : « Je suis fière d'elle. » La star a toutes les raisons de se sentir satisfaite de la prestation de son élève, car le succès est à nouveau au rendez-vous : au fil des mois, plus de 800 000 copies vendues. Le second single — *L'Alizé* —, publié en même temps que l'opus, ne démérite pas en se classant très vite numéro un des ventes : plus de 700 000 exemplaires en quelques semaines. Un véritable pactole pour les mentors et leur cascade de sociétés[6]. Au titre de l'exercice 2001, Requiem Publishing, la firme productrice de Farmer/Boutonnat, propriétaire des marques Alizée et Moi Alizée, réalise ainsi un chiffre d'affaires de 5 390 500 € « dû essentiellement à la production d'Alizée[7]... », soulignent les deux cogérants dans un procès verbal d'assemblée générale. Cette manne, ajoutée aux ventes de la compilation en coffret et en édition limitée de l'album *Les Mots* (700 000 exemplaires[8]), et aux droits d'auteur provenant de ses précédents disques, versés par la Sacem[9] à Farmer de devenir, cette même année, la chanteuse française la mieux rémunérée, avec un bénéfice de 10,4 millions d'euros (près de 70 millions de francs). Chiffre phénoménal qui lui permet de devancer aisément les têtes de liste que sont des locomotives françaises comme Patrick Bruel (8 millions d'euros), Jean-Jacques Goldman et Manu Chao (un peu plus de 6 millions d'euros chacun[10]). Si Johnny Hallyday ne fait pas partie du quartet gagnant, c'est que, contrairement aux autres « poids lourds » de la chanson, le rocker ne coiffe qu'une seule casquette : celle d'interprète, alors que Mylène joue et gagne sur tous les tableaux : auteur, compositeur, interprète, productrice et éditrice musicale. Mais, bien sûr,

Johnny reste par excellence le « Monsieur Chanson française », sa seule concurrente s'appellant précisément Farmer. Et, comme il en va de tous les « monstres sacrés », leurs fans collectionnent avec avidité tout ce qui les touche de près ou de loin.

Estimer le nombre des adeptes de la « Farmermania » ? Pas facile. Au contraire de la plupart des chanteurs de variétés à succès, l'interprète d'*Ainsi soit je...* a en effet toujours refusé de créer son propre fan-club officiel, elle refuse aussi d'entretenir des rapports avec les clubs officieux, ce qui ne l'empêche pas de se tenir au courant de leurs activités : « Je sais, parce qu'on me le rapporte, que certains font un très bon travail[11]. » L'exploration de la cinquantaine de sites francophones créés au fil des ans sur le Net[12] donne malgré tout un aperçu du nombre des inconditionnels. D'après mes propres observations, ces farmériennes plates-formes attirent chaque année plusieurs dizaines de milliers de visiteurs ; ce constat nous permet d'estimer à cinquante mille le « noyau dur » des fidèles, voire des fanatiques, en France, et à plusieurs centaines ceux qui se sentent prêts à toutes les folies.

Ludovic Sergeat fait partie de ces derniers. Depuis 1997, cet étudiant orléanais (âgé de quinze ans à l'époque), calcule qu'il a consacré plusieurs milliers d'euros à sa passion. « Ce sont des achats que je réalise avec mon argent de poche et grâce à divers petits boulots durant les vacances scolaires[13] », m'explique-t-il. Créateur du site *À quoi je sers*, c'est en esthète qu'il m'exhibe quelques pièces de sa collection : packagings réalisés pour les lancements d'albums, enveloppes de velours ou scellées à la cire, doublées de papier de soie, cousues de pétales de rose en tissu, ou encore coffret présentant un CD incrusté dans un grand XXL de métal brossé... Des objets, sans conteste, beaux et élégants. Et pour cause : rien n'échappe au contrôle de Farmer qui, toujours préoccupée par son image, veille personnellement au choix des produits dérivés qu'elle souhaite voir associer à son nom. Un patronyme et un prénom qu'elle a transformés dès septembre 1997 en marque déposée[14].

Bien avant cette date, elle en avait confié la conception à Henry Neu, patron avec Pierre-Henri Bouchacourt de Com'N.B, société spécialisée dans le design graphique et l'architecture d'intérieur. Sa rencontre avec la chanteuse a lieu par l'intermédiaire de Claude Chabane, responsable de la fabrication chez Universal. « Il nous a testés avant de nous confier, un an après, toute la communication visuelle de Mylène Farmer », explique Neu, content d'empocher la mise, du moindre sticker aux disques de diamant : « Nous avons tout fait, de la PLV (publicité sur le lieu de vente) à la VHS, en passant par le merchandising, les albums, les singles, les objets collectors. Notre travail consiste à recueillir, coordonner et interpréter la volonté du chef de produit, du responsable marketing et de l'artiste. » Mais pas seulement. Pour le *Live à Bercy*, par exemple, une vente record de merchandising, tout le travail de création du designer a pris comme fil conducteur « la volonté de reconstituer l'ambiance des concerts de Mylène ». Un souci qui implique, de son point de vue, une étroite collaboration entre l'interprète et l'artiste-artisan, comme il se définit lui-même : « Nos réalisations doivent conquérir la chanteuse avant de conquérir son public. »

Dans ces conditions, rien d'étonnant à ce que Farmer soit devenue l'artiste dont la cote grimpe le plus vite dans le monde à chaque publication d'objet rare. C'est ce qu'affirme en tout cas la société britannique Esprit, plus gros vendeur par correspondance de disques de collection. Selon Esprit, la star a creusé depuis belle lurette un large fossé entre elle et ses « concurrentes » les plus prisées, Vanessa Paradis et Céline Dion. Très courus aussi, les stands Farmer des conventions de disques et ceux du Salon du disque de collection qui se déroule une fois l'an, à la fin de l'hiver, dans l'enceinte du Palais Omnisports de Bercy. Là, une centaine d'exposants ouvrent leur malle aux trésors pour le plus grand plaisir des collectionneurs. À cette bourse des objets du désir, l'action

Mylène Farmer flambe chaque année allègrement : sept cents euros, la Pyramide promo de *Je t'aime mélancolie ;* plus de mille cinq cents euros, la petite araignée fabriquée pour la promotion du *Live à Bercy ;* et mille huit cents euros la statue créée pour la promo du Mylenium Tour, limitée à deux cents exemplaires ! Et ce n'est pas tout : ses premiers titres, des échecs commerciaux, sont aujourd'hui les plus recherchés. Par exemple, *On est tous des imbéciles* (1985), avec quarante mille exemplaires vendus ; édité en simple, sa cote en 1998 était montée à mille cinq cents euros, puis à deux mille pour le maxi 45 tours. Autre titre convoité qui date de la même époque, *Plus grandir* s'échange autour de mille cinq cents euros. La pochette de la première édition de *Libertine* (1986) montre Farmer en veste orange ; pour l'acquérir, l'afficionado devra débourser la même somme, mais un prix supérieur s'il veut se procurer la seconde version avec Mylène devenue elle-même rousse…

Guère de différence, en fin de compte, avec Johnny, Sylvie et autres Dalida qui appartiennent au club très restreint des chanteurs les plus adulés. À cette nuance près, toutefois, que tient à souligner Patrick Galera, propriétaire du *Nostalgia Mood*, l'une des boutiques parisiennes qui sert de rendez-vous aux adorateurs de Farmer : « Ses fans sont monomaniaques. Pour eux, c'est Mylène, point barre ! »

Si le marché « farmérien » a ses valeurs officielles, il a également ses vidéos pirates et ses contrefaçons, souvent réalisées à l'étranger, en Russie et en Turquie notamment. Ses profiteurs, aussi, qui vendent à prix d'or collectors et hagiographies. Ses affairistes, qui proposent des compilations de passages de Farmer à la télévision et qui, après avoir encaissé votre règlement, ne tiennent jamais leurs engagements. En cours d'enquête, l'auteur de cet ouvrage a été lui-même victime d'un site lyonnais, *marvalorca@free.fr*, derrière lequel se cacherait une certaine « Camille ». Ce marché a enfin ses délits d'initiés, comme s'en souvient Jean-Rémy Gaudin-Bridet : « Un jour, on a frôlé la catastrophe. Mylène avait accordé à *Elle* une interview et des photos exclusives réalisées par Jean-Marie Périer. On n'a jamais su comment, mais les négatifs de ces clichés se sont retrouvés en vente sur le site avant même la parution du magazine, au risque de remettre en cause tout le plan média. » Sollicité, le photographe m'affirmera ne pas avoir gardé souvenir de cet incident : « C'est possible, même si j'avais réalisé des Polaroïds 20/25 qui ne nécessitent pas de passage par un laboratoire[15]. » En résumé : mystère et boule de gomme…

À l'automne 2003, une autre affaire va carrément prendre, quant à elle, une tournure judiciaire. Ce jour-là, Xavier, trente-quatre ans, doit s'expliquer devant les magistrats du Tribunal correctionnel de Montpellier pour avoir piraté et revendu « sous le manteau » (et au prix fort) des disques et des vidéos introuvables de Farmer. L'histoire débute à la fin des années quatre-vingt-dix, peu de temps avant la disparition de Bertrand Le Page dont Xavier était devenu l'une des relations privilégiées. À l'en croire, c'est au nom de leur amitié que l'ex-manager de la chanteuse l'aurait désigné comme « exécuteur testamentaire », lui confiant documents et objets exceptionnels. Caverne d'Ali Baba farmérienne : l'intégrale des coupures de presse originales, les vidéos de ses apparitions télévisées, un disque de platine (il n'en existe que trois au monde), le catogan des débuts, un coffret-promotion numéroté contenant deux disques, mais aussi la totalité de ses CD de promotion et de ses précieux « masters », morceaux originaux enregistrés en studio et non destinés à la commercialisation. Conscient de la valeur de ce trésor, Xavier, garçon dépressif aux revenus irréguliers, décide d'en faire commerce par le biais d'annonces publiées dans le *Mylène Farmer Magazine*, avec la complicité bienveillante du gérant de la publication. Un échange de bon procédé, m'explique Xavier : « Nous avons signé un contrat en bonne et due forme : je lui écrivais des articles sous le pseudo d'Hubert X., en contrepartie de mes annonces[16]. » Toujours selon lui, Le Page se serait montré ravi par l'initiative de son protégé : « Bertrand me poussait en me répétant : "Vas-y, nique-les ! Tu t'en fous[17] !" Au fil des ans, la petite industrie de Xavier se révèle particulièrement juteuse. Devant les magistrats, il admettra en effet avoir récolté dans les cinquante mille francs (environ huit mille euros) ; sous le sceau de la confidence, il avancera — souci d'exactitude ou vantardise ? — une somme quatre fois supérieure. Réussite qui lui sera toutefois fatale : mise au parfum, Universal, la maison de disques de Farmer, décide de mettre le holà : plainte en justice, défense de ses intérêts confiée à la Société civile des Producteurs phonographiques. Après avoir rappelé le manque à gagner de l'industrie du disque, mise à mal par le piratage sur Internet, son avocat, Érick Ravinetti, souligne le caractère particulier de ces œuvres copiées — « Ces documents n'auraient jamais dû être diffusés puisqu'il s'agit des archives personnelles du manager de Mylène Farmer[18] » — avant d'exiger plus de vingt mille euros de dommages et intérêts et la confiscation des œuvres offertes par Le Page. Les magistrats lui donneront satisfaction sur ce dernier point, mais en s'en tenant toutefois à une peine de principe : mille euros d'amende avec sursis et versement de dix mille euros à Universal pour le pirate montpelliérain…

Contrairement au roublard Xavier, la plupart des fans de Farmer, tout entiers dévoués à sa cause, se montrent on ne peut plus loyaux et fidèles. Dévotion somme toute sympathique d'inconditionnels qui se contentent d'une « solitude partagée » baignant dans un univers mélancolique. Leur incroyable vénération envers cette star ambiguë, mystérieuse, aux apparitions calculées, ne les empêchent pas d'admettre la distance et la retenue de Mylène. À quelques exceptions près. Par exemple, lorsque Jean-Rémy Gaudin-Bridet, cofondateur du site et de la revue *Mylène Farmer International Fan-Club,* décida, au début de 2001, de se saborder, déçu par les silences « désespérants » de la chanteuse : « Il faut attendre d'elle le minimum, et même ne rien attendre. La seule chose claire, de sa part, c'est que nous ne faisons ça que pour notre seul plaisir ! » Sur le vide entretenu à dessein par la star, Gaudin-Bridet se veut plus explicite : « Mylène est rare. Elle accorde très peu d'interviews, ne fait presque pas de télés. Du coup, ses fans s'arrachent tout ce qui parle d'elle, et vivent dans la hantise constante de la "dernière fois". Comme de grands enfants malheureux... » Toujours selon lui, chacun guette pourtant un signe. « À la tribune des NRJ Awards, elle a déclaré : "J'aime ceux qui m'aiment." On a reçu un courrier fou, dans la foulée. Comme si les fans ne lui avaient jamais entendu dire ça avant ! »

Pour le porte-parole des fans en manque d'affection, les motifs d'amertume ne s'arrêtent pas là. Au moment de la sortie d'un single, *L'Histoire d'une fée, c'est...* (jeu de mots : comprendre « l'histoire d'une fessée »), extrait de la bande originale du dessin animé américain *Les Razmoket*, il va lancer par voie de presse son second pavé dans la mare en narrant dans le détail ses rapports avec la chanteuse : « La première fois que nous avons rencontré Mylène Farmer, la seule chose qu'elle nous ait dite, c'est : "Je veux que vous utilisiez des photos approuvées..." Je ne m'attendais pas à ce genre de mots-là... Pourtant, nous avons continué, parce que nous nous sommes dit que les textes et l'univers de Mylène étaient bouleversants et que cette aventure valait la peine, au moins pour les fans... Nous nous sommes dit aussi que si Mylène exigeait que nous utilisions des photos d'agence, alors en retour ses équipes nous faciliteraient peut-être la tâche (sans pour autant officialiser le fan-club, ce qui n'a jamais été notre souhait). Malheureusement, les choses ont empiré. Le prix des photos a été multiplié par dix en trois ans ! [...] Au fond, la seule chose que je reproche à Mylène Farmer et à son entourage, c'est de ne pas faire d'efforts sur le plan humain et de ne pas respecter le travail de personnes bénévoles qui se privent souvent de week-ends pour que ses admirateurs les plus assidus se sentent moins seuls. Si je n'avais pas respecté Mylène Farmer, j'aurais utilisé sur notre site Internet et dans nos magazines des photos-pirates. Le prix de la cotisation aurait été moins élevé, et davantage de personnes auraient pu rejoindre le MFIFC. Malheureusement, nous aurions sans doute eu un procès. Là encore, la sélection par le prix a donc été imposée indirectement par Mylène Farmer. »

La disparition du site et de la revue aux six mille abonnés de Gaudin-Bridet constitue un mauvais coup pour Farmer. Elle se sentira d'ailleurs dans l'obligation de se justifier, non sans véhémence, dans les colonnes de *Paris Match* : « Ne faites pas d'un cas isolé une généralité. Je veux qu'on sache que je n'ai jamais été à l'initiative d'un fan-club, ni officieux ni officiel. Je n'adhère pas au culte de ma personnalité. Si quelqu'un ou quelques-uns ont décidé de leur plein gré de créer un fan-club, c'est sous leur entière responsabilité. Je ne me suis pas opposée à la publication de leurs journaux, car ils étaient de qualité. Mais, pour autant, leur destinée n'est pas de mon ressort, et ils le savent très bien. »

Dont acte.

Pour ce qui est de la frustration ressentie par certains de ses fans, la championne du hit-parade n'en démord pas : « Je ne pense pas qu'on “donne” nécessairement quelque chose en racontant sa vie dans les journaux. Je suis quelqu'un de très secret. Mon respect pour le public est sans ambiguïté. Mon implication morale, intellectuelle et sentimentale est la même, de l'écriture d'une chanson à la fabrication d'un clip, d'un tee-shirt ou d'un spectacle. Quand je donne un concert, il y a un investissement colossal sur scène, aussi bien émotionnellement que financièrement. J'offre exactement le même spectacle à Paris, en province ou en Russie. »

Sur la manne financière que son nom engendre, elle se montre en revanche plus discrète : pas question de chiffrer ce qu'elle a gagné, même en le comparant aux rentrées de Laetitia Casta, estimées en 2001 à plus de cinq millions d'euros. « C'est aussi faux que lorsqu'on dit que je suis enceinte, que mon vrai prénom est Marie-Hélène, ou quand le magazine *Marie-Claire* affirme que je suis mère d'un enfant. L'argent me donne une formidable liberté, mais ce n'est pas une fin en soi[19]... » Ce qui n'empêche pas de l'engranger, avec un sens aiguisé des affaires, comme le suggère avec une étonnante franchise Jean-Louis Murat, l'un de ses meilleurs amis, ancien co-interprète de *Regrets* : « Dans le business, les deux personnes que j'ai rencontrées, c'est Mylène et Laurent. Je les adore et les respecte infiniment. D'une intelligence à la Warhol. Ce sont ceux qui comprennent le mieux les mécanismes de ce business, qui sont en meilleure position pour le pervertir, en tirer tous les fruits. Ils crachent dessus tout en faisant cracher le fruit.... » Ou faire surtout « cracher » les fans ? Murat le suggère également, mais n'est-ce pas le but du « truc », ainsi qu'il l'explicite : « C'est un challenge profondément immoral, intéressant[20]... »

Malmenée à ses débuts par les « branchés », stigmatisée aujourd'hui par bon nombre de ses fans déçus, la chanteuse au teint diaphane se doit de rebondir. Ses nouvelles cautions ? Elle les trouve auprès de plusieurs intellectuels de renom. D'abord la romancière Amélie Nothomb qui brosse un véritable panégyrique de la chanteuse : « La fascination que suscite Mylène Farmer a quelque chose à voir avec le culte. » Puis Salman Rushdie, l'auteur des *Versets sataniques*, rencontré lors d'un vernissage dans une galerie londonienne. Amitié aidant, Rushdie fera l'aller-retour depuis Londres avec ses gardes du corps pour assister au concert de Farmer à Bercy. Sollicité par la presse, l'écrivain condamné à mort par une fatwa de Khomeyni, déclarera à propos de la star française : « Ses textes, entre mélancolie et sensualité, souffrance et abandon, m'émeuvent. Sa voix, moitié de ce monde, moitié d'ailleurs, est étonnante, c'est la voix d'un ange déchu. » Mais d'autres relations farmériennes ne laissent pas non plus d'étonner, notamment lorsqu'elle accepte de dessiner la couverture de *Où es-tu*[21] ?, le second roman de Marc Lévy, présenté comme le nouveau *wonder boy* de la littérature populaire depuis la parution de son best seller *Et si c'était vrai ?* Association d'autant plus remarquée que l'ouvrage caracole pendant plusieurs semaines dans le peloton de tête des meilleures ventes. Quant aux liens entre Mylène et Lévy, ils resteront aussi mystérieux que la dédicace elliptique de celui-ci en tête de son nouveau roman : « À M. »...

En cet automne 2001, l'écrivain à succès n'est pas le seul à faire l'actualité : les farmériens ont l'agréable surprise d'entendre au même moment la diffusion sur les ondes d'un duo de leur vedette avec le chanteur anglais Seal, interprète dix ans plus tôt de deux grands succès, *Crazy* et *Kiss From A Rose*.

17

La Rebelle respectueuse

Pour les fans comme pour les médias, c'est peu dire que ce premier duo international Farmer/Seal est inattendu. La chanson l'est beaucoup moins. *Les Mots* apparaît en effet comme une ballade typiquement farmérienne, d'une noirceur toute romantique. Un clin d'œil au célèbre ouvrage de Sartre dans lequel le philosophe écrivait qu'« on ne guérit pas d'une névrose » ? Probablement, puisque Farmer va le paraphraser à sa manière dans un entretien réalisé en Belgique : « On peut sans doute guérir de ses névroses, mais j'ai vu des gens encore plus névrosés après avoir consulté. » Son inspiration, l'auteur-interprète l'aura aussi puisée dans d'autres créations artistiques : le célèbre tableau de Géricault, *Le Radeau de la méduse*, ainsi que d'obscures références à *Othello*, de Shakespeare, dont elle aura su utiliser avec subtilité l'anaphore (répétition du ou des mêmes mots en début de vers) et la quintessence sémantique : *« L'univers a ses mystères / Les mots sont nos vies / We can kill a life with words / So how would it feel / Si nos vies sont si fragiles / Words are mistery / Les mots les sentiments / Les mots d'amour, un temple*[1]. »

Autre surprise : le retour de Laurent Boutonnat au service de Mylène derrière la caméra, huit ans après *Giorgino*. Pour la mise en images des *Mots* dont il a composé la musique, le réalisateur va s'inspirer lui aussi largement de l'œuvre du peintre français Géricault : dispute sur un radeau entre Seal et la chanteuse qui, symboliquement, échappera encore à son public… emportée cette fois au milieu d'un océan furieux ! Comme d'habitude, Boutonnat n'a pas lésiné sur les moyens pour sa Libertine : deux jours de tournage et cinquante techniciens ! Contrairement à ses premiers clips, le réalisateur ne s'appuie pas, cette fois, sur un scénario écrit, mais joue plutôt sur l'esthétique des couleurs et la volupté des corps filmés. On peut apprécier cette démarche délibérée à deux niveaux : métaphorique, lorsqu'il évoque les remous de l'océan, symbole du désespoir des amants ; visuel, lorsqu'il tente de reconstituer les tonalités du célèbre *Radeau* : jaunâtres, crépusculaires, ombrageuses, annonciatrices de malheur. Les anatomies de Mylène et de Seal sont filmées avec réalisme et précision (détails de parties du corps, gros plans sur le grain de la peau), rappelant ceux de Géricault peignant les survivants du naufrage de la *Méduse*. La réplique du radeau et celle de la voile sont, elles, troublantes de ressemblance.

En marge des multiples diffusions du clip sur les chaînes musicales, Farmer et Seal vont se produire une seule fois devant les caméras de télévision : le 19 janvier 2002, à l'occasion de la cérémonie des NRJ Music Awards. Ce soir-là, et pour la troisième fois consécutive, Mylène repartira avec le prix de la meilleure interprète féminine de l'année. Quelques heures avant le direct de TF1, son manager aura tenu à annoncer la couleur : répétition à huis clos, tard dans la nuit, et loge avec accès accordé au compte-gouttes.

Quatre mois plus tard — mais le secret aura été bien gardé jusqu'au bout — c'est la sortie d'un nouveau single : *C'est une belle journée*, bientôt mis en images sous la forme d'un clip d'animation, à partir des esquisses fournis par la chanteuse, signé Benoît di Sabatino, cofondateur de la société Antefilms. En février 2003, à l'occasion d'une soirée donnée au bénéfice des Restos du cœur, plusieurs artistes français offriront chacun leur tour leur interprétation personnelle du morceau, devenu alors un tube. Parmi eux Jean-Louis Aubert, Alain Souchon et M.C. Solaar, lequel reprendra bien entendu les dernières strophes en rap.

À la fin de la même année, Farmer récidive avec la sortie d'un second single, *Pardonne-moi*, troisième et dernier titre inédit du best-of *Les Mots* dont les ventes avoisineront le million d'exemplaires : c'est le plus grand succès des compilations de l'année. Il est vrai qu'une fois encore, l'équipe de la chanteuse n'aura pas lésiné sur le budget promotionnel. En octobre, *Pardonne-moi* aura fait l'objet d'une vaste campagne de publicité sur TF1 et M6. Résultat : selon Yacast, jeune société de droit anglais spécialisée dans la mesure de la diffusion musicale et publicitaire, Farmer serait passée 20 500 fois sur les ondes des radios françaises au cours des sept premiers mois de l'année ! Avec une audience cumulée atteignant 1,6 milliard de « contacts » (nombre total d'écoutes individuelles), elle ferait mieux que Goldman, de Palmas et Johnny[2].

Réalisé en noir et blanc, le clip de Boutonnat nous montre une Mylène sobrement filmée, en harmonie avec le texte de la chanson dans lequel il est tour à tour question de princes hongrois, hindou et arabe, sur une musique délibérément plaintive : *« Pardonne-moi / Si la douleur remue tout / Qu'elle me broie / De t'aimer comme un fou / Que tu n'es pas / Pardonne-moi... »*

Un mois plus tôt, en janvier, fort des ventes exceptionnelles des *Mots* et de l'infaillible soutien de ses fans, Farmer avait été l'invitée-surprise de la nouvelle édition des NRJ Music Awards. Elle en était repartie dans une tenue noire des plus sexy, munie de son quatrième prix de meilleure interprète féminine. Un record qui n'aura pas manqué d'impressionner la jeune Alizée pour laquelle Farmer et Boutonnat préparent déjà la sortie d'un second album...

Tournées internationales obligent, Farmer et Boutonnat attendront le mois de mars 2003 pour faire paraître le nouvel opus de leur protégée : *Mes courants électriques*, produit et écrit encore une fois par le duo, mais pour lequel Mylène a également embauché sa sœur aînée, Brigitte, cocréatrice des visuels de la pochette. Malgré ce renfort familial, l'album se révélera toutefois un échec commercial.

Le premier « simple » à en être extrait s'intitule *J'en ai marre : « Marre de la pluie, des courgettes / Qui m'font vomir sous la couette » ;* le second, *J'ai pas vingt ans*, sera, comme le précédent, mis en images par Boutonnat.

Les diffusions du clip débutent trois mois avant les premiers concerts d'Alizée, prévus à la fin de l'été 2003 à l'Olympia, mais dont les billets sont déjà en prévente — détail non négligeable qui va influer sur la réalisation de Boutonnat. Si on note la présence de tous les éléments renvoyant à un effet *live* (projecteurs visibles, caméra en position de quatrième mur théâtral, danseurs, musiciens, scène surélevée), on constate que seul un élément manque : le public. En réalisant *J'ai pas vingt ans* et en le soumettant aux médias et aux chaînes musicales, Boutonnat fait réellement acte de propagande pour les concerts à venir de l'interprète à qui il offre ainsi — et à lui-même par la même occasion — un spot publicitaire de quatre minutes trente-deux secondes. Il est vrai que l'enjeu financier semble énorme, et la concurrence sérieuse. *J'ai pas vingt ans* sort en effet — malencontreux hasard du calendrier — quelques semaines à peine après *À vingt ans* dont la jeune interprète, Lorie, commence à faire un tabac chez les pré-adolescents. À vingt ans « on est invincible » et « rien n'est impossible », clame Lorie. Alors âgée de dix-huit ans, Alizée réplique de manière péremptoire qu'on « est vieux à vingt ans ». En somme, il faudrait profiter de la vie avant de devenir vieille, aigrie et ridée comme Lorie (vingt ans !). Étonnante surenchère dans le jeunisme…

Le vrai combat va se dérouler sur la scène de l'Olympia, le 26 août 2003. Boutonnat et Farmer n'ont pas lésiné sur les moyens pour imposer leur protégée : plus de lumières, plus de danseuses, plus de guitares électriques pour Alizée ; plus large son sourire, et plus courte sa robe rose. Le spectacle s'apparente à un show grandiose aux dimensions d'une petite salle. Quelques (re)trouvailles formelles, comme les accessoires de chorégraphie que nul n'osait utiliser depuis l'âge d'or des majorettes : bâtons de dynamite allumés pour *J.B.G.*, foulards multicolores pour *Youpidou !*, supports de manège pour *À contre-courant*... Très « boutonnesque », l'introduction fait monter la pression en une dizaine de secondes, les refrains claquant à la guitare électrique, les arrangements très *dance* transformant en un clin d'œil la vieille salle de l'Olympia en une « gigaboum » adolescente. C'est à peine si le jeune public remarque la présence de Boutonnat : juché sur une rampe, le réalisateur délivre d'ultimes indications aux techniciens-lumière. Même Farmer, qui a rejoint le carré « son » pendant que la salle est plongée dans le noir, passe inaperçue. Tout pour Alizée...

Après sa série de sept concerts parisiens, la jeune chanteuse entame une tournée de plusieurs semaines dans les provinces françaises. La presse régionale a été mise à contribution. Invités par la maison Polydor, une demi-douzaine de reporters se sont retrouvés, au lendemain de la dernière de l'Olympia, dans un hôtel de luxe de la capitale. Autorisation exceptionnelle d'interviewer la Lolita corse, sous l'œil toutefois d'un cerbère vigilant.

Alain B. aura fait partie des heureux élus. S'il admet que sa jeune interlocutrice ne manque ni de charme ni de sang-froid, il insiste sur le fait que ses réponses sentent parfois la leçon apprise par cœur. La façon dont elle a vécu sa première scène ? « Plus le public est “grand”, plus il est attentif aux paroles... » A-t-elle voté ? « Pas encore. » L'argent, un sujet tabou ? « Je n'ai rien volé, être artiste c'est un travail ! » Ses parents ? « Ma mère ne me suit plus comme au début. On a eu de grosses discussions sur la minijupe, mais je crois que mon père voulait prévenir tout risque de vulgarité... » Le succès ? « Je reçois beaucoup de courrier et signe avec plaisir des tas d'autographes... » Ses relations avec Farmer ? « Mylène est à la fois ma meilleure amie, ma sœur et ma mère depuis toujours... »

Farmer vivrait donc là un rôle maternel par procuration. N'est-ce pas aussi sa façon à elle de continuer à projeter une image de jeunesse à laquelle elle s'est si longtemps identifiée ? Les deux, probablement. « Il y a une grande part d'enfance en moi, peut-être que je ne dois pas la quitter. Je sais qu'il y a un âge où on ne peut plus faire le Marsupilami sur scène. C'est vrai que j'ai peur de vieillir. [...] Je saurai quand viendra le moment où il faudra que je change. Non pas le fond de mon expression, mais la forme. Je saurai ne pas faire le "combat de trop". Partir avant de lasser[3]. »

Pas pour demain, quand même, tant il est vrai qu'au cœur de la quarantaine, Farmer semble avoir échappé à l'usure qui guette si volontiers les stars à la mode. Avoir su se préserver pour mieux durer, tel est d'ailleurs l'un des aspects les plus significatifs de cette artiste autodidacte, aussi douée qu'opiniâtre. Vingt ans après ses débuts, la star la moins bien connue de la chanson française règne encore sur le showbiz. Elle y occupera sans doute longtemps encore une place originale. À preuve : au cours de l'été 2004, sa maison de disques annonce la sortie d'un nouvel album pour l'automne suivant. Aussitôt les rumeurs courent sur les sites farmériens. On évoque des duos avec Alain Chamfort, Alizée, Amélie Nothomb, Perry Blake et Eduardo Noriega... ou des reprises « alléchantes » de Gainsbourg et du groupe Dépêche Mode. En définitive, rien de tout cela.... Malgré sa hantise de se tromper, il y a gros à parier que la Franco-canadienne surprendra une fois encore son large public, tant demeure puissante son obsession d'être d'abord perçue comme une artiste à part entière. « Je ne souhaite pas être connue, mais reconnue », aime-t-elle à répéter. Et de nous donner par là même l'une des clefs du fameux mystère Farmer : la soif absolue d'une double reconnaissance, sociale et professionnelle.

Au début de sa carrière, la jeune chanteuse — née, on s'en souvient, Gautier — déclarait sans vergogne à qui voulait l'entendre que Farmer était bien son véritable patronyme[4]. Par jeu ou de crainte de se voir accoler l'image d'une petite fille de Français moyens, guère valorisante à ses yeux ? Nous n'en aurons pas davantage, puisqu'elle aura démontré jusqu'à ce jour une farouche volonté de ne rien dévoiler de ses origines familiales : un père ingénieur, une mère ex-secrétaire administrative, elle-même fille de cultivateurs. Significative encore, cette allusion, dans le courrier qu'elle m'aura adressé en août 2004, rappelant que son père avait « participé à la direction de la société Coyne & Bellier ». Une distorsion de la réalité, puisque nous savons que Max Gautier n'en fut, jusqu'à la fin de sa vie, qu'un des nombreux et excellents cadres. Mylène Farmer, pour sa part, a gagné son pari d'ascension sociale grâce à cette carrière exceptionnelle qui en a fait l'artiste féminine la plus riche de France.

Pour atteindre l'autre forme de reconnaissance — celle de l'artiste, précisément —, Mylène Gautier, qui ne s'imaginait pas chanteuse, se sera cherchée durant de longues années. Sera advenue la rencontre providentielle avec Laurent Boutonnat, son compositeur attitré, réalisateur de ses productions ; et celle de Bertrand Le Page, son manager. Tous deux l'auront aidée à donner le meilleur d'elle-même, bouleversant un univers musical français peu coutumier des terrains minés comme ceux du désespoir, de la folie, du silence et de la solitude. Dans ce monde trouble, la chanteuse rousse, lucide et sans indulgence, toujours inquiète, déploie son talent avec un plaisir évident. Ses paris osés lui vaudront parfois les foudres d'ennemis qui dessineront d'elle une image cruelle de sorcière « allumée », ou la taxeront sans nuance de « vilaine fermière ». Jeux de mots faciles qui n'entameront nullement l'opiniâtreté de l'auteur de *Libertine* ou de *Pourvu qu'elles soient douces*. Toute à son objectif : devenir artiste, Farmer aura longtemps accepté d'être « sulfureuse » et « provocante ». Elle affiche aujourd'hui des références poétiques et visuelles ambitieuses : les textes de Baudelaire et de Poe ; ceux de Stephen King et de Henry James ; les tableaux de Jérôme Bosch, Egon Schiele ou Géricault ; le maniement des symboles comme dans les films de Luis Buñuel, Murnau ou David Lean. Sans oublier les contes de Perrault et de Grimm. En ce sens, comme son vrai-faux jumeau Boutonnat, la chanteuse s'inscrit dans une véritable veine populaire, car sans doute pense-t-elle que c'est là qu'on peut se montrer la plus subversive. Dans les limites du raisonnable, du moins : rebelle, oui, mais respectueuse.

Le personnage peut parfois paraître décourageant de froideur voire agaçant, avec ce mélange de pessimisme et d'égoïsme, de narcissisme et de provocation. Farmer pense davantage à vivre le monde qu'à le changer, même si, lorsqu'elle songe à elle, les motifs d'apaisement sont rares. Mais n'oublions pas les autres facettes de cette jeune femme attachante, subtile, sincère et pugnace, dure au labeur et aux talents pas tous révélés. Évident charisme d'une chanteuse capable de s'adapter et d'évoluer en fonction des goûts de son public, tout à la fois libertaire et bourgeoise, discrète et narcissique, puritaine et exhibitionniste, généreuse et manipulatrice, elle aura passé sa vie à rechercher l'extraordinaire. Et, comme elle le confie bien volontiers : « Je ne m'arrêterai pas là. »

Où peut encore aller Mylène Farmer ?

On est curieux de le savoir…

Notes

AVANT-MOT

1. *L'Événement du jeudi*, 31 décembre 1986.
2. Lettre de Mylène Farmer à l'auteur, en date du 19 août 2004.

CHAPITRE 1

Les diablotins du Belvédère

1. Entretien avec Marguerite Gautier, par l'auteur, 11 août 2004.
2. *Ibid.*
3. Entretien avec Spiro Agius, par l'auteur, 10 mai 2004.
4. Entretien avec Jean Fabreguettes, par l'auteur, 6 mai 2004.
5. *Ibid.*
6. Entretien avec Gabriel Schmidt, par l'auteur, 5 mai 2004.
7. *Ibid.*
8. *Ciné Télé Revue*, 1er février 1990.
9. *Mylène Farmer Magazine*, n° 31, avril-mai-juin 2004.
10. Entretien avec Bertha Dufresne, par l'auteur, 21 mai 2004.
11. Entretien de l'auteur avec Jean Fabreguettes.
12. Entretien de l'auteur avec Bertha Dufresne.
13. Entretien avec Éric Dufresne, par l'auteur, 23 mai 2004.
14. Entretien avec Camille Dagenais, par l'auteur, 18 mai 2004.
15. Entretien avec Rock Poulin, par l'auteur, 21 mai 2004.
16. *Ibid.*
17. *Ibid.*
18. *Podium*, n° 159, mai 1985.
19. *Télé Star*, 18 mai 1999.
20. *Libération*, 18 septembre 1995.

21. *Graffiti*, février 1990.
22. Courriel adressé par Johanne Palladini à l'auteur, le 23 avril 2004.
23. Entretien de l'auteur avec Jean Fabreguettes.
24. Entretien de l'auteur avec Bertha Dufresne.
25. Entretien de l'auteur avec Marguerite Gautier.
26. *Photo Musique*, n° 28, juillet 1988.
27. *L'Express*, 5 mai 1989.
28. *OK*, 20 juillet 1988.
29. Entretien de l'auteur avec Bertha Dufresne.
30. Entretien avec Nicole Dufresne, par l'auteur, 23 mai 2004.
31. Entretien de l'auteur avec Éric Dufresne.
32. Entretien de l'auteur avec Nicole Dufresne.
33. François Rivière, *Souvenirs d'Enid Blyton*, la Bibliotec du publieur, 2001.
34. *Podium*, novembre 1986.
35. *Angeline's*, n° 10, automne-hiver 1996.
36. *Girls*, 17 septembre 1986.
37. *Super*, n° 2, mai 1988.
38. *Rock News*, n° 33, décembre 1988.
39. Entretien de l'auteur avec Nicole Dufresne.

CHAPITRE 2

Vilaine mouffette

1. Entretien avec sœur Marie-Claire, par l'auteur, 21 mai 2004.
2. Entretien avec sœur Orienta, par l'auteur, 16 juin 2004.
3. Entretien avec Yolande Lebercque, par l'auteur, 21 et 25 mai 2004.
4. *Ibid.*
5. Entretien avec Jean-Pierre Bertrand, par l'auteur, 24 mai 2004.
6. *Star Club*, n° 12, novembre 1988.
7. Entretien de l'auteur avec Yolande Lebercque.
8. Entretien de l'auteur avec Bertha Dufresne.
9. Entretien avec Steve Abadie de Villeneuve, par l'auteur, 12 octore 2004.
10. Entretien de l'auteur avec Éric Dufresne.
11. *Girls*, n° 351, 17 septembre 1986.
12. *Télé Star*, 18 mai 1999.

Notes

CHAPITRE 3
Les étangs de Ville-d'Avray

1. Entretien avec Alain Maire, par l'auteur, 30 août 2004.
2. *OK*, n° 601, 20 juillet 1988.
3. *OK*, n° 460, 5 novembre 1984.
4. *Star Club*, n° 12, novembre 1988.
5. *Girls*, n° 351, 17 septembre 1986.
6. *Girls*, novembre 1986.
7. *OK*, n° 628, 25 janvier 1988.
8. Entretien avec Mylène Farmer, par Michel Denisot, *Mon Zénith à moi*, Canal Plus, 10 octobre 1987.
9. *Ciné Télé Revue*, 7 octobre 1999.
10. Entretien avec Mylène Farmer, par Laurent Boyer, *Pour un clip avec toi*, M6, 1991.
11. *France Soir*, 3 avril 1987.
12. Entretien avec Philippe Séguy, *Instant Mag*, été 2004.
13. *Ciné Télé Revue*, 7 octobre 1999.
14. Extrait d'un article rédigé par Mylène Farmer pour le magazine *Femme*, juin 1996.
15. Mathias Goudeau, *Mylène Farmer, le mystère*, Musicbook, 2003.
16. *OK*, n° 628, 25 janvier 1988.
17. *Ibid.*
18. *France Soir*, 6 octobre 1986.
19. *Graffiti*, hors série n° 4, 1987.
20. *OK*, n° 601, 20 juillet 1988.
21. *Jeune et jolie*, juin 1996.
22. *Star Club*, n° 12, novembre 1988.
23. *Graffiti*, 12 novembre 1988.
24. *Super*, n° 2, mai 1988.
25. *Elle*, 11 décembre 1989.
26. *Le Hérisson*, 22 mai 1991.
27. *OK*, n° 628, *op. cit.*
28. *Star Cheval*, 7 août 1991.
29. *Ibid.*
30. *Télé Poche*, 27 novembre 1989.
31. *Ici Paris*, 4 mai 1985.
32. *La Voix du Nord*, 12 octobre 1994.
33. *OK*, n° 628, *op. cit.*
34. Annie et Bernard Réval, *Mylène Farmer, de chair et de sang*, France-Empire, 2004.

35. Entretien avec Philippe Séguy, *Ainsi soit-elle*, Taillandier, 1991.
36. *Studio Magazine*, n° 82, janvier 1994.
37. *Ibid.*
38. *Télé Z*, novembre 1997.
39. Entretien avec Anne Roumanoff, *Plus de musique*, M6, 1er février 2003.
40. Entretien avec Thierry Mugler, par Camille Pouzol, *Personality*, février 1998.
41. *Ainsi soit-elle*, *op. cit.*
42. *Graffiti*, 1986.
43. *Studio Magazine*, n° 82, janvier 1994.
44. Lettre adressée à Laurent Boutonnat par le directeur du cabinet du ministre de la Culture en date du 24 septembre 1979. Archives du Centre national de la cinématographie.
45. Entretien avec Jérôme Dahan, *Platine*, avril-mai 1994.
46. *Le Matin de Paris*, 31 juillet 1986.
47. *Platine*, *op. cit.*
48. Voir également l'autobiographie de Frances Farmer, *Will There Really Be a Morning ?* Allison & Busby Ltd, 1974.

CHAPITRE 4

Puissance dix

1. Entretien avec Bertrand Le Page, par Jean-Pierre Pasqualini, *Platine*, 18 février 1995.
2. Nom d'origine bretonne signifiant acide, amer.
3. Entretien avec Bertrand Le Page, 18 février 1995.
4. *Paris Match,* 30 mai 1996 et *Radio Nostalgie*, 1996.
5. *Salut,* n° 238, 7 novembre 1984.
6. *Quel avenir Madame,* n° 16, septembre 1987.
7. *Quel avenir Madame*, juillet 1991.
8. *Boys and Girls*, 25 octobre 1984.
9. *Boys and Girls*, 25 octobre 1984.
10. *Cool,* n° 2, janvier 1985.
11. *Boys and Girls,* 24 mars 1985.
12. *Salut*, n° 238, 7 novembre 1984.
13. *Numéro 1*, n° 26, mai 1985.
14. *L'Est républicain*, 9 mai 1985.
15. *Ibid.*
16. *Podium,* n° 159, mai 1985.
17. Entretien avec Nathalie Rheims, par l'auteur, 9 juin 2004.

18. Entretien avec Xavier Sigala, par l'auteur, 28 avril 2004.
19. *La Dépêche*, 24 août 1986.
20. Entretien avec Laurent Boutonnat, par Philippe Lemaire, *Starfix*, avril 1986.
21. *Podium,* n° 204, janvier 1989.
22. *Télé 7 Jours*, 15 novembre 1986.

CHAPITRE 5

Libertine

1. *Top 50*, n° 29, 22 septembre 1986.
2. *Le Matin*, 31 juillet 1986.
3. *Nous Deux*, 7 juin 1988.
4. *Star Hits*, octobre 1987.
5. *Vous et votre avenir*, septembre 1986.
6. *Cool*, 30 mai 1987.
7. Entretien avec Mylène Farmer, par Marc Thirion, *Rock-Hit spécial*, janvier 1989.
8. Entretien avec Hubert X. par l'auteur, *28 avril 2004.*
9. *Rock News*, n° 15, janvier 1987.
10. Entretien de l'auteur avec Bertha Dufresne.
11. Entretien avec Bertrand Le Page, par Jean-Pierre Pasqualini, *Platine*, 19 mars 1995.
12. *Photo Musique*, n° 28, juillet 1988.
13. Entretien avec Xavier Sigala, par l'auteur, *op. cit.*
14. *Podium*, n° 176, octobre 1986.

CHAPITRE 6

Le bel été

1. Entretien avec Sophie Tellier, par Pierre Fageolle, *Platine*, mars 1997.
2. *Ibid.*
3. *Télé Loisirs*, n° 74, 1er août 1987.
4. *France Soir*, 3 avril 1987.
5. *VSD*, 20 novembre 2003.
6. *Ibid.*
7. *Ibid.*
8. *Ibid.*
9. Elsa Trillat, *Mylène Farmer magazine*, avril 2004.

10. *Ibid.*
11. *Ibid.*
12. *Ibid.*
13. Sollicitée à plusieurs reprises par l'auteur, Elsa Trillat n'a pas souhaité répondre à nos questions.
14. Entretien avec Mylène Farmer, par Pablo Rouy, *Gai Pied*, janvier 1987.
15. Thierry Séchan, *Nos amis les chanteurs,* Les Belles lettres, 1992 et entretien avec l'auteur, mai 2004.
16. Entretien avec Mylène Farmer, par Amélie Nothomb, *Elle*, mars 1996.

CHAPITRE 7

« Moi, je »

1. Edgar Allan Poe, *Contes-Essais-Poèmes*, Bouquins, Robert Laffont, 1989.
2. Entretien avec Bertrand Le Page, *op.cit.*
3. Entretien avec Gonzague Saint-Bris, par l'auteur, 8 mars 1998.
4. *Podium*, n° 204, janvier 1989.
5. *OK*, 3 décembre 1988 et *Graffiti*, décembre 1988.
6. *Graffiti*, n° 47, octobre 1988.
7. *Star Cheval*, 7 août 1991.
8. *Télé 7 Jours*, n° 1483, 29 octobre 1988.
9. Ifop – *Top 50.*
10. *Télé 7 Jours*, *op. cit.*
11. Entretien de l'auteur avec Xavier Sigala.
12. *Wit Fm*, avril 1999.
13. Entretien avec Bertrand Le Page, *op. cit.*
14. Elle lui a inspiré paroles et musique d'une des chansons de *Cendres de lune,* sobrement intitulée *Greta*. On peut y entendre à trois reprises la voix de son actrice fétiche : *« Greta rit, et moi je rougis/Greta tremble, la mort lui ressemble/Greta meurt, j'entends Dieu qui pleure/Greta aime, divine infidèle/Baisers froids comme elle/Je l'aime... »*
15. Antoni Gronowics, *Garbo, son histoire*, Presse de la Renaissance, 1990.
16. Rudy Leonet, *Télé Moustique*, 12 octobre 1989.
17. *7 à Paris*, 29 mai 1989.

CHAPITRE 8
Éternelles victimes

1. Isabelle Taubes, *Psychologie*, juin 1988.
2. *Ciné Télé Revue*, 1er février 1990.
3. Entretien avec Mylène Farmer, par Cécile Tesseyre, *Télé 7 Jours*, 10 décembre 1988.
4. *Ibid.*
5. *Attentat*, Amélie Nothomb, Albin Michel, 1998.
6. Entretien avec Amélie Nothomb, *Instant Mag*, avril 2000.
7. *Podium*, janvier 1989.
8. *Miss Starclub*, décembre 1991.
9. Entretien avec Mylène Farmer, par Danièle Thomson, *Elle*, avril 1991.
10. *France soir*, 10 novembre 1988.
11. *OK*, 20 février 1989.
12. *Lyon Matin*, 11 mai 1989.

CHAPITRE 9
Le baptême du feu

1. *L'Humanité Dimanche*, 17 mars 1989.
2. *Backstage*, 1er mai 1989.
3. Alain Morel, *Le Parisien*, 25 mai 1989.
4. Karim Demigneux, *L'Humanité*, 26 mai 1989.
5. Monique Prévot, *France-Soir*, 23 mai 1989.
6. Arnaud Viviant, *Libération*, 19 mai 1989.
7. *Le Progrès*, 14 juin 1989.
8. *Rock News*, n° 26, avril 1988.
9. Entretien avec l'auteur, 28 avril 2004.
10. Entretien avec Ludovic Sergeat, par l'auteur, 11 août 2003.
11. *Ibid.*
12. *Var Matin*, 24 septembre 1989.
13. *Le Provençal*, 26 septembre 1989.
14. *Le Progrès*, 11 octobre 1989.
15. *Lyon Figaro*, 13 octobre 1989.
16. *La Montagne*, 13 octobre 1989.
17. Jean Ellgass, *Le Matin*, 14 octobre 1989.
18. *Le Soir*, 23 octobre 1989.
19. *Instant Mag*, juin 2004.

20. Entretien de l'auteur avec Hubert X.
21. Il s'agit de l'entretien déjà évoqué dans le chapitre 6, publié dans *VSD* en novembre 2003.
22. Voir à ce sujet l'ouvrage de l'auteur, *Johnny, le rebelle amoureux*, Fayard, 200
23. Lettre de Mylène Farmer à l'auteur en date du 23 août 2004.
24. Fabrice Littamé, *L'Union*, novembre 1989.
25. *La Nouvelle République*, 13 novembre 1989.
26. *Télé 7 Jours* n° 1540, 2 décembre 1989.
27. *Libération*, 13 décembre 1989.
28. *Star Music*, 1991.

CHAPITRE 10

La Belle et le Corbeau

1. Entretien avec Bertrand Le Page, *op. cit.*
2. *Libération*, 12 mai 1995.
3. Entretien avec Lio, par l'auteur, 6 juin 2004.
4. *Madame Figaro*, 1er novembre 1991.
5. *Star Club*, 1991.
6. *Télé Magazine*, 8 juin 1991.
7. Deux versions différentes seront montées pour l'exploitation télévisuelle de *Désenchantée*. La première, d'une durée de six minutes, débute après la scène de la lapidation des enfants et se termine, avec la séquence de la fuite des détenus sur fond des bâtisses en flammes, par un arrêt sur image de Mylène tenant la main du jeune héros. D'une durée de dix minutes, la seconde débute avec l'arrivée de Farmer, accompagnée de sa matonne, et s'achève avec un générique sur fond blanc. Des modifications seront également apportées lors du mixage de la bande-son. Seule l'introduction de la chanson originale avec bruitage de pas apparaît ainsi dans la version courte, la plus fréquemment diffusée à la télévision.
8. *Dorothée Magazine*, 1er juin 1991.
9. *Star Music*, juin 1991.
10. *TV Hebdo Sud*, 20 avril 1991.
11. *Multitop*, 25 mai 1991.
12. *Podium*, avril 1991.
13. *Podium*, *ibid.*
14. *Podium*, *ibid.*
15. *Dorothée Magazine*, 1er juin 1991.

16. Entretien téléphonique avec Philippe Séguy, par l'auteur, 21 juin 2004.
17. Jean-Claude Perrier, *Mylène Farmer, au cœur du mythe*, Bartillat, 2003.
18. Mylène Farmer, *Lisa-Loup et le Conteur*, Anne-Carrière, 2003.
19. *Le Figaro magazine*, mai 2003.
20. *Le Nouvel Observateur*, mai 2003.
21. *Platine*, juin 2003. Coelho est également édité chez Anne-Carrière.
22. *TV Hebdo Sud*, 20 avril 1991.
23. *Récit recueilli par l'auteur, janvier* 2004.

CHAPITRE 11

Le « fou » de Mylène

1. Le récit de cette affaire est tiré de différents articles de presse publiés à cette époque.
2. Sollicités, Marcel et Colette B., les parents du jeune homme, n'ont pas souhaité évoquer cette dramatique affaire.
3. *Star Magazine*, juin 1996.
4. *Ciné Télé Revue*, mai 1991.
5. Version de la chanson souvent différente de celle de l'album, élaguée et normalisée spécialement en vue des passages radiophoniques.

CHAPITRE 12

Un hiver slovaque

1. Interview sonore inédite de Laurent Boutonnat, donnée à la presse.
2. *Ibid.*
3. Interview de Pierre Guffroy publié dans le dossier de presse de *Giorgino*.
4. Entretien avec Sophie Tellier, *op. cit.*
5. Interview de Mylène Farmer par Jean-Pierre Lavoignat, *Studio Magazine*, n° 91, octobre 1994.
6. Interview de Laurent Boutonnat par Juliette Michaud, dans *Studio Magazine*, n° 91, octobre 1994.
7. Entretien de Mylène Farmer, avec Jean-Pierre Lavoignat, *op. cit.*

8. Entretien avec Jeff Dahlgren, par Luc Vincent, *20 ans*, octobre 1994.
9. *Femme*, juin 1996.
10. *Studio Magazine*, *op. cit.*

CHAPITRE 13

Le mauvais coup de Grâce

1. Procès verbal de la commission de censure en date du 4 août 1994, Centre national de la cinématographie.
2. Décision de Hubert Astier, extrait du dossier de censure de *Giorgino*, Centre national de la cinématographie.
3. Caroline Bee, *Mylène Farmer, l'ange blessé*, Librio musique, 2003.
4. *Platine Magazine*, *op. cit.*
5. Vincent Vatrican, *Les Cahiers du cinéma*, 1er novembre 1994.
6. Juliette Cope, *20 ans*, octobre 1994.
7. Jean-Yves Katelan, *Première*, novembre 1994.
8. *Le Monde*, 6 octobre 1994.
9. *Le Canard enchaîné*, 14 octobre 1994.
10. *France-Soir*, 25 mai 1996.
11. Entretien avec L. Boutonnat, par Kristina Larsen, *Première*, nov. 94.
12. *Instant-Mag Hors Série* : Spécial *Giorgino*, octobre 2003.

CHAPITRE 14

Crabes et tourteaux

1. *Spécial télé*, juin 1996.
2. *7 Extra*, 31 octobre 1995.
3. Entretien avec Thierry Rogen, *Instant Mag*, automne 2003.
4. *Voici*, 23 janvier 1995.
5. Charlie Chaplin, *Histoire de ma vie*, Robert Laffont, 1964.
6. Entretien avec Thierry Rogen, *op. cit.* Sollicité par l'auteur, l'ingénieur du son n'a pas souhaité s'exprimer sur le sujet.
7. *Le Mag*, MCM, juin 2000.
8. *L'Express*, 2 novembre 1991.
9. *Ciné Télé Revue*, 7 octobre 1999.
10. Entretien avec Marie de Hennezel, par Mylènefarmeriscalled, mars 2001.
11. *7 Extra*, 31 octobre 1995.

12. *Le Courrier de l'Ouest*, 12 juin 1996.
13. *Spécial Télé*, juin 1996.
14. *Ibid.*
15. Patrice Delbourg, *L'Événement du jeudi*, 6 novembre 1995.
16. *Ibid.*
17. *Télé Moustique*, 25 octobre 1995.
18. Courrier adressé par M. Reynders, de Bruxelles, *Télé Moustique*, 2 novembre 1995.
19. TF1, 24 octobre 1996.
20. *Elle*, 5 avril 1999.
21. *Ibid.*
22. Voici les principaux participants au show 1996 de Mylène Farmer produit par Thierry Suc (Tuxedo Tour) : conception du décor : Xavier Grobois et Jean-Michel Laurent (L&G Design) ; conception des lumières : Fred Peveri ; son salle : Laurent Buisson ; chorégraphies : Mylène Farmer pour *Je t'aime mélancolie*, *Désenchantée* et *California* ; Christophe Danchaud pour *Libertine*, *XXL* et *Alice* ; Mylène Farmer et Christophe Danchaud pour *Sans contrefaçon* et *Que mon cœur lâche* ; Jaime Ortega pour *Et tournoie...* ; Danseurs : Christophe Danchaud, Jermaine Brownie, Augustin Madrid Ocampo Jr., David Martiano, Roberto Martocci, Brian Thomas, Valérie Bony, Donna de Lory ; direction musicale : Yvan Cassar ; guitares : Jeff Dahlgren et Brian Ray ; basse : Jerry Watts Jr. ; batterie : Abraham Laboriel Jr. ; claviers et percussions : Susie Davis ; choristes : Carole Rowley, Esther Dobong'Na Essienne, Valérie Bonny et Donna De Lory.
23. Entretien avec Mylène Farmer, par Dany Jucaud, *Paris Match*, 6 décembre 2001.
24. *Ciné Télé Revue*, 7 octobre 1999.
25. Entretien avec Johnny Hallyday, par l'auteur, 6 février 2003.
26. *Le Monde*, 29 novembre 1996.
27. *Gala*, juin 1996.

CHAPITRE 15

« Que je sois tombe ou trésor... »

1. Entretien de l'auteur avec Marguerite Gautier.
2. *Questions de femme*, novembre 1996.
3. Propos recueillis le 8 octobre 1997 par Gilles Cianfarani, *France-Soir*.
4. *Ibid.*

5. *Ibid.*
6. *Instant Mag*, n° 8, hiver 2002.
7. *Ciné Télé Revue*, mai 1991.
8. Courriel de Jean-Marie Périer à l'auteur, 7 septembre 2004.
9. Jean-Marie Périer, *Flash*, Filipacchi, 2002.
10. Courriel de Jean-Marie Périer à l'auteur, 7 septembre 2004.
11. *Libération*, 9 avril 1999.
12. Entretien avec l'auteur, avril 2004.
13. *Entretien avec l'auteur, 10 septembre 2004.*
14. *Ibid.*
15. Courriel de Pascale Chambry à l'auteur, 8 septembre 2004.
16. Des paroles écrites par Daniel Castano et Michaël Chalais.
17. Mathias Goudeau, *Mylène Farmer, le mystère...*, MusicBook, 2003.
18. Entretien avec H. Giger, *Mylène Farmer Magazine*, juin 2000.
19. Sacha Rheims, *Le Point*, 10 novembre 1999.
20. *Le Mag*, MCM, juin 2000.
21. *Ibid.*

CHAPITRE 16
La petite entreprise

1. *Plus vite que la musique*, M6, janvier 2001.
2. *Lolita*, de V. Nabokov, avait été publié chez Gallimard en 1958. À signaler également que la collection Librio a fait paraître en 2001 une anthologie de textes courts, de Ronsard à Marcel Proust, consacrés aux Lolitas de la littérature.
3. Vladimir Nabokov, *Lolita*, première partie, I, incipit.
4. Moins longue de six minutes que la version intégrale, amputée de la séquence finale pourtant essentielle, et des génériques.
5. Fiche réalisée par Michel Boiron, Frédérique Gella et Virginie Prost du Cavilam de Vichy (Centre d'approche vivante des langues et des médias) sous le patronage du ministère des Affaires étrangères.
6. Mylène Farmer et Laurent Boutonnat ont créé en associé unique ou en cogérance les sociétés suivantes : Calliphora, Heathcliff, Requiem Publishing, Ryan Jones, Stuffed Monkey, Dichotomie, Innamoramento, Isiaka, ainsi que les SCI LB et SCI MF.

7. Extrait du rapport de gestion de l'assemblée générale de Requiem Publishing en date du 18 juin 2002. Voir document en annexes.
8. L'album dépassera en fait le million d'exemplaires et sera certifié « disque de diamant » au cours de l'année 2004.
9. Sacem : Société des auteurs, compositeurs et éditeurs de musique, qui collecte les droits de reproduction auprès des radios et des discothèques.
10. *Le Figaro Entreprise*, 14 janvier 2002. Pour établir son palmarès, l'hebdomadaire a estimé les revenus des chanteurs en fonction des royalties et des droits d'auteur qu'ils perçoivent. Les premières représentent 17 à 20 % du prix de gros hors taxes d'un CD pour les vedettes, 6 à 8 % pour les débutants. S'y ajoutent les droits d'auteur compositeur et d'éditeur : 9 %. Ces droits sont aussi nourris par la diffusion des chansons à la radio et dans les discothèques.
11. *Télé Moustique*, 13 octobre 1999.
12. Voir la liste en annexes.
13. Entretien avec Ludovic Sergeat, par l'auteur, *11 août 2003*.
14. La liste des produits et des services censés pouvoir être protégés par la marque Mylène Farmer ressemble, au choix, à une véritable caverne d'Ali Baba ou à un inventaire à la Prévert : appareils et instruments photographiques, cinématographiques, appareils pour l'enregistrement, la transmission, la reproduction du son ou des images, supports d'enregistrement magnétique, disques acoustiques, instruments de musique, papier, carton, produits d'imprimerie ; articles pour reliures, photographies, papeterie, matériel pour les artistes ; pinceaux, cartes à jouer, caractères d'imprimerie , clichés, tissus, vêtements, chaussures, chapellerie, dentelles et broderies, rubans et lacets, boutons, crochets et œillets, épingles et aiguilles, fleurs artificielles, articles de gymnastique et de sport (à l'exception des vêtements, chaussures et tapis), édition de livres, de revues, production de spectacles, de films, agences pour artistes. Source : INPI Paris (Institut national de la propriété industrielle).
15. Courriel de Jean-Marie Périer à l'auteur, 7 septembre 2004.
16. Entretien avec l'auteur, 28 avril 2004.
17. *Ibid.*
18. *Le Midi Libre*, 29 octobre 2003.
19. Entretien avec Mylène Farmer, *Paris Match*, novembre 2001.
20. *Voici*, 6 septembre 2004.
21. Éditions Robert Laffont, 2001.

CHAPITRE 17

La Rebelle respectueuse

1. *Mylène Farmer Magazine*, hiver 2000.
2. *Capital*, novembre 2002.
3. *Paris Match*, novembre 2001.
4. Notamment à la revue *Rockland* n° 6, novembre 1988.

ANNEXES

Sources

Bibliographie

Bee Caroline, *Mylène Farmer, l'ange blessé*, Librio musique, 2003.

Bilger Philippe, *Plaidoyer pour une presse décriée*, Filipacchi, 2001.

Brierre Jean-Dominique, Duforest Dominique, Eudeline Christian, Vassal Jacques, *Encyclopédie de la chanson française*, Hors Collection, 1997.

Chomier André et Lemeunier Jean-Charles, *Jacques Dutronc Crac ! Boum ! Huuuue... !*, Taillandier, 1988.

Coulomb Sylvie, Varrod Didier, *Histoires de chansons*, Balland, 1987.

Deville Nicolas et Brissette Yann, *Rock'n clip, Seghers*, 1988.

Fléouter Claude, *Un siècle de chansons*, PUF, 1988.

Goudeau Mathias et Tourne Patrice, *Sur l'air du temps, trente chansons qui ont changé la France*, J.-C. Lattès, 1999 — *Mylène Farmer, le mystère...*, MusicBook, 2003.

Lhote Gilles, *Voleurs d'images, les dessous des scoops*, Michel Lafon, 1995.

Milo Patrick, *Mylène Farmer*, Albin Michel, 1989.

Morin Edgar, *Les Stars*, Seuil, 1957.

Noyer Alain-Pierre, *La Chanson française, des origines à nos jours*, Nathan, 1980.

Farmer Mylène, *Lisa-loup et le conteur*, Anne Carrière, 2003.

Marguet David, *Mylène Farmer, mystérieuse sylphide*, Idoles de la pop, 2000.

Perrier Jean-Claude, *Mylène Farmer, au cœur du mythe*, Bartillat, 2003.

Rajon Florence, *Mylène Farmer, de À à Z*, Music Books, 2002.

Reval Annie et Bernard, *Mylène Farmer, de chair et de sang*, France Empire, 2004.

Rioux Lucien, *50 ans de chanson française*, l'Archipel, 1992.

Séchan Thierry, *Nos amis les chanteurs*, et *Le Retour*, Les belles lettres, 1992 et 1994.

Séguy Philippe, *Ainsi soit-elle*, Taillandier, 1991.

Sevran Pascal, *Dictionnaire de la chanson française*, Michel Lafon, 1988.

Vassal Jacques, *Chanteurs à l'affiche*, Albin Michel, 1996.

Verlant Gilles, Deplasse Hervé, Eudeline Christian, Perrin Jean-Éric, Thoury Jean-William, *L'Encyclopédie du rock français*, Hors-Collection, 2000.

ARCHIVES DE LA PRESSE ÉCRITE CONSULTÉES PAR L'AUTEUR :

Achourou, Actualités ciné, Actuel, Aladin, Album, Alma, Amalgame, Angeline, Antenne, Astres, Astro, Aujourd'hui, Bazar, Best, Biba, Bilto, Bonus, Boys & Girls, Bravo, Brunes & Blondes, Buzz, C.Top, Canal Plus Magazine, CD Mag, Centre Presse, Chanson, Charente, Charlie Hebdo, Chic magazine, Cioe, Ciné Télé Revue, Claviers, Club Dia, Coiffure, Compact, Confideo, Confidentiel, Cool, Cool Graphic, Corse Matin, Cosmopolitan, Dernières Nouvelles, Domina, Elle, Fan Club, Fan Post, Femmes, Femme actuelle, Femme moderne, Figaroscope, Foto Music, France Ouest, France Soir, Freitag, Freundin, Fun Magazine, Gai Pied, Gala, Gay Info, Génération, Girls, Glamour, Globe, Graffiti, Guitare, Hlniews, Honcho, Horoscope, Instant Mag, Jacinte, Je bouquine, Jeune, Joy, Juke Box, L'Alsace, L'Ardennais, L'Avenir, L'écho des Savanes, L'Éclair des Pyrénées, L'Écran, L'Espoir, L'Est Éclair, L'Est Républicain, L'Événement du Jeudi, L'Expreo, L'Express, L'Humanité, L'Indépendant, L'Offico, L'Union, L'Yonne républicain, La Gazette, La Libeo, La Liberté, La Manche, La Marseilleisse, La Meuse, La Montagne, La Nouvo, La Nouvelle, La République du Centre-Ouest, La Tribune, La Voix du Nord, Le Berry, Le Canard enchaîné, Le Chardon, Le Courrier de l'Ouest, Le Dauphiné, Le Figaro, Le Film français, Le Hérisson, Le Livre, Le Mag, Le Magazine, Le Maine, Le Matin, Le Meilleur, Le Méridional, Le Monde, Le Parisien, Le Pays, Le Point, Le Progrès, Le Provençal, Le Quotidien de Paris, Le Républicain lorrain, Le Soir, Le Télégramme de Brest, Lola, Les Cahiers du cinéma, Les Stars, Libération, Lui, Lyon Matin, Madame Figaro, Max, Maxi Fun, Le Midi Libre, M6 Dance, Marie Claire, Max, MCM Magazine, Multitop, Mylène Farmer Magazine, Nana, New Look, NewMen, Nice Matin, Nord Éclair, Nous Deux, Numéro 1, OK, OK Podium, Ouest France, Panorama, Papotin,

Parcours, Paris Match, Paroles, Photo, Pif, Pilote, Platine, Play Boy, Podium, Politis, Pop Star, Poster Magazine, Première, Presse Océan, Pyschologie, Pulsion, Quel Avenir, Rock & Folk, Rock FM, Rock News, Rolling Stone, Salut les Copains, Show Mag, Spotligth, Star Club, Star Musique, Starfix, Stratégie, 7 à Paris, 7 extra, Sud Ouest, Super, TCV Hit, Télé 7 Jours, Télé Journal, Télé Loisirs, Télé Moustique, Télé Poche, Télé Vidéo, Télé Z, Télérama, Top 50, Top Secret, TV Hebdo, TV Magazine, Var Matin, Vidéo 7, 20 ans, Vision, Vital, Vogue Hommes, VSD, Zabadak.

ARCHIVES AUDIOVISUELLES VISIONNÉES PAR L'AUTEUR :

TF1 : Jour J (1984), Cocoricoboy (1984), Colaro Coco Show (1987), Midi Première (1984), La Clé des champs (1984), Ring Parades (1984), Sacrée soirée (1989/1990/1991), La Vie de famille (1986), Spéciale Guy Béart (1987), Panique sur le 16 (1987), Lahaye d'honneur (1987), Embarquement immédiat (1987), Les Animaux du monde (1988), Soirée pour les restos du cœur (1988), Spécial MIP TV (1988), Stars 90 (1991/1992/1993), Tous à la une (1992), Une nuit à Monte Carlo (1994), Les années tubes (1996/1999), Tip-Top (1996), Les Enfants de la une (1996/1997), La fureur (1999), NRJ Music Awards (2000/2001/2002/2003), Les Oscars de la mode (1987), La Une est à vous (1987), Victoires de la musique (1988/1989), Avis de recherche (1989).

Antenne 2/France 2 : Platine 45 (1985), Pour le plaisir (1985), l'Académie des 9 (1985), Champs-Élysées (1984/1986), C'est encore mieux l'après-midi (1986), Sexy Folies (1986), À la folie, pas du tout (1986), Dimanche Martin (1988), Studio Gabriel (1995/1996), Déjà le retour (1995), Déjà Dimanche (1996), Tapis rouge (1999/2000), Pour le plaisir (1986), Hommage aux Carpentier (1995).

France 3 : Pollen (1986), La Nouvelle Affiche (1987).

Canal Plus : Mon Zénith à moi (1987), Nulle Part Ailleurs (1987/1988), Top 50 (1989), Journal du cinéma (1994).

LA 5 : Bains de minuit (1987).

M6 : Laser (1987), Clip dédicaces (1988), Fréquencestar (1989), Pour un clip avec toi (1990), Hit Machine (1999/2000/2002) ; M6 Awards (2000).

Paris Première : Écran total (1994), Paris 20 Heures (1996).

LCI : Talk Show (1994).

MCM : News Mag (1996), Le Mag (2000), Escale (1993).

Ainsi que les différentes émissions radiophoniques diffusées sur Cocktail FM (1987), Kiss FM (1999), Nostalgie (1996), NRJ (1991), Radio 21 (1995), Radio Scoop (1999), RTL (1988/1991/1994/1995), Sky Rock (1988), Top Music (1999), Wit FM (1999).

Principales prestations TV de Mylène Farmer

1984

Mars. Jour J/TF1 (*Maman a tort*)
22 septembre. Champs-Élysées/Antenne 2 (*Maman a tort*)
18 octobre. Téléchanson (*Maman a tort*)
Cocoricoboy/TF1 (*Maman a tort*)
Midi Première
La clé des Champs
Ring Parade

1985

27 février, Platine 45/Antenne 2 (*On est tous des imbéciles*)
Pour le Plaisir (*Maman a tort*)
Île de Transe (*Plus grandir /Maman a tort*)
Hit des Clubs (*Plus grandir*)
L'Académie des 9 (*Plus grandir*)

1986

Janvier. JT de Midi/A2
15 mars. Champs-Élysées/A2 (*La Chanson de la vie*)
16 mai. C'est encore mieux l'après-midi/A2 (*Libertine*)
4 juin. Pollen/FR3 (*Libertine*)
10 octobre. La Vie de famille/TF1 (*Libertine*)
17 décembre. Sexy Folies/A2
Pour le Plaisir (*Libertine / Maman a tort*)
À la Folie Pas du tout (*Libertine*)

1987

14 janvier. Spéciale Guy Béart/TF1 (*Mon cher Frantz*)
1er avril 1987. La Nouvelle Affiche/FR3 (*Tristana*)

Mai. Laser/M6
10 octobre. Mon Zénith à moi/Canal+ (*Ainsi soit je...*)
21 octobre. Les Oscars de la mode/TF1 (*Déshabillez-moi*)
6 novembre. Bains de Minuit/La 5
19 novembre. Panique sur le 16/TF1
23 novembre. Nulle Part Ailleurs/Canal+
2 décembre. ColaroCoco Show/TF1 (*Sans contrefaçon*)
Lahaye d'Honneur/TF1 (*Sans contrefaçon*)
Embarquement Immédiat/TF1(*Sans contrefaçon*)
La Une est à Vous/TF1 (*Sans contrefaçon*)
Face à France (*Sans contrefaçon*)

1988

Victoires de la Musique
13 mars. Les animaux du monde/TF1
18 mai. Sacrée Soirée/TF1 (*Ainsi soit je...*)
7 octobre. Nulle Part Ailleurs/Canal (*Pourvu qu'elles soient douces*)
8 octobre. Clip Dédicaces/M6
19 novembre. Les Victoires de la musique/TF1
17 décembre. Une soirée pour les Restos/TF1 (*Pourvu qu'elles soient douces*)
Dimanche Martin/A2 (*Pourvu qu'elles soient douces*)
Spécial MIP.TV (*Déshabillez-moi*)

1989

22 mars. Fréquenstar/M6
Avis de recherche/TF1 (*À quoi je sers*)
Septembre. Top 50/Canal+
1er novembre. Sacrée Soirée/TF1 (*Dernier Sourire*)
Les Victoires de la Musique/TF1
J'y crois dur comme Terre/A2 (*À quoi je sers*)

1990

Sacrée Soirée/TF1 (*Dernier Sourire*)

1991

7 avril. Pour un clip avec toi/M6 (*Désenchantée*)
10 avril. JT 20HOO/TF1
17 avril. Sacrée Soirée/TF1 (*Désenchantée*)
13 mai. Stars 90/TF1 (*Désenchantée, L'Autre*)
7 octobre. Stars 90/TF1 (*Regrets* avec Jean-Louis Murat)

1992

13 janvier. Stars 90 (*Je t'aime mélancolie*)

27 décembre. Tous à la Une (*Je t'aime mélancolie*)

1993

2 janvier. Escales/MCM
20 janvier. Stars 90 (*Que mon cœur lâche*)

1994

Janvier. Une nuit à Monte-Carlo/TF1 (*Que mon cœur lâche*)
4 octobre. JT 2OHOO/TF1
5 octobre. Journal du cinéma/Canal+
8 octobre. Écran total/Paris Première
8 octobre. Talk Show/LCI

1995

13 avril. JT 20H00/F2.
14 décembre. Studio Gabriel/F2
17 décembre. Déjà le retour/F2

1996

9 mars. Hommage aux Carpentier (*L'instant X*)
18 mai. Les années tubes/TF1 (*California*, *Sans contrefaçon*)
29 Mai. Studio Gabriel/F2
30 mai. Paris 20 heures/Paris-Première
9 juin. News Mag/MCM
9 juin. Déjà Dimanche/F2
24 octobre. Tip-Top/TF1 (*Comme j'ai mal*, *La Poupée qui fait non*, avec Khaled)
Les Années Tubes/TF1
27 novembre. Les enfants de la guerre/TF1 (*Rêver*)

1997

6 septembre. Les Enfants de la Une/TF1(*Ainsi soit je...*)

1999

Tapis Rouge/F2 (*Souviens-toi du jour*, *Pourvu qu'elles soient douces*)
17 avril. Hit Machine/M6 (*L'Âme-stram-gram*)
6 septembre. La fureur/TF1 (*Je te rends ton amour*)
(Juin) Les Années Tubes/TF1 (*L'Âme-stram-gram*)

2000

22 janvier. NRJ Music Awards/TF1 (*Optimistique-moi*)
Tapis rouge/F2 (*Optimistique-moi*)
11 mars. Hit-Machine/M6 (*Optimistique-moi*)
10 juin. Le Mag/MCM (*Optimistique-moi*)

17 novembre. M6 Awards/M6 (*Optimistique-moi*)

2001

20 janvier. NRJ Music Awards/TF1 (*Pas le temps de vivre*)

2002

19 janvier. NRJ music Awards/TF1 (*Les Mots*, avec Seal)
27 avril. Hit-Machine/M6 (*C'est une belle journée*)

2003

18 janvier. NRJ Music Awards/TF1 (*Rêver*)

ALBUMS DE MYLÈNE FARMER

1986 / 1987

CENDRES DE LUNE / *Libertine – Au bout de la nuit – Vieux Bouc – Tristana – Chloé – Maman a tort* (nouvelle version) *– We'll never die – Greta – Plus grandir – Libertine* (Remix special club) *– Tristana* (Remix club) *– Cendres de lune.*

Production, arrangements et réalisation : Laurent Boutonnat

Prise de son et mixage : Jean-Claude Lequeant – sauf *Tristana*, mixé par Thierry Rogen

Enregistrement au studio Le Matin calme – mixage aux studios du Palais des Congrès

Claviers acoustiques et synthétiseurs : Laurent Boutonnat

Guitares : Slim Pezin

Saxophones : Alain Hotot

Batterie : Gilles Chamard

Chœurs : Estelle Samantha Radji, Carole Frédéricks, Anne-Marie Constant, Yvonne Jones

Éditions : Bertrand Le Page, Polydor Music, sauf *Maman a tort*, éd. Bertrand Le Page – et Greta, éd. Bertrand Le Page/Movie Box Music

Photos : Laurent Boutonnat/Christophe Mourthe/Éric Caro

Management : Bertrand Le Page

1988

AINSI SOIT JE... / *L'Horloge – Sans contrefaçon – Allan – Pourvu qu'elles soient douces – La ronde triste – Ainsi soit je... – Sans logique – Jardin de Vienne – Déshabillez-moi – The Farmer's Conclusion.*

Production, arrangements et réalisation : Laurent Boutonnat

Prise de son et mixage : Thierry Rogen, assisté de Philippe Colonna

Enregistré et mixé au studio Mega

Claviers acoustiques et synthétiseurs : Laurent Boutonnat
Guitares : Slim Pezin
Bass : Bernard Paganotti
Flûte de Pan et Shakuhachi : Pol Ramirez Del Più
Chœurs : Mylène Farmer et les Moines Fous du Tibet
Programmations : Thierry Rogen et Frédéric Rousseau
Éditions : Bertrand Le Page/Polygram Music, sauf Déshabillez-moi, éd. Intersong Paris
Mastering et gravure : André Perriat, Top Master
Photos : Elsa Trillat/ Maquette : Jean-Paul Théodule
Marionnette réalisée par Benoist Lestang
Management : Bertrand Le Page

1989

EN CONCERT / *Prologue – L'Horloge – Plus grandir – Sans logique – Maman a tort – Déshabillez-moi – Puisque – Pourvu qu'elles soient douces – Allan – À quoi je sers – Sans contrefaçon – Jardin de Vienne – Tristana – Ainsi soit je... – Libertine – Mouvements de lune* (Part I) *– Je voudrais tant que tu comprennes – Mouvements de lune* (Part II).

1991

L'AUTRE / *Agnus Dei – Désenchantée – L'autre... – Je t'aime mélancolie – Psychiatric – Regrets* (avec J.-L. Murat) *– Pas de doute – Il n'y a pas d'ailleurs – Beyond My Control – Nous souviendrons-nous.*
Claviers et arrangements : Laurent Boutonnat
Piano *Désenchantée* : Bruno Fontaine
Guitares : Slim Pezin
Basses acoustiques : Bernard Paganotti
Snare militaire *Il n'y a pas d'ailleurs* : Philippe Drai
Flûtes et harpes : Pol Ramirez Del Più
Programmation rythmique : Thierry Rogen, Laurent Boutonnat
Choristes : Carole Fredericks, Beckie Bell, Debbie Davis
Ingénieur du son : Thierry Rogen, Lionel Philippe/ Studio Méga
Production : Laurent Boutonnat/Toutankhamon
Éditions : Requiem Publishing/Paul van Parys
Management : Thierry Suc
Design : Com'N.B
Photos : Marianne Rosenstiehl/Sygma
Mastering et gravure : André Perriat/Top Master

1992/1993

DANCE REMIXES / *We'll never die – Sans contrefaçon – Tristana – Sans logique – Allan – Ainsi soit je... – Plus grandir – À quoi je sers – Que mon cœur lâche* (inédit) – *Pourvu qu'elles soient douces – Libertine – Je t'aime mélancolie – Regrets – Beyond My Control – Désenchantée.*

Production : Laurent Boutonnat

Remixes réalisés par Laurent Boutonnat et Thierry Rogen

Ingénieur du son : Thierry Rogen/Studio Mega

Management : Thierry Suc

Gravure : André Perriat/Top Master

Photos : Marianne Rosenstiehl/Sygma

Design : Com'N.B

1995

ANAMORPHOSÉE / *California – Vertige – Mylène s'en fout – L'instant X – Eaunanisme – Et tournoie – XXL – Rêver – Alice – Comme j'ai mal – Tomber 7 fois – Laisse le vent emporter tout.*

Arrangements et production : Laurent Boutonnat

Prise de son : Shelley Yakus, Thierry Rogen, Chad Munsey

Mixage : Bernard Chatenet/Thierry Rogen

Enregistrements et mixages réalisés aux studios : A&L Studios (Los Angeles), Record One (Los Angeles), Record Plan (Los Angeles)

Mastering : André Perriat/Top Master (Paris), Bernie Grundman Mastering (Hollywood)

Management : Thierry Suc

Production exécutive : Paul van Parys/Toutankhamon

Éditions : Requiem Publishing

Photos : Herb Ritts/Visages

Design : Henry Neu/Com'N.B

Guitares : Jeff Dahlgren

Basse : Abraham Laboriel Jr

Batteries : Denny Fongheiser

Claviers : Laurent Boutonnat

Flûtes : Pol Ramirez Del Più

Background vocals : Kate Markowitz/Chorale du lycée français de Los Angeles

1997

LIVE À BERCY/ *Ouverture – Vertige – California – Que mon cœur lâche – Et tournoie – Je t'aime mélancolie – L'autre – Libertine – L'instant X – Alice – Comme j'ai mal – Sans contrefaçon – Mylène s'en fout – Désenchantée – Rêver – Laisse le vent emporter tout – Tomber 7 fois – Ainsi soit je... – La poupée qui fait non – XXL.*

Claviers et direction musicale : Yvan Cassar

Guitares : Jeff Dahlgren, Brian Ray

Basse : Jerry Watts Jr

Batterie : Abraham Laboriel Jr

Claviers et percussions : Susie Davis
Choristes : Carole Rowley, Esther Dobong'Na Essienne
Arrangement musical : Laurent Boutonnat
Production : Laurent Boutonnat
Mixage : Bertrand Chatenet/Studio Guillaume Tell
Prise de son : Thierry Rogen/Studio mobile
Producteur exécutif : Paul van Parys/Toutankhamon
Management : Thierry Suc
Mastering : André Perriat/Top Master
Photos : Claude Gassian
Design : Henry Neu/Com'N.B

1999

INNAMORAMENTO / *L'amour naissant – L'Âme-stram-gram – Pas le temps de vivre – Dessine-moi un mouton – Je te rends ton amour – Méfie-toi – Innamoramento – Optimistique-moi – Serais-tu là ? – Consentement – Et si vieillir m'était conté – Souviens-toi du jour – Mylenium.*

Arrangements et production : Laurent Boutonnat
Mixage : Bertrand Chatenet
Prise de son : Bertrand Chatenet, Philippe Colonna, Rik Pekkonen
Enregistrement et mixage : Ocean Way Recording Inc. Hollywood, (Los Angeles)/Record One (Los Angeles)/Guillaume Tell (Paris)
Mastering : André Perriat/Top Master (Paris)
Management : Thierry Suc/TSM
Production exécutive : Paul van Parys/Stuffed Monkey
Photos : Marino Parisotto Vay
Design : Henry Neu/Com'N.B
Claviers et programmation : Laurent Boutonnat
Batteries : Abraham Laboriel Jr, Mathieu Rabate, Denny Fongheiser
Basses : Abraham Laboriel Jr, Jerry Watts, Billy Sheehan
Guitares : Jeff Dahlgren
Guitares additionnelles : Chris Spedding, Frank R. Simes
Flûtes, cymbalum, bagpipes : Pol Ramirez Del Più
Backgrounds vocals : Carole Rowley, Sophia Nelson, Caroline Pascaud-Blandin, Johanna Ferdinand, Angeline Annonier, Joëlle Jacques-Gustave, Marie-Jo Plezel

2000

MYLENIUM TOUR / *Mylenium – L'amour naissant – L'Âme-stram-gram – Beyond My Control – Rêver – Il n'y a pas d'ailleurs – Mylène is Calling – Optimistique-moi – Medley – Regrets – Désenchantée – Méfie-toi – Dessine-moi un mouton – California – Pas le temps de vivre – Je te rends ton amour – Souviens-toi du jour – Dernier Sourire – Innamoramento.*

Production : Stuffed Monkey/Paul van Parys

Mixage : Bertrand Chatenet, Jérôme Devoise/Studios Guillaume Tell
Prise de son : Thierry Rogen
Mastering : André Perriat/Top Master
Photos : Claude Gassian
Management : Thierry Suc
Design : Henry Neu/Com'N.B
Direction musicale/claviers : Yvan Cassar
Claviers : Éric Chevalier
Guitares : Jeff Dahlgren, Brian Ray
Basse : Jerry Watts Jr
Batterie : Abraham Laboriel Jr
Choristes : Johanna Manchec-Ferdinand, Esther Dobong'Na Essienne

2001

LES MOTS / *Maman a tort – Plus grandir – Libertine – Tristana – Sans contrefaçon – Ainsi soit je... – Pourvu qu'elles soient douces — Sans logique — À quoi je sers – La Veuve noire – Désenchantée – Regrets – Je t'aime mélancolie – Beyond My Control – Que mon cœur lâche – Les Mots – California – XXL – L'instant X – Comme j'ai mal – Rêver – C'est une belle journée – L'Âme-stram-gram – Je te rends ton amour – Effets secondaires – Souviens-toi du jour – Optimistique-moi – Innamoramento – L'histoire d'une fée, c'est... – Pardonne-moi.*

Production : Laurent Boutonnat
Mixage : Bertrand Chatenet, Philippe Omnès, Thierry Rogon
Claviers et arrangements : Laurent Boutonnat
Prise de son : Bertrand Chatenet, Jérôme Devoise, Rik Pekkonen
Arrangements cordes : Jean-Jacques Charles
Batterie : Karim Ziad et Abraham Laboriel Jr
Basse : Michel Alibo
Guitare : Slim Pezin
Studio : Guillaume Tell (Paris)
Management : Thierry Suc/TSM
Production exécutive : Paul Van Parys/Stuffed Monkey
Photos : Ellen Von Unwerth/H&K
Design : Henry Neu/Com'N.B
Mastering : André Perriat/Top Master

Singles et Dance Remixes
Mylène Farmer

1984 : *Maman a tort* – *Maman a tort* (Instrumental)

1985 : *My Mum is Wrong* – *Maman a tort* – *On est tous des imbéciles* – *L'annonciation* – *Plus grandir* – *Chloé*

1986 : *Libertine* – *Greta*

1987 : *Tristana* – *Au bout de la nuit* – *Sans contrefaçon* – *La ronde triste*

1988 : *Ainsi soit je...* – *Lamentations* – *Pourvu qu'elles soient douces*

1989 : *Sans logique* – *Dernier Sourire* – *À quoi je sers* – *La Veuve noire*

1990 : *Allan* (Live) – *Psychiatric* – *Plus grandir* (Live) – *Plus grandir Mum's* (Rap)

1991 : *Désenchantée* – *Désenchantée* (Chaos mix) – *Regrets* – *Regrets* (Classic bonus beat) – *Je t'aime mélancolie* – *Je t'aime mélancolie* (Smooth mix)

1992 : *Beyond My Control* – *Je t'aime mélancolie* (Smooth mix)

1993 : *Que mon cœur lâche* – *Que mon cœur lâche* (Dub remix) – *My Soul is slashed* – *Que mon cœur lâche* (Dub remix)

1995 : *XXL* – *XXL* (Voice remix) – *L'instant X* – *Alice* (Arachnostring version)

1996 : *California* – *California* (Ramon Zenker's radio remix) – *Comme j'ai mal* – *Comme j'ai mal* (Remix) – *Rêver* – *Rêver* (Live) – *California* – Radio Edit – Megalo Mania remix – Wandering mix – L.A.P.D. Club remix – Ramon Zenkers Extended remix – Gaspar Inc.remix

1997 : *La poupée qui fait non* (Live) – *L'Autre* (Live) – *Ainsi soit je...* (Live) – *Et tournoie* (Live)

1999 : *L'Âme-stram-gram* – *L'Âme-stram-gram* (Instrumental) – *Je te rends ton amour* – *Effets secondaires* – *Souviens-toi du jour* – *Souviens-toi du jour royal G's* (Radio mix) – *L'Âme-stram-gram* (single version) – Perky Park pique dame club mix – Perky Park pique d'âme dub mix – Lady bee by B'& remix

2000 : *Optimistique-moi* – *Optimistique-moi* (Radio mix) – *Innamoramento* – *Innamoramento* (Darkness remix) – *Dessine-moi un mouton* (Live) – *Dernier sourire* (Live)

2001 : *L'histoire d'une fée, c'est...* – *L'histoire d'une fée, c'est...* (Instrumental) – *Les Mots* – *Les Mots* (Strings for souls mix)

2002 : *C'est une belle journée* – *C'est une belle journée* (Instrumental) – *Pardonne-moi* – *Pardonne-moi* (Dark side of the mix et Instrumental)

2003 : MF REMIXES : *Sans contrefaçon* (J.C.A. Remix) – *L'Instant X* (The X Key Mix by One-T) – *L'Âme-stram-gram* (Full Intention Sultra Mix) – *C'est une belle journée* (Devil Head Remix) – *XXL* (JXL Remix) – *Je t'aime mélancolie* (Felix Da Housecat Remix) – *Pourvu qu'elles soient douces* (Paul Oakenfold Remix) – *California* (Roman Tranchart & Rawman Remix) – *Libertine* (Y-Front Remix) – *Optimistique-moi* (Junior Jack Psycho Vocal Mix) – *Désenchantée* (Thunderpuss Club Anthem)

Liste des chansons interprétées par Mylène Farmer

(par ordre alphabétique et par année de création)

À quoi je sers
M. Farmer/L. Boutonnat (1989)

Agnus Dei
M. Farmer/L. Boutonnat (1991)

Alice
M. Farmer/L. Boutonnat (1995)

Allan
M. Farmer/L. Boutonnat (1988)

Ainsi soit je...
M. Farmer/L. Boutonnat (1988)

Au bout de la nuit
M. Farmer/L. Boutonnat (1986)

Beyond My Control
M. Farmer/L. Boutonnat (1991)

C'est une belle journée
M. Farmer/L. Boutonna (2001)

California
M. Farmer/L. Boutonnat (1995)

Chloé
L. Boutonnat (1986)

Comme j'ai mal
M. Farmer/L. Boutonnat (1995)

Consentement
M. Farmer/L. Boutonnat (1999)

Dernier Sourire
M. Farmer/L. Boutonnat

Désenchantée
M. Farmer/L. Boutonnat (1991)

Déshabillez-moi
Robert Nyel/Gaby Verlor (1988)

Dessine-moi un mouton
M. Farmer/L. Boutonnat (1999)

Effets secondaires
M. Farmer/L. Boutonnat (1999)

Eaunanisme
M. Farmer/L. Boutonnat (1995)

Et si vieillir m'était conté
M. Farmer (1999)

Et tournoie
M. Farmer/L. Boutonnat (1995)

Greta
L. Boutonnat (1986)

Il n'y a pas d'ailleurs
M. Farmer/L. Boutonnat (1991)

Innamoramento
M. Farmer/L. Boutonnat (1999)

Jardin de Vienne
M. Farmer/L. Boutonnat (1988)

Je t'aime mélancolie
M. Farmer/L. Boutonnat (1991)

Je te rends ton amour
M. Farmer/L. Boutonnat (1999)

L'amour naissant
M. Farmer/L. Boutonnat (1999)

L'Âme-stram-gram
M. Farmer/L. Boutonnat (1999)

L'Autre
M. Farmer/L. Boutonnat (1991)

L'Histoire d'une fée, c'est...
M. Farmer/L. Boutonnat (2001)

L'Instant X
M. Farmer/L. Boutonnat (1995)

L'Horloge
Charles Baudelaire/Laurent Boutonnat (1988)

Liste des chansons interprétées par Mylène Farmer

La Poupée qui fait non
Franck Gérald/Michel Polnareff (1997)

La Ronde triste
M. Farmer/L. Boutonnat (1988)

La Veuve noire
M. Farmer/L. Boutonnat (1989)

Laisse le vent emporter tout
M. Farmer/L. Boutonnat (1995)

Les Mots
M. Farmer/L. Boutonnat (2001)

Libertine
L. Boutonnat/Jean-Claude Dequéant (1986)

Maman a tort
Jérome Dahan/L. Boutonnat (1984)

Méfie-toi
M. Farmer (1999)

Mylène is calling
M. Farmer/L. Boutonnat (2000)

Mylène s'en fout
M. Farmer/L. Boutonnat (1995)

Mylenium
M. Farmer/L. Boutonnat (1999)

Nous souviendrons-nous
M. Farmer/L. Boutonnat (1991)

Optimistique-moi
M. Farmer (1999)

Pardonne-moi
M. Farmer/ L. Boutonnat (2001)

Pas de doute
M. Farmer/L. Boutonnat (1991)

Pas le temps de vivre
M. Farmer (1999)

Plus grandir
M. Farmer/L. Boutonnat (1985)

Pourvu qu'elles soient douces
M. Farmer/L. Boutonnat (1988)

Psychiatric
M. Farmer/L. Boutonnat (1991)

Que mon cœur lâche
M. Farmer/L. Boutonnat (1992)

Regrets
M. Farmer/L. Boutonnat (1991)
Rêver
M. Farmer/L. Boutonnat (1995)
Sans contrefaçon
M. Farmer/L. Boutonnat (1987)
Sans logique
M. Farmer/L. Boutonnat (1988)
Serais-tu là ?
M. Farmer (1999)
Souviens-toi du jour
M. Farmer/L. Boutonnat (1999)
The Farmer's Conclusion
L. Boutonnat (1988)
Tomber 7 fois
M. Farmer (1995)
Tristana
M. Farmer/L. Boutonnat (1986)
Vertige
M. Farmer/L. Boutonnat (1995)
Vieux bouc
L. Boutonnat (1986)
We'll never die
L. Boutonnat (1986)
XXL
M. Farmer/L. Boutonnat (1995)

Clipographie

1987 : Mylène Farmer, les clips vol. 1
Réalisateur : Laurent Boutonnat.
Directeur de la photographie : Jean-Pierre Sauvaire.
Autres interprètes : Sophie Tellier, Catherine Allin, Stéphane Linard, Rombo Kovalski.
Éditeur : Polygram music video.
Distributeur : Polygram vidéo.
Producteur(s) : Laurent Boutonnat
Producteurs délégués : Stéphane Sperry, Alain Grandgérard.
Titres : *Maman a tort* (3'50) – *Plus grandir* (7'32) – *Libertine* (10'53) – *Tristana* (11'33).

1988 : Mylène Farmer, les clips vol. 2
Réalisateurs : Laurent Boutonnat et François Hanss.
Chef opérateur : Stéphane Lambert.
Directeur de la photographie : Jean-Pierre Sauvaire.
Éditeur : Polygram music video.
Distributeur : Polygram vidéo.
Producteur(s) : Toutankhamon.
Autre(s) interprète(s) : Sophie Tellier, Frédéric Lagache, Zouc.
Titres : *Sans contrefaçon* (8'43) – *Ainsi soit je...* (5'23) – *Pourvu qu'elles soient douces* (17'52) – Coulisses du clip de *Pourvu qu'elles soient douces* (23'17).

1989 : ***Ainsi soit je...***
Éditeur : Polygram music video.
Distributeur : Polygram music video.
Producteur(s) : Toutankhamon.
Marque : Polydor.

Titres : *Lamentations* – Classic bonus beat.

1989 : La vidéo des filles

Réalisateur : Laurent Boutonnat.

Éditeur : Polygram music video.

Distributeur : Polygram music video.

Producteur(s) : Polygram music vidéo.

Autres chanteurs : Lio, Caroline Loeb, Marijosé Alie…

Titre(s) : *Libertine.*

1990 : Mylène Farmer en concert

Réalisateurs : Laurent Boutonnat et François Hanss.

Éditeur : Polygram music video.

Distributeur : Polygram music video.

Producteur(s) : Toutankhamon.

Titres : *Prologue – L'Horloge – Sans logique – Maman a tort – Déshabillez-moi – Puisque – Pourvu qu'elles soient douces – À quoi je sers... – Sans contrefaçon – Jardin de Vienne – Tristana – Ainsi soit je... – Libertine – Je voudrais tant que tu comprennes – Mouvements de lune.*

1990 : Mylène Farmer, les clips vol. 3

Réalisateur : Laurent Boutonnat.

Titres : *Sans logique* (5'37) – *À quoi je sers...* (4'58), *Allan* (Live) (5'42) – *Plus grandir* (Live) (4'50).

1990 : Mylène Farmer les clips, *The Videos*

Réalisateur : Laurent Boutonnat.

Titres : *Ainsi soit je...*, *Douces, Sans logique, Allan* (Live), *Plus grandir* (Live).

1992 : *L'Autre*

Éditeur : Polygram vidéo.

Distributeur : Polygram vidéo.

Producteur(s) : Toutankhamon.

Titres : *Désenchantée – Regrets – Je t'aime mélancolie – Beyond My Control.*

1993 : *L'Autre* : les clips en versions intégrales

Réalisateur : Laurent Boutonnat.

Éditeur : Polygram vidéo.

Distributeur : Polygram vidéo.

Producteur(s) : Toutankhamon.

Titres : *Désenchantée – Regrets – Beyond My Control* – Tournage du clip *Désenchantée* (François Hanss).

1995 : Mylène Farmer en concert : le film

Réalisateurs : François Hanss et Laurent Boutonnat.

Éditeur : Philips Interactive Media France.

Distributeur : Polygram vidéo.

Titres : *Prologue – L'Horloge – Sans logique – Maman a tort – Déshabillez-moi – Puisque – Pourvu qu'elles soient douces – À quoi je sers... – Sans contrefaçon – Jardin de Vienne – Tristana – Ainsi soit je... – Libertine – Je voudrais tant que tu comprennes – Mouvements de lunes.*

1997 : Mylène Farmer : live à Bercy

Réalisateurs : Laurent Boutonnat et François Hanss.

Éditeur : Polygram vidéo.

Distributeur : Polygram vidéo.

Producteur(s) : Toutankhamon.

Titres : *Ouverture – Vertige – California – Que mon cœur lâche – Et tournoie... – Je t'aime mélancolie – L'autre – Libertine – L'instant X – Alice – Comme j'ai mal – Sans contrefaçon – Mylène s'en fout – Désenchantée – Rêver – Laisse le vent emporter – Tomber 7 fois – Ainsi soit je... – La poupée qui fait non – XXL.*

1997 : *Music Videos 1*

Réalisateur : Laurent Boutonnat.

Éditeur : Universal pictures vidéo France SA.

Distributeur : Universal pictures vidéo France SA.

Producteur(s) : Toutankhamon.

Titres : *Plus grandir – Libertine – Pourvu qu'elles soient douces -Tristana – Sans contrefaçon – Ainsi soit je... – Sans logique – À quoi je sers ? – Désenchantée – Regrets – Je t'aime mélancolie – Beyond My Control.*

Autre interprète : Jean-Louis Murat.

Note : Contient aussi : le vidéoclip Maman a tort, les versions live des titres *Allan* et *Plus grandir* et les making of des vidéoclips *Pourvu qu'elles soient douces* et *Désenchantée.*

1997 : *Music Videos 2*

Réalisateurs : Luc Besson, Marcus Nispel, Abel Ferrara.

Producteur(s) : Toutankhamon.

Titres : *Que mon cœur lâche* (Luc Besson) – *XXL* (Marcus Nispel) – *L'instant X* (Marcus Nispel) – *California* (Abel Ferrara) – *Comme j'ai mal* (Marcus Nispel) et les coulisses du clip *California* (26'52).

1999 : Je te rends ton amour : le clip censuré
Réalisateur : François Hanss.
Éditeur : Universal music kiosks/Stuffed monkey.
Producteur : Stuffed monkey.

2000 : ***Music Videos 3***
Réalisateurs : Ching Siu Tung, François Hanss, Marcus Nispel, Michael Haussman.
Producteur(s) : Stuffed monkey.
Titre(s) : *L'Âme-stram-gram* (Ching Siu Tung) – *Je te rends ton amour* (François Hanss) – *Souviens-toi du jour* (Marcus Nispel) – *Optimistique-moi* (Michael Haussman) – *Innamoramento* (François Hanss) – *Les 5 jours de Pékin* (François Hanss).

2000 : Mylenium Tour
Réalisateur : François Hanss.
Titres : *Mylenium* (6'40) – *L'Amour naissant* (5'26) – *L'Âme-stram-gram* (5'43) – *Beyond My Control* (5'21) – *Rêver* (5'55) – *Il n'y a pas d'ailleurs* (5'17) – *Mylène is calling* (2'20) – *Optimistique-moi* (5'43) – *Medley* (6'45) – *Regrets* (5'07) – *Désenchantée* (7'54) — *Méfie-toi* (5'51) – *Dessine-moi un mouton* (6'40) – *California* (5'15) – *Pas le temps de vivre* (8'26) — *Je te rends ton amour* (5'16) – *Souviens-toi du jour* (7'48) – *Dernier sourire* (5'23) – *Innamoramento* (6'49) – *Générique de fin* (4'28).

Filmographie

1994 — GIORGINO

Producteur et réalisateur : Laurent Boutonnat
Scénario : Laurent Boutonnat et Gilles Laurent
Chef décorateur : Pierre Guffroy
Chef opérateur : Jean-Pierre Sauvaire
Chef monteuse : Agnès Mouchel
Monteur son : Jean Goudier
Créatrice des costumes : Carine Sarfati
Mixage : Thierry Rogen
Line producer : Gérard Crosnier
Directeur de production : Cathy Lemeslif
Coproducteur : José Covo
Directeur de la post-production : Paul van Parys
Premiers assistants réalisateurs : Vincent Canaplé, Tomas Petran
Régisseurs généraux : Francis Barrois, Luc Guillermic, Ivo Pavelek
Coordination casting : Juliette Menager
Casting Londres : Rose Tobias Shaw
Casting Los Angeles : Johanna Ray
Casting Prague : Jessica Horvathova
Chef maquilleur : Didier Lavergne
Chef coiffeur : Alain Bernard (Elton)
Scripte : Chloé Perlemuter
Dialogue coach : Louise Vincent
Ingénieur du son : Jean-Philippe Le Roux
Premiers assistants opérateur : Jean Vangutte, Jan Smolik
Opérateur Steadycam : Jiri Pechar
Maquillage effets spéciaux : Benoit Lestang

Effets spéciaux : Piotr Styczen

Conseiller technique animalier : Jean-Philippe Varin

Conseiller équestre : Mario Luraschi

Photographes de plateau : Étienne George, Jean-Marie Leroy, Jiri Hanzl

Musique : Laurent Boutonnat

Musique enregistrée au Rudolfinum Concert Hall de Prague avec l'orchestre philharmonique dirigé par Yvan Cassar

Chœurs : Boni Pueri

Autres interprètes : Jeff Dahlgren, Joss Ackland, Louise Fletcher, Frances Barber, Jean-Pierre Aumont, Janine Duvitski, David Ryall, John Abineri, Sydney Blake, Veronica Clifford, Su Elliott, Anne Lambton, Louise Vincent, Albert Dupontel, Christopher Thompson, Richard Claxton, Lee Barrett, Stephen Lockeridge, Jœl Mellinger, Lewis Nelson, Jana Andresikova, Valérie Kaplanova, Jan Kuzelka.

Récompenses attribuées à Mylène Farmer depuis le début de sa carrière

VICTOIRES DE LA MUSIQUE
1988 Meilleure interprète féminine
1997 Album le mieux exporté

MONTE-CARLO AWARDS
1992 Meilleure vente d'album

CÉRÉMONIE DES SAPHIRS
1999 Meilleurs clips du siècle

NRJ MUSIC AWARDS
2000 Meilleure interprète féminine / Meilleur concert / Meilleur album
2001 Meilleure artiste féminine francophone
2002 Meilleure artiste féminine francophone
2003 Meilleure artiste féminine francophone

M6 AWARDS
2000 Meilleur clip *(Optimistique-moi)*

PLATINIUM EUROPE AWARDS
2002 1 million d'exemplaires du best-of *Les Mots* vendus dans toute l'Europe

Sites dédiés à Mylène Farmer

France :

http://www.aquoijesers.com
http://www.boutonnat.fr.st
http://www.mylenefarmeriscalled.net
http://www.mylene.net
http://ainsisoit-elle.site.voila.fr/
http://www.angerouge.fr.st
http://larondetriste.chez.tiscali.fr
http://www.innamoramully.com
http://www.mfwebsite.fr.st
http://www.mfarmer.com
http://www.opti-mystic.com
http://www.mefie-toi.com
http://users.skynet.be/mylene/table.htm
http://www.chezpeterj.fr.st
http://www.collectorweb.biz
http://perso.wanadoo.fr/sanscontrefacon/
http://www.mynetmylene.fr.st
http://www.chez.com/tazymodo/
http://www.ataxie.fr.st
http://mylene66.multimania.com/
http://www.ifrance.com/farmer/
http://membres.lycos.fr/renest/
http://mylenaire.free.fr
http://www.ame-stram-gram.com
http://www.reve-bulle.fr.st
http://www.pitchu.fr.st
http://www.mylene-art.com

http://www.optimistique.com
http://chez.egon.chez.tiscali.fr/
http://www.moi-mylenefarmer.com/
http://www.anamorphosee.com/
http://laffaire.isuisse.com
http://www.chez.com/arachnostring
http://membres.lycos.fr/pennesraphael/
http://site.voila.fr/leschevaliersdeon/
http://membres.lycos.fr/poukipsy/
http://www.farmer-zone.com/
http://members2.boardhost.com/mesmoires/
http://membres.lycos.fr/romfie
http://membres.lycos.fr/instantmylene/
http://www.ipamf.net
http://www.mfisis.fr.st
http://perso.wanadoo.fr/mylenefarmer/
http://ibelgique.ifrance.com/mesmoires/
http://perso.wanadoo.fr/videomylene/
http://www.mylenedomaine.fr.st/
http://membres.lycos.fr/spitzbube/
http://mf-annuaire.com/
http://bertin.fabrice.online.fr/
http://membres.lycos.fr/spoon1/
http://membres.lycos.fr/myleneland/
http://www.optimistique.com/
http://optimystic.site.voila.fr/
http://perso.wanadoo.fr/mylene/
http://www.sans-logique.fr.st/
http://pei.free.fr/
http://www.chez.com/universmylene/sommaire.htm/
http://www.tykomoon.com/
http://farmer.forever.free.fr/
http://www.notreastre.fr.fm/
http://lespastelsdefrozen.free.fr/
http://mfconfidential.free.fr/M.F/
http://mfbourdon.free.fr/
http://lludovik.ifrance.com/lludovik/
http://princeaurore.free.fr/
http://www.mfcollection.fr.st/
http://www.lespamf.fr.st/
http://www.chez.com/lpap/Farmer.htm/

Sites

http://www.pique-dames.be.tf/
http://www.lanamorphose.fr.fm/
http://lesiteconsentement.free.fr/

Allemagne :
http://www.mylene-farmer.de/

Russie :
http://mylene.hobby.ru/
http://mfcdrusse.narod.ru/

Suisse :
http://www.mylenefarmer.ch/

Belgique :
http://www.mfarmer.be.tf/

REMERCIEMENTS

Je tiens à remercier chaleureusement pour leurs témoignages, conseils, suggestions, et parfois leurs non-dits :

Spiro Agius, Caroline Babert, Nicolas Badrignans, Christophe Bigot, Jérôme Béglé, Jacques Berrubé, André Bolduc, Françoise Boullianne, Virginie Bressis, Françoise Chevrier, Pascale Chambry, Camille Dagenais, Juliette Dalbavie, Marie-Josée Deschênes du service des archives d'Hydro-Québec, Bertha Dufresne, Éric Dufresne, Guy-André Dufresne, Karl Dufresne, Sœur Marielle Dion, Claude Durand, Jean Fabreguettes, Mylène Farmer, Marguerite Gautier, Jean-Paul Gourdeau, Thomas Guilbert, Hélène Guillaume, Julien Guiraud, Rémi Kauffer, Christine Kayser, Sophie Kucoyanis, Richard Larivière, Gisèle Lecavalier, Anne-Marie Lemonnier, Gillian Mac Cormack de la société SNC-Lavalin, Lio, Lazlo Liskai, Yolande Marceau, Louis-Philippe Mendès, Françoise Ouimet, Johanne Palladini, Cyril Pascal, Jean-Marie Périer, Rock M. Poulin, Nathalie Rheims, Josseline Rivière, Sœur Orienta Roda, Léo Scheer, Gabriel Schmidt, Thierry Séchan, Ludovic Sergeat, Xavier Sigala, Thierry Suc, Maria Soffientini, Nicole Spencer, Daniel Vanves, Steve de Villeneuve.

Ma gratitude la plus fervente va à Jodel Saint-Marc, jeune et talentueux réalisateur, concepteur et animateur du site Internet consacré à l'œuvre cinématographique de Laurent Boutonnat, et dont la volumineuse documentation a inspiré l'essentiel des analyses des clips et longs-métrages contenues dans cet ouvrage.

Documents

Compte rendu de la décision du comité de censure en date du 24 septembre 1979, après la projection du premier film de Laurent Boutonnat, *Ballade de la Féconductrice*.

N° 3678 Paris, le 24 SEP. 1979

Monsieur,

Vous avez bien voulu me demander le visa d'exploitation et l'autorisation d'exportation en faveur du film français de long métrage intitulé :

" BALLADE DE LA FECONDUCTRICE "

J'ai l'honneur de vous faire connaître que la Commission de contrôle des films cinématographiques, après avoir examiné cette production le 21 juin 1979 en sous-commission et le 13 septembre 1979 en séance plénière, a émis l'avis suivant :

" S'agit-il d'un canular d'étudiants ? S'agit-il
" au contraire d'une espèce de pamphlet contre la vie ?
" Cela commence par des images de castration, sur le
" mode burlesque, cela continue par le meurtre d'un
" enfant, le rejet d'un nouveau-né dans le vide-ordures,
" l'acte sexuel avec un chien, et s'achève par une série
" d'assassinats gratuits, que clôture le suicide du per-
" sonnage principal. Les dernières images semblent suggé-
" rer que la vie est la plus forte, mais ne suffisent pas
" à gommer l'effet morbide et grinçant de l'ensemble.
"
" La Commission a estimé que ce propos et ces images
" n'étaient pas faites pour des adolescents. Elle propose
" en conséquence une interdiction aux mineurs. "

Me rangeant à l'avis ainsi exprimé, j'ai décidé de vous délivrer pour le film en cause, le visa d'exploitation et l'autorisation d'exportation assortis de la restriction précitée.

La pièce administrative, valant visa d'exploitation, vous sera délivrée dès que vous aurez satisfait aux formalités qui vous seront indiquées par le Centre national de la cinématographie.

Veuillez agréer, Monsieur, l'assurance de mes sentiments distingués.

Pour le Ministre et par délégation
Le Directeur du Cabinet

Bertrand EVENO

Documents

Fac-similé des documents des tournages des clips *Désenchantée* et *Regrets* réalisés en Hongrie en février 1991, tels qu'ils ont été établis par la société de production Mafilm-Europa associée à l'équipe française dirigée par Laurent Boutonnat.

Liste des collaborateurs français du réalisateur Laurent Boutonnat.

Laurent **BOUTONNAT** - réalisateur	- rendező
Jean-Pierre **SAUVAIRE** - chef opérateur	- operatőr
Jean-Marc **PACAUD** - chef décorateur	- díszlettervező
Charlotte **FRAISSE** - directrice de production	- gyártásvezető
Carine **SARFATI** - costumes	- ruha 1
Vincent **CANAPLE** - 1er assistent réalisateur	- rendezőasszisztens I.
Juliette **MÉNAGER** - casting	- szereplőválogató

Liste des collaborateurs de l'équipe de Mafilm-Europa, la plus grande firme de production cinématographique hongroise. On y note la présence d'un deuxième régisseur spécialement chargé du transport et de l'hébergement des nombreux figurants. On peut également remarquer également au bas du document que Mafilm-Europa a mis deux interprètes à la disposition de Laurent Boutonnat et Mylène Farmer.

ME-015
"DÉSENCHANTÉE"

LISTE DE L'ÉQUIPE HONGROISE

Postes
aux
bureaux:

105	Directeur de production	Péter Miskolczi
116	Régisseur	Imre Bodó
116	Régisseur	András Tóth
214	Caissiere	Erzsébet Tóth
610	1er asst. réalisateur	Attila Mónos
513	2eme asst. réalisateur	Pál Kárpáti
422	Assistant caméra	József Takács
246	Chef électro	Gyula Háry
245	Chef décorateur	Tamás Banovich
346	Costumier	Imre Orosz
151	Chef maquilleuse	Judit Törös
127	Constructeur	Tibor Égenhoffer
107	Ensemblier	László Makai
350	SFX	Gábor Budaházy
	Interprete	Irén Mód
	Intreprete	Emese Hunyadi

Fiche établie par le régisseur de Mafilm-Europa chargé d'accueillir les arrivées successives des membres de l'équipe française qui seront hébergés à l'Hôtel Intercontinental. La note précise que Mylène Farmer débarquera à Budapest le 15 février 1991 en compagnie de Thierry Suc, son manager et de la photographe de plateau Marianne Rosenstiehl. On notera également l'ajout manuscrit du nom de l'ingénieur du son Thierry Rogen, dont la présence n'avait pas été prévue au départ. La dernière indication concerne l'arrivée du chanteur Jean-Louis Murat, co-interprète de *Regrets*, prévue pour la semaine suivante et celle de Paul van Parys, homme d'affaires chargé de régler les factures des prestataires hongrois au nom de la société de production de Heathcliff S.A., créée par Laurent Boutonnat.

Címzett: HOTEL INTERCONTINENTAL Kovács András úr részére

Fax száma: 1-184-973 **Dátum:** 1991. február 7.

Feladó: Miskolczi Péter

Lapok száma, beleértve ezt a fedőlapot is: 2

Ha nem kapták volna meg az összes lapot, vagy olvashatatlan, kérem hívjanak vissza a következő telefonszámokon: 252-5069
251-3986

Tisztelt Kovács úr!

MF-015 "Kidorándultak" című filmünk francia munkatársai részére az alábbi érkezések szerint rendeljük meg a szobákat (valamennyi single).

1991. február 12: Laurent Boutonnat
Vincent Consple
Calmy Lemeslif
Carine Sarfati

1991. február 14: Charlotte Fraisse
1991. február 15: Georges Lechaptois
1991. február 16: Mylene Farmer
Jean-Pierre Sauvaire
Christian Herreau
Pascal Triollior
Michel Humonteix
Marianne Rosenstiehl —
Thierry Suc – 2-3 napot marad!

1991. február 23: Jean-Louis Murat
Paul Van Parys

A várható elutazási időpont mindenki számára – a külön feltüntetett úr kivételével – 1991. február 27.

Lettre du directeur de Mafilm-Europa au directeur de la compagnie aérienne Malev pour lui signaler que Mylène Farmer ne sera pas accompagnée de Thierry Suc (son manager) mais par Jean-Louis Murat, et pour lesquels il souhaite que des places en classe confort leur soient allouées.

Címzett: CSÉLL GÁBOR kereskedelmi igazgató úr részére

Fax száma: 118-76-64 **Dátum:** 1991. február 26.

Feladó: Miskolczi Péter gyártásvezető

Lapok száma, beleértve ezt a fedőlapot is: 1

Ha nem kapták volna meg az összes lapot, vagy olvashatatlan, kérem hívjanak vissza a következő telefonszámokon: 257-5065
252-3986

A MAFILM-EUROPA a francia HEATHCLIFF cég megrendelésére kisjátékfilmet (clip-et) forgat két neves francia énekes, Mylene Farmer és Jean-Louis Murat főszereplésével február 18-tól 26-ig.

Hivatkozva a MALÉV párizsi irodájának telexére, amelyben két munkatársunk számára (M. Farmer és Th. Suc) kérik, hogy a turistaosztályú jegyeket szíveskedjenek comfort osztályra elfogadni, ezúton kérom engedélyüket ahhoz, hogy az egyik nevet – amely tévedésből került a telexre – módosíthassuk: nem Thierry Suc-ről, hanem Jean-Louis Murat-ról van szó.

Köszönettel:

Bodó Imre

Miskolczi Péter
gyártásvezető h.

Feuille de service de l'équipe hongroise rédigée lors des préparations des futurs tournages. Une première partie de l'équipe française s'est rendue sur place pour les premiers repérages. On peut remarquer que les lieux précédés de la mention « à confirmer » seront ceux finalement retenus lors du tournage.

FEUILLE DE SERVICE

pour les 28 et 29 janvier 1991

<u>Le 28 janvier (lundi):</u>

Départ pour le repérage à 9.00 heures de l'Hotel Intercontinental

Participants: équipe française

André Szőts	producteur
János Kende	opérateur
Tamás Banovich	décorateur
Attila Mónos	1er assistant réalisateur
Péter Miskolczi	directeur de production
Irén Mód	interprète
Paul Kárpáti	interprète

1er endroit: usine rue Máriássy
2ème endroit (a confirmer): abattoire
3ème endroit (a confirmer): ancienne cimetière juive

Apres le repérage: Studios MAFILM - discussions

<u>Prévision pour le 29 janvier (mardi):</u>

Repérage avec les mêmes participants

1er endroit: Apajpuszta (la Puszta)
2ème endroit (a confirmer): les studios de IÓI

Apres le repérage: Studios MAFILM - discussions

Costume: programme alternatif

Liste nominative établie par Mafilm-Europa des 119 figurants sélectionnés pour le tournage.

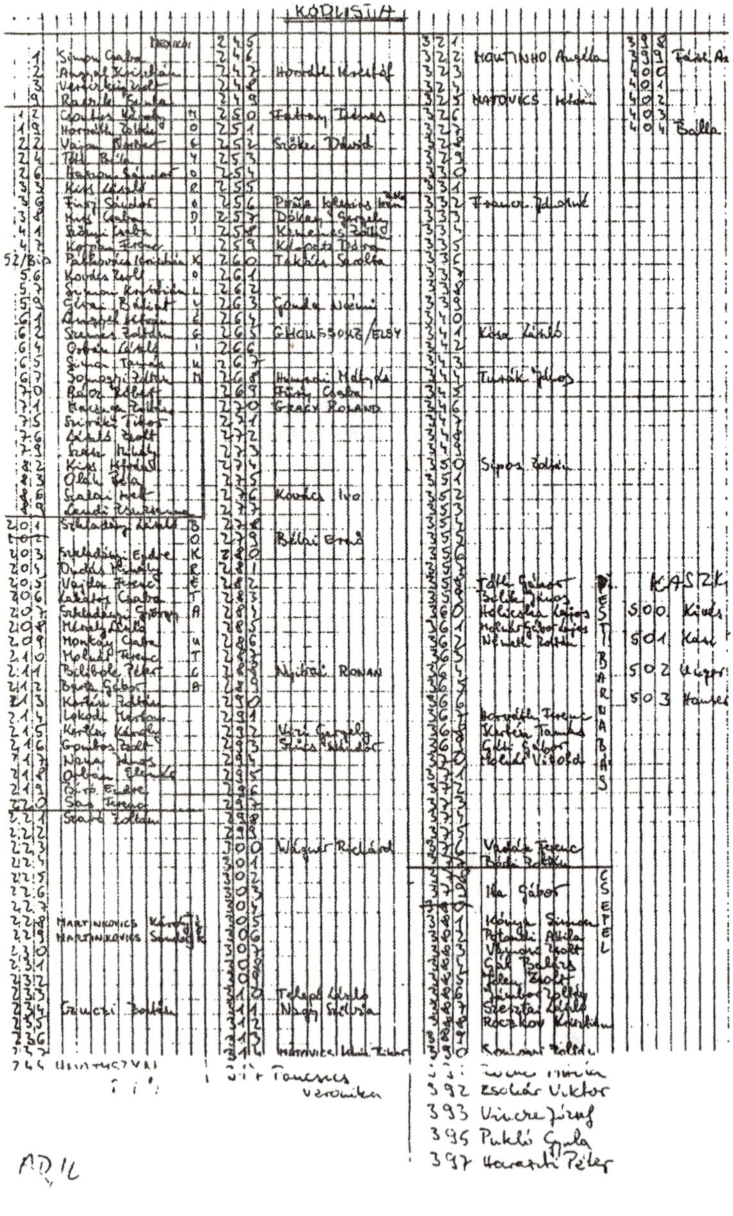
KORUSTA
392 Zsolcár Viktor
393 Vincze József
395 Pukló Gyula
397 Haraszti Péter
241. ADIL

Extraits du procès-verbal de l'assemblée générale de la société Requiem Publishing dans lesquels les cogérants Mylène Farmer et Laurent Boutonnat évoquent les opérations largement bénéficiaires liées à la production d'Alizée pour l'année 2001.

Tal de COMMERCE de PARIS
N° dépôt 2433
13 JAN. 2003

REQUIEM PUBLISHING

SOCIÉTÉ À RESPONSABILITÉ LIMITÉE
au capital de 100 000 €

Siège social : 15 rue de Douai - 75009 PARIS

RCS PARIS B 352077218

893. 14659.

PROCÈS-VERBAL DE L'ASSEMBLÉE GÉNÉRALE ORDINAIRE ET EXTRAORDINAIRE DU 18 JUIN 2002

(Comptes de l' exercice 2001)

L'an deux mil deux, le dix-huit juin, à dix heures, les associés de la société REQUIEM PUBLISHING, société à responsabilité limitée au capital de 100 000 euros, se sont réunis en assemblée générale ordinaire et extraordinaire, au siège social, sur convocation faite par la gérance.

Étaient présents :

M. Laurent BOUTONNAT, qui détient ... 500 parts
Mlle Mylène FARMER, qui détient ... 500 parts

L'assemblée est présidée par M. Laurent BOUTONNAT.

Le Président constate que les associés présents possèdent ensemble les 1000 parts sociales représentant la totalité du capital social et, qu'en conséquence, l'assemblée est valablement constituée et peut valablement délibérer.

Le Président dépose devant l'assemblée et met à la disposition des associés :

1) Les lettres de convocation et leurs récépissés,
2) Le rapport du gérant,
3) Le texte des résolutions soumises à l'approbation de l'assemblée,
4) Les comptes annuels de l'exercice 2001.

Les porteurs de parts, tous présents, renoncent à se prévaloir de l'action en nullité conformément aux dispositions édictées par l'article L 223-27 du Code de Commerce.

1 - Pour l'assemblée générale ordinaire, le Président rappelle qu'elle est appelée à délibérer sur l'ordre du jour suivant :

- Régularité de la convocation et du droit de communication,
- Approbation du rapport du gérant sur les comptes de l'exercice 2001,
- Approbation des comptes,
- Quitus à la gérance,

LB MF

REQUIEM PUBLISHING

Société à Responsabilité Limitée au capital de 100 000 €
Siège Social : 15 rue de Douai 75009 PARIS
R.C.S. PARIS B 352 077 218 (89 B 14659)

RAPPORT DE GESTION À L'ASSEMBLÉE GÉNÉRALE MIXTE DES ASSOCIÉS DU 18 JUIN 2002

Madame et Monsieur,

Conformément aux dispositions légales et aux dispositions statutaires de notre société, nous avons l'honneur de vous rendre compte de notre gestion durant l'exercice clos le 31 décembre 2001, et de vous présenter notre rapport de gestion sur les opérations dudit exercice, et plus notamment sur les comptes et le bilan de l'exercice écoulé, ainsi que sur l'ensemble des questions inscrites à l'ordre du jour, et qui seront soumises à votre approbation.

Je vous précise que l'assemblée aura un caractère mixte, c'est à dire que vous siégerez en forme ordinaire pour l'approbation des comptes puis en forme extraordinaire pour une augmentation de capital.

Pour que vous soyez parfaitement informés, nous vous avons adressé, avec le présent rapport, tous les documents dont la loi exige la communication, savoir :

- le bilan, le compte de résultat et l'annexe dudit exercice ;
- le texte des résolutions proposées au vote de l'Assemblée ;

et l'inventaire a été tenu à votre disposition au siège social.

La présentation des comptes est en conformité avec la réglementation comptable.

Au titre de l'exercice 2001, nous avons réalisé un total de produits d'exploitation de 5 390 500 €.

Ces recettes sont en très forte hausse par rapport à l'exercice précédent. Elles sont dues essentiellement à la production d' ALIZEE.

Les charges d'exploitation se sont élevées à 2 486 083 € comprenant une dotation aux amortissements de 198 858 €.

Elles sont constituées également par notre participation au loyer qui nous a été demandée par le titulaire du bail la SA CALLIPHORA.

2

Le résultat d'exploitation est positif à hauteur de 2 904 417 €.

A ce résultat, il convient d'ajouter un résultat positif sur opérations financières d'un montant de 72 123 €.

Ceci nous donne un résultat courant avant impôts de 2 976 153 €.

Après opérations exceptionnelles, le résultat s'établit à 1 929 072 € que je vous propose d'affecter comme suit :

- Compte "réserve IS 19 %"	30 000 €
- Réserve légale	10 091 €
- Compte "report à nouveau"	1 888 981 €
	1 929 072 €

Sur le plan fiscal, il est proposé de bénéficier une nouvelle fois, pour partie, des dispositions avantageuses prévues par l'article 219 I f du CGI pour ne payer que 19% d'IS sur une somme de 30 000 €. C'est la dernière année de ce régime.

Je vous signale que la Sarl n'a contracté aucun emprunt du type de ceux visés à l'article 223-21 et qu'elle n'a ni avalisé ni cautionné des engagements personnels des associés auprès des tiers.

Par contre, les conventions suivantes, qui relèvent de l'article L 223-19 du code de commerce, ont produit leurs effets pendant l'exercice et il vous est demandé de les approuver :

- Convention du 1er juin 2000 sur la production artistique de l'album d'Alizée conclue avec la SA CALLIPHORA.
- Convention du 2 janvier 2001 sur la refacturation partielle du salaire de Mlle Emeline Chetaud conclue avec la SA CALLIPHORA.
- Convention du 1er juillet 2001 sur la refacturation du loyer du 15 rue de Douai conclue avec la SA CALLIPHORA.

Par ailleurs, le véhicule possédé par la société a entraîné un montant de 3 324 € au titre des charges et dépenses somptuaires visées à l'art. 39-4 du CGI.

En outre, compte tenu des bons résultats de la société, nous devons nommer un Commissaire aux comptes et un suppléant.

Nous vous proposons deux noms et, si vous les désignez, ils seront en fonction pendant six exercices du 1er janvier 2002 au 31 décembre 2007 même si la société ne remplissait plus, dans cet intervalle, les conditions pour avoir un Commissaire aux comptes.

Dans ces conditions, et après avoir posé les questions que vous voudrez et examiné les documents souhaités, je vous demande d'approuver les comptes de la société tels qu'ils vous sont présentés, et nous donner quitus ainsi qu'adopter les résolutions proposées.

Pour ce qui concerne la seconde partie, nous devons capitaliser la réserve réglementée par l'article 219-I-f du CGI.

3

Après dotation du présent exercice, elle s'élèvera à 90 980 €.

Je vous propose d'augmenter le capital de ce montant ainsi que d'une somme complémentaire de 9 020 €, prélevée sur le compte "report à nouveau", ce qui fera 100 000 € en tout.

Ainsi notre capital sera porté de 100 000 € à 200 000 €.

Les parts, dont le nominal reste inchangé, seront réparties à égalité entre les deux associés.

Je vous propose donc de modifier l'article 7 de nos statuts.

En conséquence, nous vous invitons à vous prononcer sur l'ordre du jour de cette seconde partie de l'assemblée.

Le Gérant
Laurent Boutonnat

Le 13 mai 2002

Arbre généalogique de la famille Gautier reconstitué par l'auteur

Adolphe GAUTIER
Marié à Louise Elisabeth Amélie DUVAL de SAINT-CLAIRE

Paul Albert GAUTIER (1884-1953)
Marié à Jeanne Lidy Anne Alceste CHAILA (1890-1975)

Max Albert GAUTIER (1925-1986)
Marié à Marguerite Marie MARTIN (1928-), fille de
Germain MARTIN (1884-1942)
& Marie-Anne BRONNEC (1893-1970)

Brigitte (5/05/1959)

Jean-Loup (13/04/1960-27/10/1996)

Mylène (12/09/1961)

Michel (30/12/1969)

Table des matières

AVANT-MOT 11
1. Les diablotins du Belvédère 15
2. Vilaine mouffette 33
3. Les étangs de Ville-d'Avray 39
4. Puissance dix 57
5. Libertine 69
6. Le bel été 79
7. « Moi, je » 93
8. Éternelles victimes 105
9. Le baptême du feu 113
10. La Belle et le Corbeau 129
11. Le « fou » de Mylène 145
12. Un hiver slovaque 155
13. Le mauvais coup de Grâce 165
14. Crabes et tourteaux 171
15. « Que je sois tombe ou trésor… » 189
16. La petite entreprise 205
17. La Rebelle respectueuse 221

Notes 229

ANNEXES

Sources – Bibliographie 245
Principales prestations TV de Mylène Farmer 249
Singles et Dance Remixes Mylène Farmer 257
Liste des chansons interprétées par Mylène Farmer 259
Clipographie 263

Filmographie 267
Récompenses attribuées à Mylène Farmer depuis le début de sa carrière 269
Sites dédiés à Mylène Farmer 271

Remerciements 275

Documents 277

Cet ouvrage a été composé par
ParisPhotoComposition
75017 Paris

Impression réalisée sur CAMERON par
BRODARD ET TAUPIN
La Flèche

pour le compte des Éditions Fayard
en octobre 2004

Dépôt légal : octobre 2004
N° d'édition : 52621 – N° d'impression : 26635
ISBN : 2-213-62034-2
35-57-2234-9/01

Imprimé en France